ジョブ型・副業の
人事・法務

澁谷展由　編著

小西絢子／須藤克己／徳山佳祐
檜山正樹／藤本和也／美馬耕平 著

商事法務

はしがき

　1862 年 5 月 9 日，ロンドン滞在中の福澤諭吉は，所属する中津藩に宛てた書簡で見聞をもとに「富国強兵の本_{もと}は人物を養育すること専務に存じ候_{そうろう}」と述べた。

　2020 年 9 月に経済産業省が公表した「持続的な企業価値の向上と人的資本に関する研究会報告書～人材版伊藤レポート～」の序文で同研究会座長の伊藤邦雄教授は「人的資本の価値創造は企業価値創造の中核に位置する」と述べている。2021 年 6 月 11 日に改訂されたコーポレートガバナンス・コードも，上場企業の取締役会に対し「人的資本への投資等」についての実効的な監督と開示を求めている。

　ことほど左様に 150 年以上の時を経ても，国や企業の発展の礎は人材の育成にかかっている。

　コロナ禍，DX，SDGs・ESG の進展などの社会・経済の激しい変化から大きな影響を受けることが見込まれる今後の日本企業が発展・成長するために必要な人材育成策についてはさまざまな提案がなされている。

　たとえば，上記の経産省報告書は人材戦略に求められる「5 つの共通要素」を提言している。

　「要素①」「動的な人材ポートフォリオ」では「経営戦略の実現，新たなビジネスモデルへの対応」のために「必要となる人材を定義し，その要件を充たす人材を獲得・育成することが求められる」としている。この考え方は，人事制度について，多くの日本企業が従来から採用していた「メンバーシップ型」とは異なり，本書のテーマである「ジョブ型」の中核の 1 つをなす「ジョブ・ディスクリプション」を導入すべきとの考え方と親和的である。

　「要素②」「知・経験のダイバーシティ＆インクルージョン」は「非連続的なイノベーションを生み出す」「原動力」であり，具体的には「他業界での経験等のキャリアパス，専門分野の多様性を取り込むことが重要」とし，「要素④」では「従業員エンゲージメント」を高めるための「多様で柔軟な就業環境

の整備」の例として，本書のもう1つのテーマである「副業」の解禁を挙げている。

　このような動向をふまえ，本書では，日本企業が激しく変化する社会・経済の状況に対応して自社のビジネスを発展させていく上で必要となる人材を獲得・育成・慰留するために検討を要する「ジョブ型」と「副業解禁」をテーマとしている。

　本書の前半では，変化に対応できる優れた人材の獲得・育成・慰留に危機感を持ち「ジョブ型」導入や副業解禁を実行に移した日立製作所，富士通，ANA，東京海上日動火災保険，ライオンの人事担当者の方々，日頃から多くの企業へ人事制度改革のアドバイスを行っているフィールドマネージメント・ヒューマンリソースの小林傑氏からインタビュー・座談会でリアルな経験・創意工夫を伺っている。

　後半では，副業の解禁に伴い必要となる法務対応について，企業内弁護士を中心とした執筆者が企業の現場の実践的な観点から検討，提案を行っている。実践性を重視して書式も豊富に収録したほか，読者にわかりやすくイメージを持っていただくためのコラムも収録している。

　本書が，社会・経済の大変革に対応した「ジョブ型」導入・副業解禁などの人事制度改革，それに伴う法務対応を検討・実行される企業経営者，人事・法務実務担当者，実務家のご参考になることを願っています。

　本書のインタビュー・座談会にご協力くださった皆様，執筆者の皆様，企画段階から完成まで力強くサポートくださった商事法務・佐藤敦子さんに心から感謝申し上げます。

　2021年11月21日

　　　　　編著者，インタビュアー，座談会司会者　弁護士　　澁谷　展由

目　　次

インタビューおよび座談会

■座談会■

ANA・東京海上日動・ライオン　座談会

（2021年9月29日実施）

インタビュイー

大道寺　義久
　ライオン株式会社　人材開発センター　副主席部員

田畑　博章
　全日本空輸株式会社　法務部　担当部長

松尾　佑樹
　東京海上日動火災保険株式会社　人事企画部企画組織グループ課長

インタビュアー

澁谷　展由
　弁護士

1　副業・兼業を解禁することとした背景，社内の議論の概要

澁谷　働き方改革の動向やコロナ禍の影響，厚生労働省が2020年に「副業・兼業の促進に関するガイドライン」（以下「厚労省ガイドライン」）を改定するなどする中で副業・兼業（以下「副業」）を解禁する会社が徐々に増加してきています。本日は副業解禁に先駆的に取り組まれた全日本空輸（以下「ANA」），東京海上日動火災保険（以下「東京海上」），ライオンのご担当者の皆様に副業解禁に至る経緯や工夫されている点，メリット・課題などをお伺いしてまいりたいと思います。まずは，副業を解禁するに至る背景，社内の議論はどのようなものだったかをお伺いできますでしょうか。

田畑　ANAでは，いまになって解禁したというよりは，もともと許可制で仕組みはありました。今回もルールは大きくは変わっていません。ただ，会社としてのスタンスが副業解禁に制限的だったところを，届出をすれば広く認める，促進する方向に舵を切りました。方針転換の意図としては，自社のノウハウや社内の経験だけでは得られないスキルを得る，人間として

の幅を広げるといった従業員育成の目的と，それらのスキルや得たネットワークを自社の業務にも還元してもらうことで会社としての成長にもつなげたいという点にあります。

松尾　東京海上でも，副業についてはもともと許可制をとっていました。2021年1月にルールを変更し，引き続き許可制ではあるものの，従前の「原則禁止」というメッセージを撤廃し，承認プロセスも簡素化しました。制度変更の意図は，やはり，社会・経済の環境変化が激しい中で自社では得られない経験，人脈，スキルを獲得してもらい，社員・会社双方の成長を図るという点にあります。若年層中心に「積極的にやりたい」と声が上がっていたことも影響しました。

大道寺　ライオンでも，もとから副業については許可制をとっていましたが，大学講師の事例など，年に1，2件程度でした。2020年1月からは申告制に転換し，最低限の条件を満たせば認めるという方針に大きく転換しました。ライオンでは「働きがい改革」として従業員が「働きがい」をもって働いてもらうことで一人ひとりの能力を最大化していく，その方法の一つが副業解禁であり，自社で経験できない経験をしたり，自分が外に出るとどのくらいの価値があるかを再確認してもらうという意図で方針を転換したものです。

2　副業が許される役職員の範囲

澁谷　副業が認められる役職員の範囲についてはどのような方針をとられていますでしょうか。

田畑　ANAでは，休業休職中の人は対象外です。出向中の者については副業に関する出向先の制度に従うこととし，出向先でも副業が認められる場合には認めています。また，勤続年数1年未満の従業員はまずは自社の業務に集中してもらうことを目的として対象外としています。それ以外の役職員については限定していません。

松尾　東京海上では，対象となる役職員の範囲の制限はありません。中途採用した社員がそれまで副業していたというケースについても，基本的に入社後も副業を継続することが可能となっています。

大道寺　ライオンでは，出向中で出向先が副業を認めていない場合，大卒新入

社員で勤続期間が3年未満の場合以外の従業員すべてについて副業が認められる対象となっています。中途採用の方については，制限はありません。

3　副業を行うことができる条件

澁谷　次に副業を行うことができる条件についてですが，まず，ANA・東京海上では副業は許可制であると伺いましたが，先ほどライオンでは許可制から申告制になると伺いました。そうしますと，副業が認められないという事例はかなり限定されるのでしょうか。

大道寺　風俗業や，反社会的勢力が関わる副業を禁止している程度となっています。

澁谷　副業先が禁止対象となる会社がどうかなどは，どう確認されているのでしょうか。

大道寺　申告シート上で副業先が公序良俗に反する事業を行っていないことなどを自己申告してもらいます。それを上長と確認してもらい，その後，人材開発センターでもチェックします。ネット上の情報などを調べることもあります。

澁谷　ANAではどういった許可条件がありますでしょうか。

田畑　本業に支障が生じないようにという条件を課しています。業務時間中に当社業務の片手間に副業の業務を行うことは認めていません。

　副業の際にANAの社名・ロゴを利用した事業を営むことも認めていません。

　また，今回の方針転換前は，副業先でも雇用される「二重雇用」は認めていませんでしたが，労働時間の管理ができるのであれば可能としました。

　副業先の属性として競合他社は認めていません。また，会社の信用を傷つけない，従業員の対面を汚さない事業であることも求めていて，公序良俗に反しない副業先であることを求めています。また，接待を伴う飲食店などで副業を行うことも企業のブランドイメージを損なうおそれがあることから認めていません。

澁谷　ANAでは，副業先が禁止対象の会社か否かはどう確認されていますでしょうか。

田畑　基本的には本人の申告ベースです。ただ，申請を受け付けた人事部にお

いて気になる点がある場合はチェックします。すべてについて細かく逐一チェックすることまでは行っていません。

澁谷　東京海上ではどのような許可条件を課されていますでしょうか。

松尾　当社での業務に支障が生じない，副業の内容が会社の品位を傷つけない，といった条件としています。業務に支障が生じる例としては，本業の就業時間中に副業を行うことや，健康面も含めたパフォーマンス低下のおそれがあるものが挙げられます。「品位を傷つけない」については，当社の名誉・信用を傷つけると判断される場合については許可しません。

澁谷　禁止対象に当たるかどうかは，どのようにチェックされていますでしょうか。

松尾　副業先の企業名，ホームページなどの情報を申請書に記載するよう求めています。副業の承認権限は原則として各部長，支店長が有しております。承認権限者が確認する際に，副業先の社名・業務内容などについて気になることがあれば，インターネットで確認するなどしています。親戚が経営している小規模な会社の役員や，家業の手伝いなどもあり，インターネットに情報が出ていないような会社もありますので，ケースバイケースで判断しています。

4　営業秘密保護の工夫

澁谷　副業を認めた場合に，対応が特に必要な問題の1つが，副業先で自社の営業秘密を漏えいしないためにどのような措置をとるかという点があります。どういった取組みをされていますでしょうか。

田畑　ANAでは，営業秘密の漏えいをしないことを誓約させる書面を取得しています。雇用契約上の守秘義務もありますので特段の心配をしているわけではありませんが念押しとして取得しています。副業許可とは離れますが，情報漏えいで心配しているのはSNSの書込みですね。お客様の利用にかかわる情報をSNSに書かないようにという点などを徹底しています。

澁谷　たとえば，旅客機の乗客に有名人が搭乗していたといったことを書き込んではならないなどでしょうか。

田畑　そうです。

澁谷　東京海上では誓約書の取得などされていますでしょうか。

松尾 副業許可の際の固有の誓約書は取得していません。もともと金融機関として厳格な情報セキュリティのルールを適用しており，秘密保持のための教育も十分に実施しています。コンプライアンス研修について年1回の受講義務を課し，就業規則でも秘密情報の漏えい禁止を明記しています。先ほどお話に出たSNSへの書込みについても業務関係の書込みは禁止することを明確化しています。

澁谷 ライオンではどういった対応をされていますでしょうか。

大道寺 就業規則や情報管理規程で秘密情報の漏えいを禁止しており，副業の申告シートにも秘密情報の漏えいをしないことを誓約するチェック欄があり，署名も自筆で書かせる扱いをしています。コンプライアンス研修やEラーニングも定期的に実施しています。

5　副業・兼業をしている従業員の副業先での労働時間の把握方法

澁谷 副業を認めた場合の管理上，特に重要な問題とされているのが，本業元・副業先の労働時間を合算して違法な過重労働にならないようにする対応です。厚労省ガイドラインは「管理モデル」を提示していて，本業元の時間外労働，副業先の所定・時間外労働時間合計が単月100時間未満，複数月平均80時間以内となるようそれぞれ設定することを求めています。その際，本業元と労働者，副業先と労働者でそれぞれ合意することで足りるとしつつ，本業元で上限変更の必要が生じたら副業先に通知することを求めています（同ガイドライン5～7頁）。この問題について，まず，ANAではどのようにご対応されていますでしょうか。

田畑 当社ではいまのところ，当社での労働に加えて副業先でも雇用されて上限基準に抵触するおそれが出るようなタイトな状況で労働している対象者はいない状況です。副業といっても他社に雇用されるのではなく，フリーランスの自営業というような人も多く，労働時間規制が当てはまらないケースが多いです。副業先で雇用となる場合もあらかじめ副業先の労働時間を確認していますが短時間・短日数のものが多く，上限よりかなり低いラインで運用している状況です。単月でも当社の時間外労働が30時間以内となっており，兼業先と併せても，厚労省ガイドラインの基準に十分おさまっていることを確認しています。そのため，上限を超過しそうになる

事態が生じていません。

澁谷　ANA と副業先との間で調整する必要が発生したことはありますでしょうか。

田畑　調整の必要が発生した場合は本人を通じて調整するしかないとは思いますが，そのようなケースはほとんど発生していない状況です。

澁谷　東京海上では時間管理の点はいかがでしょうか。

松尾　2021 年 1 月にルール変更をし，厚労省ガイドラインの「管理モデル」に準拠することを明確にしました。その前提で副業していない社員と同じ管理をすることとしています。また，時間外労働の上限を当社の３６協定では月 40 時間としていますが，副業の労働時間については原則として月間 30 時間を上限とするルールとし，これにより合計 70 時間で収まることになり，「管理モデル」に基づく法令を遵守できる仕組みとしています。

澁谷　副業先との調整の必要が発生することはないということになりますでしょうか。

松尾　従業員が副業先に渡すための労働時間の取扱いに関する書類のひな型を用意しており，副業先とのやりとりは社員が自ら行うこととしております。大前提として，社員がしっかり自己責任でコントロールするという考え方があります。

澁谷　自社で何か突発的に大きな出来事が起こって，どうしても 40 時間以上残業せざるを得なくなるような場合には，どういう扱いになりますでしょうか。

松尾　そういった場合も想定し，合算の上限を 70 時間とし，厚労省ガイドラインの上限よりも 10 時間のバッファを持たせる設計としました。もし 80 時間を超える場合は必ず人事に連絡をするようにとのルールにしましたが，いまのところ連絡が来たことはありません。80 時間を超えた場合は，複数月平均の上限枠内に収まるように翌月に調整することで上限規制を遵守します。

澁谷　ライオンでは時間管理の点はどう対応されていますでしょうか。

大道寺　当社では，副業先での労働時間を週 20 時間未満，ライオンと副業先での労働の合計時間を月 80 時間未満とするようルール化しています。

澁谷　副業先との調整が発生することはありますでしょうか。

大道寺 副業先と当社が直接連絡することはありません。副業申請時に従業員に上限時間のルールを伝え，必要に応じ副業先での勤務時間の提出を命じることがあります。提出命令に応じない場合はルール違反となりますので，そういった社員には副業を禁止することもあり得ます。

6 職務専念義務の履行確保について

澁谷 副業を行っている場合，役職員が自社の業務中に副業を行ってしまうことがあり得ます。特にコロナ禍以降リモートワークが普及したことを踏まえると，そういったことは起こりやすくなっているようにも思われます。自社の業務に専念するようにするためにされている工夫について，まず，ANAではいかがでしょうか。

田畑 副業許可に対応した対策という形では取り入れていません。ただ，リモート中心の勤務形態になってきている中で申告時間通りに業務しているかどうかという懸念は持っています。守秘性の高い部署についてはカメラをオンにして就業してもらっている部署もあります。

澁谷 カメラをオンにしてもらう部署は，M&Aなどインサイダー情報にもなるような秘密情報を取り扱っている部署になりますでしょうか。

田畑 そういった経営企画系の部署の一部や，個人情報を取り扱う部署などです。

澁谷 東京海上では職務への専念の確保のためにどのような対応をされていますでしょうか。

松尾 そもそも，副業の承認基準で「本業に支障が出ないこと」という要件を設けていますので，当社の所定労働時間中に副業に従事することは不可となります。これは管理監督者が副業する場合も同様です。管理監督者であれば所定時間は関係ないといえるかもしれませんが，周囲への影響も考慮することとしています。リモートワークの場合にどこまで管理するかについては，端末のログ情報を記録・保存することにしています。それ以外では，アナログではありますが，副業をしている部下と上司の間で定期的に対話して状況を把握してもらいます。

澁谷 ライオンでは職務専念の確保の点はいかがでしょうか。

大道寺 当社の就業時間内に副業をすることは禁止です。しかし，当社は生産

職以外にはフルフレックスを採用し，中抜けも認めています。その中抜け制度を利用すれば，たとえば，9時30分から当社の業務をしている人が「16時から1時間副業したい」と希望して1時間中抜けした上で，17時に当社の業務に戻ってくることもできます。ただし，副業の業務にライオンが貸与している端末を使用してはならないといったルールはあります。

澁谷　中抜けは上長の承認を要しますでしょうか。

大道寺　副業で中抜けする場合でも，子どもの保育園のお迎えで中抜けする場合でも同じで上長の事前の承認が必要になります。

7　副業許可条件違反など違反が発覚した場合のペナルティ

澁谷　これまでお伺いしてきたところで，3社とも副業を解禁するに際して社内ルールを策定・改正されていると伺いましたが，副業許可条件に違反した場合などに就業規則上の懲戒事由となるなどありますでしょうか。まず，ANAではいかがでしょうか。

田畑　許可条件を逸脱した副業を行ったという場合は就業規則違反となります。いきなり懲戒処分までいくかどうかということはありますが。

澁谷　東京海上では，違反の場合の対応はどうなりますでしょうか。

松尾　就業規則上に副業は許可制と定め，違反については懲戒事由にも規定しています。違反1件ですぐに懲戒処分とはなりませんが，何かしらのペナルティが科されることにはなると思います。

澁谷　ライオンでは，副業ルール違反の場合のペナルティはどうされていますでしょうか。

大道寺　就業規則と副業規程へ抵触した場合は懲戒処分の対象となります。ただ，いまのところ違反事例はありません。

8　副業解禁を開始して現れてきている事業へのプラス効果

澁谷　副業解禁開始後の申請件数はどのくらいでしょうか。また，皆様が感じておられるプラスの効果としてどういった点がありますでしょうか。

田畑　ANAで2020年10月以降，細かいものもすべて含めるとのべ約2500件になっていると聞いています。

　　積極的に取り組む人については，本業の時間・日数を減らして副業をす

るという人も出てきているようです。従来の副業は親族の商売を手伝うといったものが多かったのですが，現在は客室乗務員などが仕事上の経験などを活かして副業するといったケースも増えてきています。社内から否定的な声は聞かれません。多くの社員は粛々と受け止めている様子ですが，若手中心にチャンスと捉えて進めている人もいるといった状況です。

澁谷 東京海上では申請件数や感じておられる効果はいかがでしょうか。

松尾 2021年1月に制度変更をして，7月末時点で累計81件でした。月平均で10件強となります。これは事前に想定したよりは少ないですが，解禁前に比べると明確に増えました。

澁谷 ライオンではいかがでしょうか。

大道寺 2020年1月に制度変更して以降，累計で約70件申請がありました。コンサルティング関係の仕事や，中小企業で働く人が多い印象です。ライオンにいると部所にもよりますが経営者と話をする機会がなかなかない場合もあり，副業により経営者と話す機会が増えて経営者目線を学べるという効果が高いと感じています。

澁谷 コンサルティング関係の副業が多いというお話との関係で，ライオンというとマーケティングに強い会社というイメージがありますが，自社で磨いたマーケティングのスキルを他社で使用するということを制約はされないのでしょうか。会社が費用をかけて教育したスキルなのか，自分の努力によって身に付けたスキルなのかという線引きが難しいところもありますが。

大道寺 ライオンも日用品，健康食品，化学品といろいろな製品を扱っているため競合他社というと広がってしまうところもありますが，生活用品業界の明らかな競合他社でマーケティングの副業をする，といった場合は認めないこととなると思いますが，あまり厳格には線引きはしていません。他社において副業でマーケティングのアドバイスなどする場合，ライオンが持っているデータを使うことは禁止しています。そのデータを使用しないアドバイスに留まるのであれば禁止まではしていません。自分のスキルを副業先で使うことは，制度導入目的である「自分の価値が外でどこまで通用するか知ってもらう」という点にもつながるためです。

田畑 ANAでも，副業先でデータやマーケティング情報などの会社が保有す

る情報そのものを使うことは認めていませんが，本人が業務上獲得したノウハウや知見は特に制限しようという考えはありません。他方，副業先で得られる知見を持ち帰って自社の業務に活かしてもらいたいという期待もあります。

松尾　東京海上も，会社が保有する資産・データを副業先で使用することは認めていません。ただ，自身が身に付けたノウハウ，スキル，仕事の仕方などは自己研鑽の結果という面もあるため厳しくはいっていません。ただ，業法との関係などがあるため，副業先として保険代理店は認めないこととしています。

澁谷　副業先は，生命保険会社であれば認められるのでしょうか。

松尾　いえ，当社のグループ内に生命保険会社もありますので生保についても認めていません。そのため，副業をするにしても保険関係のスキルという武器を直接は使えないことになります。

9　副業解禁を開始してみて把握された対処すべき課題

澁谷　最後に，副業解禁を開始したことで見えてきた課題などはありますでしょうか。たとえば，副業をしている人には残業命令を出しにくいといった問題などはあるのでしょうか。まず，ANA ではいかがでしょうか。

田畑　いま現在，本業と副業の労働時間がタイトな事例がないため，残業命令を出しにくいといったことはあまり問題になっていません。ただ，雇用形態でない個人事業主としての副業の場合などは，そもそも労働時間管理が及ばないため，かえって本人がどこまで労働しているかが把握しきれないという問題があります。法的には管理の必要まではないのかもしれませんが，安全配慮義務の観点などからは，現実面で実態として過重労働になっていないか，いきなり倒れたなどといったことにならないかが目が行き届かない分，心配ではあります。

澁谷　東京海上では，見えてきた課題などありますでしょうか。

松尾　労働時間については副業先での労働時間の上限を 30 時間としていますので，本業で残業命令が出しにくくなっているということは生じていません。ただ，副業先でどういった労働の状況なのかが見えないからといって，社員が自分で健康管理をする，自律性に委ねる，とだけいっていられ

ませんので，必要に応じて産業医の面談を行うことなどが課題になってくると考えています。

　また，NPO 法人で活動する，デジタル領域で副業する，といった会社の成長にフィードバックできるような副業だと明確にいえるものはまだ一握りの印象です。自分の趣味の延長だったり，スキルを活かして少しだけ副業をするというパターンがまだ比較的多いように思います。それらも人間の幅が広がるという評価はあります。

　会社全体でチャレンジする機運を高めるという方針を掲げており，その一環が副業ルールの変更であるため，目的に沿った副業の活用をどう活性化していくか，挑戦するマインドをどう高めていくかが今後の課題になってきます。

澁谷　ライオンでは感じていらっしゃる課題はありますでしょうか。

大道寺　副業をしていることを上長と人事しか知らない，周りの社員にいっていないというケースが少なくありません。そうすると，副業の効果を披露する場面を作れていないことになります。本人が社内に副業していることを発信できるような環境づくりが課題になってきていると考えます。解禁後，1 年 9 カ月経ち，副業をもっと推進していきたいと考えています。

コラム 第1話──「副業してみようかな」

　とある会社の人事部での部員の楓美子と羽佐間瞬の会話。

　かっこ内は心の中の声です。

楓「最近，副業の話をよく聞くんだけど，そもそも何で副業をしようとするの？」

羽佐間「理由はいろいろやろ。終身雇用が怪しくなってきてるとか，年功序列はもはや古いとか，実際はまだまだそういう会社のほうが多いんやろけど，まあ，確かに，昔みたいに人生を会社に捧げたら老後の面倒まで会社がみてくれるって時代ではないのかもな。そしたら自分で何とかせなあかんいうことで，副業がその1つになるんやろ」

楓「副業で老後の資金を貯めておくとかってこと？」

羽佐間「それは大きいやろな。ネットとかに出てるアンケート結果でも，収入の足りへんのをカバーするために副業する人が多いみたいやし」

楓「私は老後のことまでまだ考えたことないな」

羽佐間「単純に副収入という以外にも，いろんなことを経験して，会社にとって必要な人材を目指して，出世するとかクビにならんようにとか，そういうこともあるんちゃうか。ほかにも，やりたいと思てたことが会社でできへんから，副業でやりたいというのもあるやろな。やりたいことはあるけど，今の会社も楽しいから辞めないとか，会社を辞めてしまうのは怖いけどチャレンジはしてみたいとかな」

楓「そっかあ。私も何か副業やろうかな。大学は美大だったし，製品とかロゴとかのデザインなんかできるかも！　……って，うちって副業OKだったっけ？」

羽佐間「人事部員が何言うとんねん。うちは副業解禁しとるからいけるで」

楓「でも人事部員がデザインの副業しても，仕事の役には立たないか」

羽佐間「そんなことないで。たとえばデザイナーとして個人事業主になるやろ。そしたら仕事を取ってくることからお金の管理まで，何もかも全部自分でやらなあかんわけやろ。自分で全部管理して依頼1コ片づけてみ。プロジェクト遂行には何が必要か学べるやろし，普段の仕事もコスト意識を持って取り組めるようになるかもしれへんで」

楓「じゃあやってみようかな！　早速友だちに依頼ないか聞いてみて，SNSとかで宣伝もしないと！」

羽佐間「おいおい，その前に，ちゃんと就業規則とか副業に関する規則とかチェックして，ちゃんと会社の許可取らなあかんで！　頼むでほんま（人事部員でこれってことは，他の社員もみんな副業についてちゃんと知ってんのかな？　社長は副業を推奨したいみたいなこと言うてはったけど，それやったら社内にもっと広めていかなあかんなあ）」

■インタビュー1■

日立製作所インタビュー

（2021年9月8日インタビュー実施）

インタビュイー
小林　由紀子
　　人財統括本部　人事勤労本部　トータルリワード部／部長　兼　ジョブ型人財マネジメント推進プロジェクト／プロジェクトリーダ

岩田　幸大
　　人財統括本部　人事勤労本部　ジョブ型人財マネジメント推進プロジェクト企画グループ／グループ長

米須　舞
　　人財統括本部　人事勤労本部　ジョブ型人財マネジメント推進プロジェクト企画グループ／主任

インタビュアー
澁谷　展由
　　弁護士

1　「ジョブ型」導入の背景

澁谷　報道等で拝見していましても日立製作所は，日本の大企業の中でも最もジョブ型に関する取組みを進めておられる会社の一つと拝見しています。ジョブ型導入を決定されるに至る背景としてはどのようなものがあったのでしょうか。

岩田　当社は，1910年創業で，「優れた自主技術・製品の開発を通じて社会に貢献する」という企業理念を掲げて事業を推進してまいりました。

　2020年度は売上収益約8兆7300億円のうち海外比率が52％，連結従業員数約35万人のうち55％が海外勤務となっており，グローバル化が進んでいます。

　現在の事業の方向性として「グローバル市場で勝ち抜き，社会やお客様の現在・将来の課題を探索し，解決策を製品・システムを活用したサービ

スとして提供し，社会イノベーション事業を推進していく」という点を掲げています。そのため，求められる組織・人財として，グローバルな適所適財の実現，環境や事業変化に対応した必要な能力・スキルを従業員が自律的に獲得し続けていくことが必要となることから，仕事・役割を基軸としたジョブ型の仕組みへと転換を図っていくこととしました。

海外人財19万人についてはすでに大部分に「ジョブ型」が適用されていることから，国内人財16万人の人財マネジメントについて見直しが必要となりました。

従来は，日本が世界No.2のマーケットであり，主に日本国内の顧客の要求に基づきよい製品・システムを提供することが事業の中心であったため，日本人・男性正社員中心の同質な集団が，同じ場所・時間を共有して働くことが合理的という面がありました。

しかし，現在は，海外マーケットや新たな事業分野が拡大し，グローバルな社会・顧客のニーズを探索し，課題を解決するサービスを提供していく方向に進んでいます。そのためには，国籍・性別等多様で主体的な集団が場所・時間にとらわれない働き方をしていく必要が出てきています。

当社がこのような変革に踏み切った背景としては，2008年のリーマンショックの影響を受け，日本の製造業として戦後最大となる7873億円の赤字を出したことで，高度経済成長期の成功体験をふまえたビジネスモデルを転換していく必要がある，との危機感を持った点にあります。

2 2010年～2018年：グローバルでの人財マネジメント改革

岩田　そこで，2010年には当時の中西社長のもと「グローバル事業の拡大」「社会イノベーション事業の推進」を開始しました。2011年にはそれらを実現するため，グローバル人財マネジメント施策への取組みを開始しました。当時は「ジョブ型」という言葉はありませんでしたが，ここから「ジョブ型人財マネジメント」への転換がスタートしたともいえます。

2012年度には「グローバル人財データベース」の構築によって，25万人の人財情報をデータベース化し，グローバルでの「人の見える化」を実現しました。また，「Global Leadership Development」によって，500人のグローバルなトップタレントをプール・育成することを開始しました。

図1　日立グローバル・グレード（HGG）①

日立グループ・グローバル共通の尺度による役割等級

Mercer position Class	Hitachi Global Grade	カンパニー（A社）			
		日本 本社	米国 B社	中国 C社	ドイツ D社
●●	Top Exe.	社長			
●●	GradeA	副社長	CEO		
●●				総経理	
●●		事業部長	COO		
●●				副総経理	
●●	GradeB	本部長	GM		President
●●				部総経理	
●●		部長		科長	VP
●●			Director		
●●	GradeC				Director

4要素(10次元)を基にした職務評価

影響	職務が持つ責任範囲・業務分野に対する影響の性質及びスコープ
折衝	組織内外における折衝に関する職務の責任
革新	サービス・製品の発見・改良・手法・技術等、職務に求められる要求レベル
知識	職務の責任を遂行するために必要最低限の知識レベル

● 国内外の日立グループの全マネージャー以上の職務について、各職務の役割・職責の大きさをグローバル統一基準で評価し、等級格付け

● 2012年度に、国内外約5万ポジションの等級格付けを完了

グローバル共通の人財育成・登用・処遇を実現

図2　日立グローバル・グレード（HGG）②

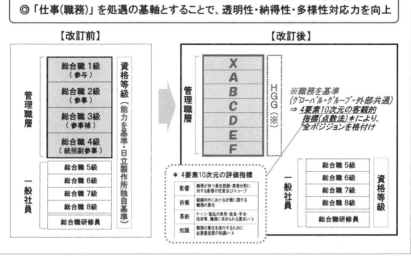

17

　その後，2013年度には「日立グローバル・グレード（HGG）」を導入し，全世界のマネージャー以上の5万ポジションを共通の尺度で格付けしました。これは，グローバル共通の基準で人財育成・登用・処遇を行うことを意図したものです（**図1，2**）。

　また，同年度からグループ・グローバルの約680社が参加し，11カ国語で約18万人から回答を得た「従業員サーベイ」を開始しました。以降，サーベイは対象範囲を拡大しながら毎年実施し，その結果を社員のエンゲージメント強化と組織パフォーマンスの向上に向け，アクション・プランの立案，実行に活かしています。

　2014年度には，中期経営計画などのグローバルでの目標を個人の目標にまでカスケード・ダウンして業務を進める「グローバル・パフォーマンス・マネジメント（GPM）」の仕組みを導入するとともに，日立製作所のマネージャーの報酬制度を，前年度導入したHGGと結び付けるよう改訂をしました。改訂前は，個人ごとの資格等級に応じて報酬が決まる「人ベース」の制度でしたが，改訂後は「役割・ポジション（HGG）ベース」とし，報酬（月例賃金や賞与）を決定しています。

　2018年には，Workdayを導入し，これまで複数のシステム等に点在していた人財マネジメントに関する情報・プロセス・データベースをグローバルに統合しました。

澁谷　データベースにはどのような情報が登録されるのでしょうか。

岩田　例えば，氏名・所属・レポートライン等の基本情報，マネージャーが活用する人事・評価に関する情報，本人が入力するキャリア志向やスキル等の情報があります。

澁谷　このデータベースには社内の人であれば誰でもアクセスできるのでしょうか。

岩田　基本，情報にはすべての従業員がアクセスできますが，人事・評価に関する情報はマネージャーのみとなっている等，情報ごとに閲覧権限が設定されています。

澁谷　そうしますと，たとえば，ロンドンの鉄道事業の管理職の方が「うちの部署にこういう人財がほしい」と考えた場合に，日本やアメリカにいる従業員の方を検索して，適合する人財を見つけ，自部署へ来てもらえるよう

に調整する，といった使い方ができるということでしょうか。

岩田　その通りです。

3　2019 年以降：「ジョブ型人財マネジメント」への転換

(1)　ジョブ・ディスクリプション導入

岩田　以上のようなグローバルベースの人事基盤の整備をふまえて，2019 年度からジョブ型への転換をさらに進めています。

　　2020 年度まではフェーズ I として，日立グループがジョブ型に転換する必要性等について従業員に理解してもらえるように，従業員や労働組合とのコミュニケーションに力を入れました。その結果，従業員サーベイでも 8 割以上がジョブ型移行の必要性を理解したという結果が出ています。また，ジョブ・ディスクリプション（職務記述書。以下「JD」）の作成も進めました。具体的には日立製作所の全職種について階層別に分類して約 450 種類の標準的な JD を作成しました。

澁谷　「ジョブ型」を導入する会社によっては，まずは全社員対象ではなく，管理職のみを対象として「ジョブ型」の導入を開始する会社もありますが，日立製作所では，非管理職の方も含めて JD があるのですね。

岩田　非管理職の従業員については，現状等級は職能ベースですが，JD は設けており，自分の職務にはどのようなスキル・経験等が必要かがわかるようになっています。

　　2021 年度はフェーズ II として，行動変容（＝ジョブ型の「自分ごと化」）をテーマに，「気づく」「考える」「動く」という 3 つのプロセスで各種取組みを推進しています。

　　例えば，従業員のリスキルについては，JD により必要スキルを明確化し，本人・上長が現有スキルとのギャップを把握する「気づく」プロセス，本人がギャップを埋める計画を立て，「グローバル・パフォーマンス・マネジメントの能力開発アイテム」に反映して，上長が支援・確認する「考える」プロセス，それに基づきリスキルを実行していく「動く」プロセスという 3 つのプロセスで進めています。

　　「気づく」「考える」を経て，従業員の行動変容（「動く」）を実現することを意図しています。

図3　ジョブ型人財マネジメント概念図

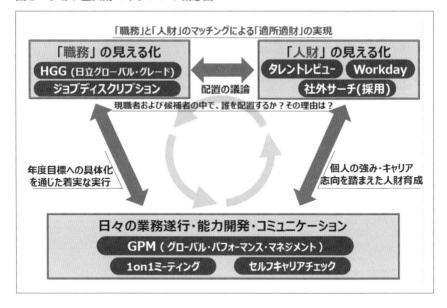

　　また，複数の上長による「タレントレビュー」も実施し，部下の強み・弱み・キャリア志向等を踏まえた育成や職務のアサインを進められる仕組みとしました。

　　今後，2022年度から2024年度にかけては，フェーズⅢとして，行動の定着・習慣化に向け，各種制度のブラッシュアップと従業員へのコミュニケーションを進めていく予定です。

澁谷　欧米型の典型的な「ジョブ型雇用」の場合，ジョブに着任する時点でJDの要件をすべて満たしていることが原則となりますが，日立製作所の仕組みの場合，着任時点ではJDのすべての要件を満たしているとは限らないこともあるのでしょうか。

岩田　ありえます。たとえば，要件が10個あるが着任時に満たしているのは7個，ということもあります。国によって労働法制等も異なる中で，日本においては欧米と全く同じ「ジョブ型雇用」を採用することはできません。当社がめざしているのは，「ジョブ型人財マネジメント」への転換によって，多様な人財がそれぞれのスキルやパフォーマンスを高め，生き生

きと働いている適所適財の実現です（**図3**）。

澁谷　JD の作成やあてはめに際しての，直属上長と人事部門との役割分担はどのようにされていますでしょうか。

岩田　基本的にはラインのマネージャーが行い，人事部門はツールの提供やサポート等を行います。

澁谷　日立製作所で作成した約 450 種類の JD は，分量は A 4 用紙でいうとどのくらいになるのでしょうか。

岩田　2 枚程度です。精緻に作成するほどメンテナンスも大変になりますし，複雑すぎて結局使われなくなってしまっては意味がありません。ポイントとなる事項を JD に落とし込み，「グローバル・パフォーマンス・マネジメント（GPM）」の実施によって補完していきます。

澁谷　日本のメンバーシップ型を前提とした雇用契約書や労働条件通知書は非常に簡素で，詳細な労働条件は就業規則等に定められることを想定しています。他方，欧米型の「ジョブ型雇用」では典型的には，JD をベースに雇用契約で職務要件を詳細に規定します。日立製作所の新たな仕組みではいかがでしょうか。

岩田　雇用契約書については従前のものからさほど変更はしていません。ただ，JD が導入されることで，従来のような「雇用契約を締結したら，あとは職務内容については会社任せ」といったことはなくなります。

(2)　新卒採用・経験者採用の変革

岩田　また，2019 年度以降，新卒については「365 日入社」の通年採用を行うこととし，「デジタル人財採用コース」「職種別採用コース」を新設しました。技術系人財については 20 年ほど前から最初の配属先が確約される職種別採用を行っていましたが，事務系人財についても採用枠の 3 割程度について職種別採用を開始したものです。

　　さらに，いままで新卒：経験者＝ 2 ：1 であった比率を 1 ：1 とする方向で，経験者採用を拡大しています。

澁谷　「ジョブ型」を導入することがイコール新卒一括採用の廃止，とはされていないのですね。日本の大学教育が必ずしも職業教育に直結してはいないという点も関係しているのでしょうか。

小林　日本の大学教育の現状からしても，すべての新卒の方について JD を満たしていることを要求するのは難しいと考えています。大学教育について当社も経団連等を通じて問題提起はしていますが，すぐに変わるものではないと認識しています。

澁谷　新卒入社の方で配属先の希望が特にはない，という方がいた場合，従来と同様，人事部門で適性を見て配属先を決めることになるのでしょうか。

岩田　そうです。そういった場合は，人事部門で適性を見て配属先が決定されますが，その後も社内公募やフリーエージェントで手をあげて希望するポジションに異動する機会はありますし，上長に異動希望を申し出ることも可能です。

澁谷　採用権限は，従来のメンバーシップ型では人事部にあり，欧米型の典型的な「ジョブ型雇用」の場合は所属予定部署の管理者にあることになりますが，日立製作所の新しい仕組みではどのようになるのでしょうか。

岩田　技術系については，もともと採用面接は配属予定先の職場の責任者と人事部門とで行っています。事務系も，2020 年に設けた「職種別採用コース」については職場の責任者と人事部門で行っています。

(3) 「ジョブ型」の下での昇給・降給，解雇

澁谷　日本の従来のメンバーシップ型ですと在籍年数に応じた定期昇給があり，欧米型の典型的な「ジョブ型雇用」の場合には定期昇給はなく，昇給は昇格した場合のみとなります。日立製作所の新たな仕組みではどうなるのでしょうか。

岩田　職務の変更がない場合でも毎年処遇の見直しが行われ，グレード / 等級の範囲内で給与改訂がなされます。パフォーマンスが高い人は大きく昇給することもありますし，逆にパフォーマンスが低い場合は給与が下がることもあります。そもそも当社では，2000 年代前半に制度を見直して以降，非管理職も含めて在籍年数の伸長のみを理由とした昇給は行っていません。

澁谷　欧米型の典型的な「ジョブ型雇用」の場合，JD を満たさなくなった場合は降格・減給あるいは解雇といったことにもなりますが，日立製作所の仕組みの場合，JD を満たさなくなった場合の処遇はどのようになるので

しょうか。

岩田　日本で雇用された従業員については，当然，日本の労働法制が前提になりますので，日本の労働法に反して急激に減給したり，解雇したりということはできません。報酬については，成果等を勘案して，各グレード／等級のレンジ内で上下するということはあります。ただ，当社の制度は，JDとミスマッチになった場合はまずはリスキルを試み，改善のチャンスを与えるというものです。それでもなおミスマッチが解消せず，特に本人にやる気がない場合は，他ポジションに移ってもらうこと等を検討することになります。

小林　転職市場が活性化し，雇用の流動性が高まるなど日本社会全体がジョブ型にフィットした形で変革されていけば，降格・減給や解雇についても状況が変化していくかもしれません。社会保障制度も変わっていく必要があるでしょう。残念ながら，現状ではそこまで進んでいないと考えます。今後，変わっていってほしい，変えていくべきと思います。

(4)　「ジョブ型」の下での従業員教育

澁谷　従来のメンバーシップ型では終身雇用を前提に会社が職務に必要な教育・訓練を行うこととされ，欧米型の典型的な「ジョブ型雇用」の場合は自らが教育を受けJDの求めに応じた能力を習得した上で就職するといったことが想定されます。日立製作所の新しい仕組みの下ではいかがでしょうか。

米須　その点についても，当社は欧米型の「ジョブ型雇用」を志向しているわけではありませんので，引き続き会社としての教育・訓練には力を入れています。

　　当グループには従業員の教育を手掛ける「日立アカデミー」という会社があります。年間約1500のコースが提供されており，従業員は上長と相談の上，許可を得て就業時間中に必要な研修を受講します。費用は会社負担，受講中も賃金が発生するという取扱いになっています。1年の間に受講のために数日連続で職務を離れるということも起こり得ます。また，自己啓発として受講する研修等についても，福利厚生による補助が出ることがあります。

(5) 「ジョブ型」の下での経営人財の育成

澁谷 日本企業の従来の経営人財の育成は，営業だけ，経理だけというように1つの部署だけにずっと配属するのではなく，さまざまな部署をローテーションさせることにより会社経営に必要なさまざまな業務内容を把握してもらうという方法が多く採用されていました。日立製作所で社長を務められた川村隆さんの日経新聞の「私の履歴書」の連載を単行本化した『100年企業の改革　私と日立』（日本経済新聞出版社，2016）を拝見しましても，当初，火力発電事業を専門的にご担当された後，日立工場長を務められて経営陣になっていかれたプロセスが書かれています。

　他方，欧米型の「ジョブ型雇用」では典型的には，専門性をもった人財が専門的な職務にアサインされることになるため，いろいろな部署をローテーションすることは想定されておらず，策定された「後継者計画」にのっとって経営人財に選抜された人にのみ，育成上必要となるアサインメントがなされる面があります。

　日立製作所の導入された仕組みの場合，経営人財育成や人事ローテーションについてはどのようになりますでしょうか。

岩田 キー・ポジションの人財，経営人財の育成については，従来の内部優秀人財への偏り，タフアサインメントの経験不足といった課題を解決するために，重要ポジションの選定・人財要件の定義，候補者選抜・評価，候補者の育成，といったステップを採用しています。

澁谷 キー・ポジションの人財，経営人財の方の選抜というのはどの程度の年代の方から始まるのでしょうか。

岩田 30代から選抜されることもあります。

澁谷 そうしますと，30代のときから，同期入社の中でも選抜された方とそうでない方が分かれてくるのですね。

岩田 そうなります。

小林 当社では，技術系だけでなく，事務系職種でも，専門性の深化・向上を重視して，従来から職種を超えたローテーションはあまり行っていない面があります。私たちも入社以来，ずっと人事部門で仕事をしています。同じ職種の中で仕事をしていても，他の職種と関わって仕事をしていきますし，業務経験を積む中で，会社の事業や経営全体に関わることは可能です。

⑹ 「ジョブ型」の理解を得るための社内コミュニケーション

澁谷　ジョブ型導入について，社内の理解を得るためにどのようにコミュニケーションをとられたのでしょうか。

岩田　ジョブ型についての理解を得るための従業員コミュニケーションも，幹部層，部課長層，全従業員，労働組合など対象別に実施しています。

　　　労働組合とは2017年から継続的に議論を行い，春季交渉においても，かなりの時間を割いてジョブ型人財マネジメントについて議論しています。従来の日本型マネジメントのメリットも活かすべきといった意見も出ますが，ジョブ型への転換の必要性については理解を得られています。今後の論点としては，各職場・個人におけるジョブ型の「自分ごと化」，JDの導入・活用の具体化，マネージャーへの支援強化などが挙がっています。

⑺ 「ジョブ型」の導入後に現れてきている事業へのプラス効果

澁谷　「ジョブ型」導入後に，現れてきている事業へのプラス効果についてお気づきの点などありますでしょうか。

小林　会社の中の構成員が目に見えてグローバル化し，ダイバーシティ＆インクルージョンが進んでいると感じています。10年前の職場とは風景が明らかに違っています。グローバルで見ても，当社のビジネスの方向に共感して参画してきてくれる人財の幅，レベル感が上がり，優秀な人財がたくさん入社してきてくれていると感じています。

　　　ジョブ型人財マネジメントに転換したからというだけでなく，ビジネスの方向性をクリアにし，打ち出したからという面もあると思います。

　　　そのようにして当社に来ていただいた人が活躍できる環境・仕組みを整えるためにも，ジョブ型への転換の取組みを進めています。

⑻ 「ジョブ型」の導入後に見えてきた課題

澁谷　一方で「ジョブ型」導入後に，見えてきた課題についてお考えの点はありますでしょうか。たとえば「ジョブ型」の弊害として「自分が割り当てられた仕事はやるが，他の人が割り当てられた仕事には関心を持たなくなる」ということなどが指摘されることがありますが。

岩田　その点は社内でも指摘されることがあるのですが，野球に例えると，ま

ずは JD でサードとショートの役割・守備範囲を明確にし，その上で三遊
間のゴロは両者で取りに行くことが大切であると説明しています。

小林　「ジョブ型を導入するとチームワークが壊れる」という人もいないわけ
ではないですが，では，欧米の会社にチームワークがないかといわれれ
ば，そうではないでしょう。暗黙知やあうんの呼吸を前提とするのではな
く，「役割を決め，各人がそれぞれの責任を果たして協働する」という
チームワークの方が，むしろあるべきチームワークといえるのではないで
しょうか。個人の役割が明確化されないことで，フリーライダーを生んで
しまう可能性もある日本的なチームワークが必ずしも優れているとはいえ
ないと考えています。

(9)　「ジョブ型」導入に伴う人事部門の役割の変化

澁谷　採用権限の変化についてはお伺いしましたが，それ以外にも「ジョブ
型」の導入により，人事部門の役割に変化をお感じになっていられる点は
ありますでしょうか。

小林　人財部門の役割機能には，人財の配置，育成，処遇，労務管理といった
従来から変わらない部分もありますが，たとえば JD の明確化など，ジョ
ブ型への移行を進める中で新しく出てきた仕事もあります。人財マネジメ
ントの基盤がグループ・グローバルに共通化され，我々人財部門が相対す
る従業員も，日本人中心だったものがグローバルに多様化してきているの
も大きな変化の一つです。また，経営からの期待として，ビジネスの方向
性や変化を理解し，事業に貢献する「戦略人事」の役割機能が従来以上に
強く求められるようになっています。ビジネス部門に寄り添って，事業を
推進する上でどのような人財が必要で，そうした人財をどのように確保・
育成・処遇すればよいかを考え，必要な制度・施策・サービスを提供する
ことが必要で，我々人財部門が果たすべき役割は非常に重要度を増してい
ると認識しています。

■インタビュー2■

富士通インタビュー

（2021年9月16日実施）

インタビュイー
猪田　昌平
　　CHRO室マネージャー

インタビュアー
澁谷　展由
　　弁護士

1　「ジョブ型」導入の背景

澁谷　富士通が人事制度にジョブ型を導入されたことについて報道でも多々報じられていますが，改めて導入の背景をお伺いできますでしょうか。

猪田　当社はジョブ型導入を2020年4月からスタートしました。一番の背景としては経営戦略の変化があります。

　　2019年6月に現在の時田社長に交代し，IT企業からDX企業へ変革する，それをグローバルで実現するという経営戦略を掲げました。

澁谷　富士通の売上げの海外比率は増加しているのでしょうか。

猪田　その点が課題になっており，現在30～35％程度から増えていない状況です。ITマーケットの日本市場の成長率が必ずしも高くないことからグローバルでのシェアをいかに高めるかが経営課題になっています。

　　これまで当社グループでは人事制度が日本と海外が別で，海外も国によって別々となっていました。それがこれからグローバルで一体になってビジネスを行っていくことの阻害要因になっている面がありました。

　　日本がメンバーシップ型人事制度で海外グループ会社がジョブ型となっていたところ，グローバル全体の人材の考え方の共通化を図るという点にジョブ型導入の主眼があります。

澁谷　グループの国内／国外の従業員の方の人員構成はどのように分かれていますでしょうか。

猪田　グローバルで約13万人のうち，日本が約8万人，海外で多いのはヨーロッパが約2万5000人，アジアが約1万人，残りがアメリカなどになります。

2　ジョブ型が適用される従業員の範囲

澁谷　ジョブ型が適用される従業員の範囲はどのように設定されていますでしょうか。

猪田　国内グループ会社の管理職全員に2020年4月から導入を開始しております。人員にして約8万人中，約1万5000人が対象となります。

澁谷　そうしますと，新卒採用の方は含まれないため，新卒一括採用については従前どおりということになりますでしょうか。

猪田　引き続き新卒一括採用は行っています。また，人数としてそこまで多くはありませんが，職種別採用も2020年4月のジョブ型導入以前から進めています。さらに，一部の新卒採用者については入社前に配属先を確約する採用も実施しています。「自分のやりたいことができる部署で働きたい」ということを確約することで，優秀な理工系の学生を惹きつけるためです。現在，一般社員についてもジョブ型導入の検討をしている状況です。

3　ジョブ・ディスクリプションについて

澁谷　ジョブ型となりますと，ジョブ・ディスクリプション（以下「JD」）が重要な要素になりますが，どのように整備されましたでしょうか。

猪田　ジョブ型の適用対象者1万5000人分のポジションについてJDを整備しました。ただ，2020年4月段階ですべてそろっていたわけではなく，段階的に整備を進めていきました。

澁谷　JDの内容の概略はどのようなものでしょうか。

猪田　そのポジションの職務概要（ジョブサマリー），求められる職責・成果の内容，求められるスキル・経験を可視化するものになっています。

澁谷　JD策定の際にご留意された点としてどのような点がありますでしょうか。

猪田　JD を作成するポジションに就いている従業員の能力については考慮せず，あくまでそのポジションに求められる要件を JD に落とし込みました。

澁谷　そうしますと，ジョブ型導入開始段階で適用対象者全員が JD の要件をすべて満たしているわけではないということになりますでしょうか。

猪田　JD の要件をすべて満たさないとそのポジションに就けないというわけではありません。JD の活用方法としては，「ポジションに見合ったパフォーマンスが出ているか」「どういう点が足りていないか」「ポジションに見合った成果が上がっていない場合は，どのような PIP（performance improvement plan）を策定するか」等を検証するツールになります。

澁谷　JD は，人事部門，各所管部門のいずれで作成されましたでしょうか。

猪田　各部門で作ってもらうようにしました。しかし，フォーマットを渡すだけだと部門によって書く内容のレベル感に齟齬が出るかもしれない懸念があったため，人事部門で JD のベースとなる「ロール・プロファイル」を作成し，ロール・プロファイルに書いてある内容をベースにして，各部門で JD を作成してもらいました。それにより，JD の記載内容のレベル感が担保されると考えています。

澁谷　人事部門が作成する「ロール・プロファイル」にはどの程度のことまでが記載されるのでしょうか。

猪田　①ロール（その職務の役割）の概要を記載したサマリー，②そのロールに求められるレベル感，③そのロールに求められるコンピテンシー（経験・知見）のレベル感等が記載されています。例として，人事のロール・プロファイルは，人事スペシャリスト／人事ゼネラリストの 2 種類があり，各レベルごとにプロファイルを用意しています。（イメージ図参照）。

イメージ図

レベル	スペシャリスト	ゼネラリスト
15	ロール A	ロール B
14	ロール A'	ロール B'
13	ロール A''	ロール B''

澁谷　一般論的には，労働条件について，ジョブ型では雇用契約で詳細に規定

する，メンバーシップ型では雇用契約は簡素にし，就業規則で詳細に規定ともされていますが，富士通では，ジョブ型適用対象者の雇用契約は従前のメンバーシップ型のものよりも詳細化していますでしょうか。

猪田　雇用契約については変えていません。当社のジョブ型は欧米型のジョブ型雇用そのものではありませんので，雇用契約の規定内容も含め労働条件は変更していません。

4　人事評価基準の変化

澁谷　ジョブ型を採用したことにより，メンバーシップ型のみの時代に比べて，人事評価基準はどのように変化されましたでしょうか。

猪田　目標管理制度はメンバーシップ型のときから実施しています。担っている仕事について目標を設定し，達成率で評価を行っていました。ジョブ型導入後もその点は変わっていません。

澁谷　設定される目標は JD にも記載されているのでしょうか。

猪田　JD には KPI も記載されますが，必ずしもそれだけで評価を行うわけではありません。JD に記載した内容以外の業務を行うことも当然ありますので，JD の要件だけで評価することが適していないケースもあるためです。

5　昇給について

澁谷　一般論的には，メンバーシップ型は定期昇給あり，ジョブ型は定期昇給なしで，昇給は昇格した場合のみ，といわれますが，富士通ではジョブ型の導入により昇給の仕組みは変化されましたでしょうか。

猪田　管理職はもともと年 1 回の定期昇給がありましたが，ジョブ型の導入によりなくなりました。現状の報酬制度では，月額報酬はシングルレートで固定のため，ポジションレベルが上がらない限り昇給はされません。一方で，ボーナスは評価によって変動します。

　　また，海外企業ではレンジの幅を持たせて報酬額を決定することが一般的です。富士通の海外法人も同様の仕組みですので，日本にも同様の仕組みを導入すべきかについては今後検討していきます。

6 ジョブ型導入決定に至るまでの労使間の議論の概要

澁谷 ジョブ型導入は従来の取扱いの変更を伴いますが，導入までに労使間でどのような協議をされましたでしょうか。

猪田 今回のジョブ型導入の対象者は管理職のみで，組合員は対象ではないですが，労働組合とは継続的にコミュニケーションをとっています。同じ仕組みを組合員にも導入するとなると，いろいろと議論になるとは思います。組合員については定期昇給なしという仕組みは現実的ではないかもしれません。

7 採用権限について

澁谷 一般論的には，採用権限を有するのは，メンバーシップ型では人事部門，ジョブ型では所属部署の管理者となるといわれていますが，ジョブ型の導入により，採用権限者に変化は生じましたでしょうか。

猪田 2020年4月のジョブ型導入以降，可能な限り，部署への採用権限の移譲を進めています。

　　ジョブ型の効能の一つとして，ポジションの空きが出るとスピーディーに埋める必要が出るという点があります。メンバーシップ型では，部内のメンバーでやりくりをする，という面がありますが，ジョブ型導入後は，ポジションに空きができたらそれをどう埋めるかを検討し，外部から採用することもあれば，社内公募やポスティングを行うことで空きポジションをタイムリーに充足させるという流れが活発になりました。

澁谷 新卒採用と中途採用で扱いに異なる面はありますでしょうか。

猪田 新卒採用については，何人を採用するかについて各部署から必要人数の要望を提出してもらい，それを積上げた上で合計何人採用するのかを検討しています。

　　中途採用についても，各部署への権限移譲を進めています。ただ，ハイレベルな方の採用については，その組織を担当する人事部門も意思決定に関わる仕組みとしています。

8 人事異動・人事ローテーションについて

澁谷 JD が定められたことで，ポジションの空きが出た部門が，グループ全体の中からそのポジションの JD に合った人材を探索することができる仕組みはありますでしょうか。

猪田 人材の見える化は進めていますが，現状のシステムではまだ実現できていません。

　一方で，従業員一人ひとりに自律的にキャリア形成を考えてもらいたいという観点から，これまでは会社主導の人事異動がメインでしたが，自ら希望するポジションにチャレンジできるよう，ポスティングを拡大しています。ポスティングの拡大についてはジョブ型を導入した管理職だけでなく，一般社員にも適用しています。

　会社主導の異動がなくなるわけではありませんが，これまで以上にチャレンジしたい人が自分の意志で手を上げてチャレンジできる環境を作っていきたいと考えています。

澁谷 ポスティングの利用状況はいかがでしょうか。

猪田 常時 300〜400 人のポストが公開されています。管理職だけでなく，一般社員のポジションも公開されています。非管理職でも職務内容，責任などを明確にして公開しています。募集要項には求められるグレード，TOEIC の必須点数等も記載されています。応募希望者は，社内のイントラネット上で希望ポストをキーワードで検索できるようになっています。

澁谷 一般論的には，メンバーシップ型は人事ローテーションあり，ジョブ型はなし，とされますが，この点は変わりましたでしょうか。

猪田 今後，よりポスティングによる人事異動が増えることが想定されるため，会社主導によるローテーションの数・割合は減ってくるかもしれません。

9 後継者計画について

澁谷 CEO を含む企業経営者は営業畑出身であったとしても，財務やリスク管理などについても経営判断をしなければならず，会社経営全体に関連する事項について知見を持っていることが望まれます。メンバーシップ型で

すと人事ローテーションで多様な部門を担当して知見を積めるという面がありましたが，ジョブ型になると多様な経験を積む機会は特別に確保していく必要があると指摘されることもあります。この点について富士通ではどのように対応されていますでしょうか。

猪田　ジョブ型導入後も，経営層として期待する人材に求めることは変わりません。選抜された従業員は，会社主導で多様な部門に戦略的にアサインメントを行うことで，多様な経験を積ませたいと考えています。

澁谷　経営陣候補の選抜は入社後どのくらいのタイミングで行われるのでしょうか。

猪田　近年，選抜のすそ野を広げること，早いタイミングで優秀層を見出すことを始めています。したがって，仕組み上20代，30代前半での選抜もありえます。しかし，候補に選抜されたとしても，何かが保証されるというわけではありません。また，一回選ばれたらずっと選ばれ続けるわけではなく，当然入替えがあります。たとえいったん選抜から外れても，また選ばれることもあり，流動性があります。

澁谷　選抜された方は自分が選抜されたことはわかるのでしょうか。

猪田　選抜されたことは本人に通知しています。選抜者だけが受けられる教育プログラムも用意しています。

澁谷　選抜された方は，転職されたくない人材だと思いますが，待遇面でも優遇されるのでしょうか。

猪田　処遇の優遇はしていません。選抜されたからといってポジションが変わるわけではないので報酬を処遇するということはなく，会社としての期待を丁寧に伝えて成長の機会を提供して，視野を広げてもらうという方針をとっています。その結果，より上位のポジションにつき，結果的に報酬が上がるというのが望ましい姿であると考えています。

10　従業員の教育・訓練について

澁谷　一般論的には，従業員の教育・訓練については，ジョブ型は従業員が自ら教育・訓練を受ける，メンバーシップ型は会社が教育・訓練の機会を与える，という図式が指摘されています。富士通では，ジョブ型導入後，教育・訓練のあり方に変化は生じましたでしょうか。

猪田　従来は「階層別教育」を実施していました。入社したら何年目でこうい
　　　う研修，グレード昇格したらこういう研修といった形で会社が充実したメ
　　　ニューを提供していました。
　　　　一方で，ジョブ型が導入されると，一人ひとりに求められる能力，学ぶ
　　　内容，タイミングも変わってきます。そのため，可能な限り階層別教育は
　　　スリムにして，オンデマンド型の教育プラットフォームを提供しました。
　　　プラットフォームの中にはさまざまな学習コンテンツがあり，従業員一人
　　　ひとりが学びたいものを，自分のタイミングで学ぶことができるようにし
　　　ています。
澁谷　新たな教育コンテンツの受講は，勤務時間内にできるのでしょうか。費
　　　用負担はいずれになりますでしょうか。
猪田　勤務時間内の受講も認めており，費用は会社負担です。また，勤務時間
　　　外の利用も可能としています。

11　ジョブ型導入後の解雇について

澁谷　ジョブ型とメンバーシップ型の従業員が併存することになりますが，
　　　ジョブ型の従業員の方がメンバーシップ型の従業員よりも解雇や整理解雇
　　　の基準が緩和されると整理されていますでしょうか。日本の労働法制を前
　　　提とすると難しい面もありますが。
猪田　ジョブ型を導入しましたが，契約体系を変えたわけではないので，解雇
　　　が行いやすくなるということはないと考えています。これについては，日
　　　本全体の雇用の流動性が高まったり，法制度が改正されたりするなど，社
　　　会的な動きが大きくかかわる問題であり，当社だけで変えることはできな
　　　いと考えています。

12　ジョブ型導入後の事業へのプラス効果

澁谷　ジョブ型導入後に感じていらっしゃるプラス効果にはどのようなものが
　　　ありますでしょうか。
猪田　これまでのメンバーシップ型については，社内の現有人材で何とかやり
　　　くりするという部分がありました。現有人材では対応しきれない場合，掲
　　　げた戦略が実現しきれず，そこにギャップが生じてしまう可能性がありま

した。

　ジョブ型が導入されると「人ありき」ではなく「ポジションありき」になり，社内に適材がいないなら外から採ろうという考えが一般的になります。このような適所適材型のアプローチが，戦略やビジョンを着実に実現する有効な仕組みであると考えています。

　また，中途採用の積極性は確実に上がっていくと思います。これまでは外部から採用する人材の報酬を考える際，メンバーシップ型では内部公平性の観点から考える必要があり，その結果，外部との競争力がない報酬しか提示できず，採用したい優秀な人材が採用できない，ということが多くありました。

　これがジョブ型となると，内部公平性ではなく外部競争力に重きを置いた進め方が可能になります。経営戦略上採用する必要があるジョブがこのようなもので，それに見合った報酬はこういった額であり，そのジョブに適合した人材であれば年齢にかかわらずそのポジションに見合った報酬を適用することとなります。これで，管理職以上については「年功序列」は完全になくなったと考えています。これまで以上に若くて優秀な方が早く上位のポジションに就くことが一般的になってきています。

13　ジョブ型導入後に把握された対処すべき課題

澁谷　他方，ジョブ型導入後にみえてきた対処すべき課題のようなものはありますでしょうか。よくいわれるのが，自分のジョブに関係しない業務について無関心になる，ショートがショートの業務のみ行い，サードがサードの業務のみ行うので三遊間のゴロが拾えなくなるといったことがいわれますが。

猪田　三遊間のゴロが拾えないといった事態は起きていないように思います。そもそも最初からずっとジョブ型であった海外法人でもそのような弊害が起こっているとはほとんど聞いたことがありません。

　ジョブ型ではポジションの内容がより明確になりましたが，あくまで組織で動いていますので，チームメンバーで連携して，必要に応じて三遊間の仕事も拾っていくことになります。

　課題としては，ポジションのレベルが決まれば報酬も決まることになり

ますが，本来，報酬額はそのジョブのマーケットのレートと連動すべきものです。しかし，日本企業の中ではジョブ型を採用している会社が少なく，マーケットが成熟していないため，ベンチマークが乏しい状況です。

　これは富士通だけで完結する問題ではありません。すでにジョブ型を導入した会社とも連動しながら日本の企業全体として変わっていたほうがよいところもあると考えています。

14　ジョブ型導入に伴う人事部門の変化

澁谷　ジョブ型導入により人事部門のあり方で変化した面もありますでしょうか。

猪田　採用権限を部門に移譲していく中で，これまで「人のマネジメントは人事がやるものだ」と思っていたものが，「採用についても各職場主導で考えてもらい，それをサポートするのが人事の役割」というように変わってきていると思います。それに伴い，人事に相談される内容も変わっていきます。これまで以上に各部門に寄り添って，各部門が考えていることに対し人事のプロとしてアドバイスすることが求められるようになってきています。

コラム 第2話──「なぜ副業解禁？」

　とある会社の人事部での部員の楓美子と羽佐間瞬の引き続きの会話。

楓「そういえば，うちの会社は副業OKだって言ってたけど，何で会社はOKしてるの？　この間言われて規則とかちゃんと読んだんだけど，会社もいろいろと管理しないといけなかったり，大変よね？」

羽佐間「せやな。どうしたって長時間労働になりやすいし，社員が過労で倒れてもうたら困るし，まあ労働基準法とかの法律守るためにも，労働時間の管理をしっかりやらなあかんわな。ほかにも会社の仕事に影響が出えへんやろかと心配やし，競合の仕事をやらへんやろかとか，よその会社にうちの秘密がばれへんやろかとか心配も絶えんわな。

　せやけど，副業を認めてるおかけで，ええ人材が採用できるようになったとか，社員の離職率が下がったとか，メリットを感じてる会社もあんねんで」

楓「何で副業と採用が関係あるの？」

羽佐間「自分がええ人材やと仮定して考えてみ。就活してて，いくつかの会社から声をかけてもろてるけど，いろいろやりたいことがあって，全部やらしてくれるとこなんかないなあってなってるとしよや。その中の1社が，副業してもうてええですよ。会社でやりたいことを全部やってもらえへんでも，副業でやってもうてええですよ，言うてきたら魅力的ちゃうか？」

楓「確かに！　そうか，今いる社員も，やりたいことがあるから辞めようかなと思っても，副業でできるんだったら辞めないでおこうって考えるかも」

羽佐間「ほんで，こないだ言うたけど，個人事業主になったら自分でプロジェクトを遂行するとかできるわけやんか。会社やと，みんなにプロジェクトリーダーをやらせることはできへんわな。それを，副業で経験して成長してきてくれるんやったら，会社としてはありがたい話やろ？　ほかにも，いろんな知識とか経験を得てスキルアップしてくれるやろし」

楓「そっか。でもその分，給料をたくさん払わないといけないってわけでもないし」

羽佐間「会社がどんな人材がええ人材やと思てるかによってニュアンスは変わるけど，今のご時世，起業家精神がある社員は大歓迎やろ。でも，社内で起業家精神を養うのは難しいわな」

楓「そうよね。会社に雇われている身と起業家精神は，普通は両立しないわよね」

羽佐間「ただ，世の中が副業解禁に向かってるみたいやからうちもやらなあかんわ，みたいな考えやとあかんわな。どんな人材に育ってほしいのかちゃんと考えて方針を決めんと，面倒なことばっか増えて全然効果が出えへんことになってまうわな」

楓「え～。うちは大丈夫なのかな？」

■インタビュー3■

フィールドマネージメント・ヒューマンリソース インタビュー

(2021年8月11日実施)

インタビュイー
　小林　傑
　　株式会社フィールドマネージメント・ヒューマンリソース　　代表取締役社長

インタビュアー
　澁谷　展由
　　弁護士

1　副業・兼業解禁の動向をどう見るか

澁谷　本書籍では，日本企業で少しずつ増加している副業解禁とジョブ型導入について論じています。多くの日本企業へ人事制度構築のアドバイスをされている小林さんにこれらの動向をどう見るかについてお伺いしていきたいと思います。まずは，副業解禁についてですが，中計の中で副業解禁を掲げている上場企業も出始めています。小林さんは日々，人事制度構築のコンサルティングに携わられる中で，副業・兼業解禁の動向についてどうご覧になっていますか。

小林　自社の役職員の副業を解禁した会社は増えつつありますが，顕著にうまく活用できているという会社はまだあまり見当たりません。

　他方，業態や職種にもよりますが副業を受け入れる側としては，人が足りないから副業の人でも取りたい，というニーズはかなりあるように見ています。特に即戦力人材のニーズは強いと思います。仮にコロナがなかったとしても，人口減少・少子高齢化で人材のリソースが減ることからすると，副業人材でも受け入れたいという流れは強まると考えられます。

澁谷　副業解禁した会社にスポットが当たることが増える一方，解禁に消極的

　　　　な会社も多い原因をどのようにご覧になっていますか。

小林　消極的な理由として，労務管理上の問題や自社の業務に専念してほしいという意見は多いと思います。しかし，仮にルールを作って副業を許可しても，それらを推奨する風土に変わらなければ副業をする人はすぐには増えません。上司が乗り気でない場合もあるでしょう。一方で本業と副業と両方をやっていく自信がある人も多くはないと思います。副業できるくらいの何かを持っている優秀な人は限られていますし，時間の調整も簡単ではありません。

澁谷　ITなど引く手あまたの専門性を持った人などを雇いたい場合に「一つの会社に縛られたくない」と思っていることが多く，副業が可能なことが優秀な人材を得るためのポイントになる面がありますか。

小林　それはあると思います。ただし本当に優秀な人は副業を条件に雇用されるというよりもフリーランスで業務委託，という選択をすることも多いように思います。その方が自由もききますし収入も増やしやすい面があるからです。大企業でも個人のフリーランスの専門家へ発注することの違和感は昔よりなくなってきているように思います。

2　ジョブ型導入の動向をどう見るか

(1)　「ジョブ型」導入企業の「ジョブ型」の位置づけ

澁谷　次に，ジョブ型を導入する企業の動向についてどのようにご覧になっていますか。

小林　そもそもジョブ型を採用する企業が日本企業ではまだ少ない状況ですし，「ジョブ型」の定義が論じる人や採用する会社によって違っています。「ジョブ型雇用」と「ジョブ型人事制度」も違います。ジョブ型雇用とはジョブ・ディスクリプションを作成し，ポストをベースにした雇用で，ポストがなくなれば解雇といった点が日本のメンバーシップ型との大きな違いですが，そもそも，日本の労働法制のもとではそのような制度の導入は難しいのではないでしょうか。

澁谷　おっしゃるとおりです。

小林　日本企業がジョブ型を導入しているのは部分的なものであり，それを「ジョブ型導入」といっているように感じています。私たちは日本企業が

ジョブ型の要素を導入することを「ジョブ型処遇」と呼んで「ジョブ型雇用」とは区別しています。メンバーシップ型から欧米型のジョブ型に完全に移行することが難しいですし，多くの企業は最初から目指していないのではないかと思います。

澁谷 グローバルな人材獲得競争が激しくなったり，社会・経済の変化が大きくなっていく中で，そのときどきの状況に対応した人材を採用することが企業にとって必須になってくると，ジョブ型導入へ舵を切ったり，年功序列をなくした目標設定・成果管理を導入する企業が増えることになりますか。

小林 ジョブ型かメンバーシップ型かのゼロ／100ではないと考えています。日本企業の状況からしてメンバーシップ型のメリットの部分は変わらないと思いますが，役職や職種で分けて部分的にジョブ型とすることもあり得るでしょう。職責のわかりやすい管理職や，専門性の明確な研究職や技術職は適用しやすいと思います。ほとんどの日本企業がジョブ型とメンバーシップ型の併用を志向しているのではないでしょうか。グローバルで勝負することにし，グローバルな人材獲得競争に参加する会社であれば覚悟を決めてジョブ型の要素を大幅に導入する必要が出てくるかもしれません。ただそうすると，企業の風土も文化も従来の日本企業からは変わってきます。

⑵　ジョブ・ディスクリプションについて

澁谷 ジョブ型雇用で採用する場合にはジョブ・ディスクリプション（職務記述書：JD）での比較的詳細な職務の定義が必要になりますが，メンバーシップ型に慣れた企業ですとなかなか作成が難しいとも聞きます。JD作成のための注意点，着眼点などありますか。

小林 JDを作成するのは容易ではありません。通常の人事制度のもとでさえ，等級定義，役割定義を明確にしてなかった会社も多くあります。著名な大手企業でも驚くほど曖昧な会社もあります。明確にしていたとしてもほとんど機能していなかったりします。そこをジョブ型導入となってどこまで作成できるのか，社内の納得感を得られるかなど難易度が高い面があると思います。

澁谷 多くの日本企業で等級定義，役割定義の明確化や，目標設定・達成度評価を十分にできなかった原因はどういった点にありますか。

小林 年功序列で勤続年数によって等級が上がっていってしまうので定義を明確にすると整合しなくなりがちです。評価についても目標を曖昧にしたほうがマネージメントする側もされる側も楽だからです。目標設定・達成度評価を経てこなかった人が管理職になるので，評価に慣れていません。評価される側も基準があいまいであれば評価が下がらない。以前であれば評価を十分にしなくても給与は上がりました。だから曖昧に流れるのですが，しかし，その結果，優秀な人材は評価の明確な外資系企業などに逃げていってしまうことも起きていました。

(3) 「ジョブ型」導入企業の人事評価制度

澁谷 人事評価制度について，1990年代から2000年代にかけて一部の会社で「年功序列から成果主義へ」という動きがあり，あまりうまくいかなかったと指摘されることもありますが，これと現在のジョブ型導入の流れの関係をどう見るべきでしょうか。

小林 成果主義が日本企業でうまくいかなかった理由はいろいろありますが，当然ながら評価基準を明確にしなければうまくいきません。ここがジョブ型導入の流れにも似ていると思います。先ほど申し上げたとおり，多くの日本企業が「等級」や「評価」を明確に定義せずに曖昧な運用をしてきました。

　「等級」については定義自体があいまいで，社員がその等級が何を求めているのか知りもしないという状況がありましたし，「評価」については，その前提となる目標設定・成果管理を適切に実施していないことから，結果評価だけになって，多くの人から受け入れられなくなってしまった面があります。

澁谷 ジョブ型の要素を導入した会社では，人事評価制度はどう変わっていきますでしょうか。

小林 ジョブ型もそうですし，メンバーシップ型であったとしてもコロナ禍でテレワーク，リモートワークが進みますと，人事評価では成果を見ざるを得なくなります。仕事できる人／できない人はもともと分かれていました

が，コロナ禍以降のリモートで明確にバレてしまう現象が生じています。職場に居てコミュニケーションが上手な人だと仕事をしていなくても仕事をしているように見えてしまっていたという面がありますが，今後はこれまでのように職場での行動や雰囲気を見て評価することは困難になります。メンバー間の職場での「あうんの呼吸」は，一括採用・終身雇用・自前育成だと成り立ちましたが，ジョブ型，リモートなどになってくると難しくなるはずです。

澁谷 リモートワークがコロナ後も定着する可能性が高いとも指摘されることがありますが，その場合，メンバーシップ型よりもジョブ型のほうが評価の仕組みがワークしやすくなるのでしょうか。

小林 それはメンバーシップ型かジョブ型という問題ではないと考えます。「ジョブ型にすれば解決する」という幻想を持ったとすると，それは結局，成果主義が失敗したのと同じになります。目標設定・達成度評価をやらないで何とかしてきてしまった会社にリモートワークになってツケがきた状況だと考えています。これは元からやらなければならなかったことであって，本来，コロナ禍は関係ないともいえます。

(4) 「ジョブ型」のデメリット？

澁谷 ジョブ型を導入すると，自分のジョブに関係しない業務について無関心になる，ショートがショートの業務のみ行い，サードがサードの業務のみ行うので三遊間のゴロが拾えなくなるといった指摘が出ることもありますが，いかがでしょうか。

小林 たしかに，理屈からすると，メンバーシップ型雇用の「自分の仕事ではないがやる」というよさは，ジョブ型では失われるおそれがあります。しかし，その点に関してこそメンバーシップ型のいい部分を残すことで，組織の一体感，足りないところを補い合う風土はキープできるのではないでしょうか。日本企業のよさとしてその点は残ると思います。

3 ジョブ型導入，副業解禁以降の組織・リーダーのあり方の変化

澁谷 ジョブ型導入・副業解禁の会社が増えていったとすると，今後，企業組織のあり方はどう変わっていくとお考えでしょうか。

小林 企業・組織の形が従来型よりも曖昧になります。プロを束ねていくためには「この会社にいること」，プラットフォームとしての魅力を高めることが必要になります。「株主やクライアントだけでなく，従業員を自社のファンにする」ことが必要です。そういったことをする自信のある会社でないとジョブ型導入や副業解禁がうまく活用できないのではないでしょうか。ジョブ型や副業が浸透していくと，入社／退社の 0 か 100 かの考え方よりも，会社との繋がりの濃淡で考える方がしっくりくるようになると思います。その会社との関わりが時によって 100 の時もあれば 50，30 の時もあったり，一度 0 になってもまた 50 に戻る，などとなることも普通のことになっていくのではないでしょうか。

澁谷 そのように変化した会社のリーダーにはどういった点が求められますか。

小林 ジョブ型，副業解禁だけが理由ではないですが，リーダーの資質も変わらなければならない部分が出てくると思います。多様な人材が多様な関わり方で働くことになるので，従来のように「トップが正解を示し，下の人にはそれを正しく早くこなしてもらう」というモデル，「カリスマについて来いよ系」モデルでは立ちゆかなくなると思います。環境変化が速くなり VUCA（ブーカ。Volatility：変動性，Uncertainty：不確実性，Complexity：複雑性，Ambiguity：曖昧性）の時代であることも合わせて考えると，一人ひとりが自律的に考え行動していくことが必要になってきます。その場合，トップの役割は「正解を示す」ことよりも，「現場が自律的に回る環境をどう作るか」になっていくのではないでしょうか。

　今後の社会では，リーダー候補は，井の中の蛙にならない経験値を積んでいく必要が出てきます。同じ会社で学べることには限界があります。

澁谷 メンバーシップ型と異なり，通常，ジョブ型では専門分野の異なる部署への人事ローテーションは行わないとされますが，「井の中の蛙にならない経験値」を持ったリーダー候補をどのようにして育成することが考えられますか。

小林 これからの正解がない世界に対応できるリーダーは自然発生では育てられません。計画的育成が必要です。外資系企業では，サクセッション・プランを作ることはマネージメントの重要な仕事と位置づけられています。「ポストを継ぐ人を作る」ということが業務状の重要な目標の一つになり

ます。総合商社など子会社がたくさんある業態なら，子会社社長のタフ・アサインメントの機会も豊富ですが，そのような状態にない会社がリーダー候補に多様な経験を積ませる機会として，海外企業，ベンチャー企業，NPOなど自社とは異なる文化や考え方をもった組織への出向や副業などが考えられます。

■座談会■

企業内弁護士による座談会

（2021年8月9，30日座談会実施）

小西絢子	NISSHA㈱，弁護士
須藤克己	㈱中国銀行茶屋町支店・藤戸支店支店長，弁護士
徳山佳祐	プロアクト法律事務所（元・明治安田生命保険相互会社主席法務役），弁護士
檜山正樹	日本製紙㈱総務部法務室長，弁護士
藤本和也	Chubb損害保険㈱法務部長兼募集文書管理部長，弁護士
美馬耕平	ネスレ日本㈱執行役員法務部長，Chief Compliance Officer，Chief Privacy Offier，弁護士
澁谷展由	弁護士法人琴平綜合法律事務所，弁護士（司会）

参加者（司会者以外50音順）

1 副業・兼業解禁について

(1) 副業解禁の導入目的をどう考えるか

澁谷 本書のテーマの副業・兼業（以下「副業」）解禁，ジョブ型雇用について，会社内の法務・労務に日々ご対応されている皆様にお話を伺っていきたいと思います。両テーマのうち，まずは副業解禁の導入目的についてどう考えておられるかという点からお伺いしていきたいと思います。

美馬 何のために副業解禁を考えるのか，つまり社員の成長や優秀な人材の新規獲得・退職防止などの別の目的があり，その達成の手段として副業解禁を行うのか，そのあたりをきちんと考えるべきです。よそがやっているからうちもやると，目的を定めないまま始めても，進みません。目的があった上で，それに合った制度設計がどうなるかが決まると考えます。副業解禁は目的達成のためのあくまで手段です。

藤本 まず考えておくべきは，副業解禁を自社の人材獲得戦略にどのように結

びつけていこうとするのか，そのビジョンを明確にすることだと思います。どのような種類の副業を，どの程度認めるのか，そのことにより如何なる人材を自社に確保したいのか，という点です。このようなビジョンがなければ，自社において副業や兼業の制度設計を行うことは困難になると思います。副業・兼業の解禁は，どのような人材を迎え入れ，どのような待遇で自社に長く留まってもらいたいのかという視点に基づき，自社の組織構造をどのように組み立てていくのか考える必要があります。これは人事戦略，経営戦略に直結する問題といえるでしょう。

須藤　会社としては，従業員に副業を通じて「経営目線」を持ってもらうという目的があり得ます。副業で得た知見・経験を会社に持って帰ることを期待するのです。従業員としても，自分の会社だけでキャリアを積むという時代ではなくなってきているのではないでしょうか。

小西　最近は，会社の側でも特に専門人材などで「副業でもいいからうちで働いて」といって求める方が増えてきています。副業解禁をしている会社はまだ少ないかもしれませんが，普及し始めると「他社がやっているからうちもやろう」となりやすいと思います。ただ，その際，どういう戦略で副業を解禁するのかを検討すべきです。

徳山　若手・中堅の能力開発や専門人材確保という目的とは別の観点として，シニア層の観点も挙げられます。今後，労働人口の中にシニア層が増えることが見込まれ，令和3年の改正高齢者雇用安定法では，70歳までの高齢者の就業機会の確保が努力義務化されました。その中で，セカンドキャリア支援の一環として，副業を解禁するという動きもあります。つまり，副業を許容することにより，定年後を見据えて経験の幅を広げるサポートをするのです。これだけをもって，努力義務を満たすものとはいえませんが，キャリア支援のあり方として参考になると考えます。

檜山　他方で，「使える人材には副業しないでほしい」という企業の本音もあるかもしれません。その点が消極的な場合の原因となっていることも多いのではないでしょうか。コロナ禍で事業環境が激変して本業元で十分な処遇ができず，やむを得ず副業を解禁するという会社もあり，前向きに解禁する会社は多数派とはいえない印象があります。積極的な位置づけをして副業解禁した会社の動向が今後の普及に影響すると思います。

美馬 「副業ができる」ということが「会社を辞めない，転職しない」ということに影響することはあるでしょうか。

須藤 自社への忠誠心とは別なところで，「働きやすさ」や「能力を高める環境を外に求めることが許される風土がある」といったことを重視する人には影響があるのではないでしょうか。今は専門職に限らず，「働く場所を自分自身で作る」というマインドを持つ人が増えています。2021年6月改訂のコーポレートガバナンス・コード補充原則2-4①では上場会社における中途採用者の管理職への登用について触れられていますが，会社が多様性を確保する観点から中途採用者を幹部候補に採用したいと考えるとき，副業が許されていることが転職希望者の目に魅力的に映れば，採用に有利に働くこともあるのではないでしょうか。

檜山 専門人材などの獲得チャンスは増えるかもしれませんが，獲得後に定着してくれるのかという問題はあり得ます。会社内に副業をしている人，していない人が生じると会社の就業環境が変質する面があると思います。導入するには覚悟が必要な面があります。

小西 副業をしている人の知見・経験を自社に還元できるかもしれませんが，単に副業している人のノウハウ蓄積になるだけであれば会社にはプラスにならないという意見が出るかもしれません。

徳山 会社内に副業をしている人，していない人が生じるとマネージメントの仕方も変わります。上司が部下を評価する際，副業をしていない人，自社の仕事に専念している人を高く評価しがちとなるかもしれません。他の仕事をしているとチクっといわれる文化まだまだあるように思います。能力と成果が同じなら同じに評価すべきですが，副業について人事評価基準に明記するのは他の基準と比べて異質になることから，現実的ではないようにも思います。

須藤 それは副業解禁以前からある問題ではないかと思います。残業せず定時に帰ってもきちんと成果を上げている人とただ漫然と残業しているが成果がさほど上がっていない人を比べたとき，「残業をしている＝頑張っている」という評価がなされてしまうことがありますよね。副業をしていてもきちんと本業の仕事ができているなら，副業をしていない同パフォーマンスの人との間に評価の差異が生じるというのはおかしいと思わないといけ

ないと思います。

⑵　副業について許可制，届出制いずれを採用するか

澁谷　厚生労働省が策定した「副業・兼業の促進に関するガイドライン」（令和2年9月改定版。以下「厚労省ガイドライン」）では「裁判例を踏まえれば，原則，副業・兼業を認める方向とすることが適当である。副業・兼業を禁止，一律許可制にしている企業は，副業・兼業が自社での兼務に支障をもたらすものかどうかを今一度精査した上で，そのような事情がなければ，労働時間以外の時間については，労働者の希望に応じて，原則，副業・兼業を認める方向で検討することが求められる」としています（6頁）。「禁止，一律許可制」は「適当」でないと述べているように読めますが，この点についてどう考えるべきでしょうか。

須藤　詳しくは本書本文でも検討をしていますが，許可制を採らず届出制を採るとなりますと，未然に弊害を防ぐことは困難ですから，実際に弊害が出た後に対応するしかありません。ただ，これを許容できる会社は少ないのではないでしょうか。

藤本　ただ，会社側の裁量が強い許可制とした場合，労働者側から副業や兼業の取扱いにつき，「厚労省ガイドラインの要請と異なっており，おかしいではないか」との主張を受ける可能性はありませんか。

須藤　確かに厚労省ガイドラインでは副業・兼業の確認方法について「届出制」という言葉を用いて説明していますが，違う項では「副業・兼業が自社での業務に支障をもたらすものかどうかを今一度精査したうえで，そのような事情がなければ…原則，副業・兼業を認める方向で検討することが求められる」とも述べており，会社が審査過程を設けることを否定しているわけではないようですから，厚労省ガイドラインが事前許可制を排除しているとまでは言えないと従業員に説明すればよいのではないかと思います。なお，この点については，京都地裁平成24年7月13日判決が参考になります。同裁判例では厚労省ガイドラインと同様の原則論を述べつつも，「労働者が提供すべき労務の内容や企業秘密の機密性等について熟知する使用者が，労働者が行おうとする兼業によって上記のような事態が生じ得るか否かを判断することには合理性があるから，使用者がその合理的

判断を行うために，労働者に事前に兼業の許可を申請させ，その内容を具体的に検討して使用者がその許否を判断するという許可制を就業規則で定めることも，許されるものと解するのが相当である」としています。許可基準の合理性は確保する必要がありますが，就業規則で事前許可制を定めること自体は否定されるものではないと考えます。

徳山 「許可制」「届出制」という手続面だけでなく，その条件を含めて考える必要があると思います。事前許可制をとったとしても，合理的で明確な許可条件を定めてオープンにしておき，それに沿って許可する限りは，許可制とすることに対して労働者の理解も得られ，また，厚労省ガイドラインの趣旨とも整合するのではないでしょうか。もちろん，その許可条件や手続等については，事前に労働組合等と協議しておく必要はありますが。

小西 もともと一律禁止の会社が多かった中で，段階的に事前許可制になっていくのであれば，そこまで反対されないのではないかとも思います。

藤本 許可制か届出制かという出発点については議論があるところですが，いずれを出発点にしても運用上の取扱いについての落ち着きどころは近づいてくるのではないでしょうか。ところで，副業を認める場合であっても，他社における副業が自社の業務の妨げになっては困るということになるでしょう。自社におけるポジションや職務内容によっては，副業が認められる条件が変わってくるかもしれません。その人と「すぐ連絡がとれない」ということ自体が自社の業務にとって「支障」という場合もあり得るかもしれません。たとえば，何か問題が発生した場合に直ちに方向性を示すべき立場の人に「すぐ連絡がとれない」ということになると，副業を認める自社としては辛いところです。社長や役員がすぐに相談したいと思う従業員が，定期的に自社の就業時間内において「すぐ連絡がとれない」状態になるということは，自社の業務にとっては「支障」であると感じるのではないでしょうか。そのような従業員に対する副業の取扱いのあり方も含めて，どのようにするのかを考えておく必要がありそうです。

徳山 許可基準自体は，非管理職と管理職とで違える理由はないように思いますが，一般的に，管理職のほうが業務への支障は生じやすいでしょうか。

藤本 ビジネスにおいては即座に意思決定を行った上で方向性を示すことがきわめて重要な場面が多々あります。可能な限り専業でやってもらいたい従

業員については，副業を行う必要を感じないような待遇を示すことが重要になってくるかもしれません。職務内容によって異なるところですが，すぐに連絡が取れなくても困らない場合が多い職務であれば，副業の実質は届出制に近づくことになるだろうと思います。

美馬　管理職のほうが自分で業務コントロールできるようになるので，支障が出ないようにコントロールできる面もありますね。

徳山　非管理職が平日の日中に副業をする場合は，支障があると判断されるでしょう。他方で，休日や平日でも夜の時間となると，管理職・非管理職で違いが出にくいかもしれません。

美馬　届出制にする場合も何らかの条件が付くのではないでしょうか。とりかえしがつかないことが起こることに備えて事前許可制とすることが適切と考えます。ただ，労働者との信頼関係の確保という観点から，許可条件の中身や運用もしっかりと決めて，人事戦略も含め，会社がどういうことを考えているかを労働者へしっかりと説明することが重要です。

檜山　私も事前許可制にしつつ，合理的な許可基準を策定し，労働者にしっかり説明するのが合理的と考えます。

澁谷　本書でも検討いただいていますが，秘密保持，労働時間管理などから一般的な許可基準が導かれますが，各社独自の条件はどの程度まで許されるでしょうか。

須藤　個社別の濃淡はあると思いますが，自社の信用毀損防止，競業による弊害防止などの観点による基準を設定することも許されると考えます。ただ，合理性の説明がつきにくい抽象的な許可基準は，厚労省ガイドラインや裁判例の規律との抵触が問題になりかねないと思います。なお，不許可となった場合に不許可理由を従業員に対し明確に伝えることができるようにする必要があります。

(3)　事前許可制の判断権者

澁谷　本書執筆陣として「合理的許可基準に基づく事前許可制であるべき」という点は一致していますね。では，労務管理実務の具体的場面を想定しますと，事前許可の判断権者はどのように考えられますか。

美馬　細かな点について許可条件に合致するかどうかを判断するのは，副業許

可を申請した人の直接の上長になるかと思いますが，管理自体は人事・総務部門になるのではないでしょうか。ルール自体は法務部門がメインで提案することになるかと思います。

須藤 副業を許可したら許可条件を履行しているかなどチェックする必要があり，管理の必要が生じます。できれば，許可権者と管理主体は合致しておいたほうが理想です。もっとも，管理主体は人事を所管する人事部となるのが自然でしょうが，労働者が数万人いるような会社では人事部がすべてを管理するのは無理があるようにも思います。そうなると，管理主体は原則として人事部（長）にあるとしつつ，補助責任者として直属の上長を当てる，という建付けもあり得ます。

小西 一般社員の副業については直属の上長と人事部門の判断で足りるかもしれませんが，管理職が副業の申請をした場合は，もっと上の層が参加する経営会議などで判断することもあり得ます。

檜山 仕組みができてしまえば，直属上長がOKなら人事部門はそんなに反対しないのではないでしょうか。逆に，直属上長が反対した場合は人事部門としてもその意見を無視してまで副業許可をしにくいかもしれません。たとえばインサイダー取引防止の取組みとして自社株取引を事前許可制にしている会社は多いと思います。このとき，誰が許可／不許可を判断するのかが問題となりますが，許可申請にあたって，直属上長に申請者が未公表の重要事実を知っている可能性があるかどうかの意見を記載させるとの運用が考えられます。補助責任者に不許可についての意見を記載させるというのは，それと似ている発想だと思います。

美馬 人事部門が強い会社かどうかも影響するでしょうね。ところで，実際の上長の判断において，残業時間が長い人がさらに副業の許可申請をしてきた場合など，ルール違反というわけではないが心配になるケースや，上長によっては，許可・不許可の判断にその部下の好き嫌いが影響するというケースなど，懸念点として考えられませんか。

須藤 そのような懸念は当然生じるでしょうね。ただ，不許可通知書に書く不許可理由は事前に定めている不許可事由に該当していなければならないわけですから，そこを外さなければ公平さはある程度担保できると思います。

徳山 許可基準の作り方によるところが大きいですが，形式的に判断できる基

準ではなく，評価が入り込む基準の場合には，横並びで判断する体制にしておくことも必要ではないでしょうか。業務への支障や会社の信用棄損のリスク等という点はどうしても評価が必要な部分で，その判断が所属や人によって異なると，労働者の納得を得られなくなってしまいます。少なくとも基準が全社的に浸透し，共通認識が確立されるまでは，ある程度，人事部などが統括して管理する必要があるように思います。

⑷ **雇用型／事業主型／投資など副業類型ごとの運用の相違**

澁谷　本書では副業先と雇用契約を締結する「雇用型」，雇用されるのではなく自ら事業主となる「事業主型」，株式や不動産への投資，と大きく３つの類型の副業を想定して論じています。許可のされやすさなど，運用の違いは生じることは考えられますか。

須藤　許可のしやすさは，投資（規模・リスク）＞事業主型＞雇用型の順になるのではないでしょうか。労働時間管理が最も困難なため，雇用型のハードルは高いといえます。株式投資や不動産投資は就業時間外に業といえない程度の資産運用として行っている分にはそもそも「副業」とは捉えられず，そもそも許可申請すらされないでしょう。株式投資で許可が必要になるのは，デイトレードのように投資にかかりきりになるような場合でしょうが，そのような副業はきっと本業に支障が生じるでしょうから許可されず，実際にはあまり問題になることはないでしょう。不動産投資では，大きな借金をして投資用マンションを購入し，その管理などに大きく時間を取られる場合などが副業に該当するのではないでしょうか。

徳山　株式投資，不動産投資それ自体は副業に位置づけず，会社への報告や申請を不要とする会社も少なくないのではないでしょうか。もちろん，それを業として行う場合には，形態によって事業主型に該当することになります。

藤本　事業主型も，本業と時間がかぶる平日日中はやりにくいと思います。

檜山　本業への支障以外の理由で制約することは難しいかもしれません。

美馬　事業主型も管理が難しい点があります。個人事業主としてどこと取引するかまで許可制や報告制にするのかどうか。競業他社と取引して，競業他社にサービス提供したら競業先で働いているのと同じになると考えること

もできます。

須藤 ただ，事業主型の副業申請書や報告書にそこまで細かく記載を求めることも現実的でないように考えます。許可申請時の入口審査には限界がありますし，明確に予定されている場合はともかくとして，許可後にどことどのような取引をするかなどは副業をしている者からの報告で捕捉するしかないかもしれません。仮に本業元に支障が生じることを認識しながら副業をした場合は懲戒事由に該当する可能性もあるでしょう。

美馬 許可時には競業他社ではなかったところが，副業許可を受けて取引しはじめたところ，途中から新たに競業他社になるなどの場合もないわけではないです。やはり，許可時の入口審査には限界があり，支障が出るかどうか気になることがあったときには，会社にすぐに相談してもらえるような環境づくりをすることが重要と考えます。

小西 退職時の守秘義務誓約書に競合先への就職を制約する条項を置いていると，これを読んだ退職者は「競合って具体的にはどこの会社ですか」と疑問に思うでしょう。副業の場合も同じで，どこが競合他社なのか，申請者は気になるところだと思います。

(5) 本業元／副業先の労働時間管理

澁谷 本業元／副業先の労働時間管理については，重要な問題として本文でも詳細に検討いただいておりますが，特にどういった点に留意しておくべきでしょうか。

小西 ESG，SDGs の潮流がある中で，ビジネスと人権，サプライチェーンマネジメントの観点から，海外の大手企業から日本のサプライヤーが労働時間に関する監査を受けることがあります。その際，自社の工場で働く労働者の労働時間，さらには自社の協力会社で働く労働者の労働時間まで監査されることがあります。そこにさらに労働者の副業の労働時間まで絡んでくると，管理が非常に複雑になるように思います。厚労省ガイドラインで「管理モデル」が示されていますが（14頁以下），現場の人事担当者がこれに従って管理することは必ずしも「簡便」とまではいえないのではないかと考えています。

藤本 適切に時間管理を行わなければ労働法規に触れる危険が隣り合わせとい

う怖さがあります。時間管理が適切にできていなければ，労基署に駆け込まれてもおかしくない。企業としては「管理モデル」の実践プランが組めない限り副業解禁はできないという覚悟を持つ必要があります。少なくとも「管理モデル」どおりに時間管理を実行し，労働時間が超過しそうになったらそのことを明確に示した上で，時間超過を防止することが必要になりそうです。

須藤 労働時間管理もどうしても申告ベースにならざるを得ません。申告が正しいことを一応前提にせざるを得ない。そういった意味で雇用型はハードルが高く，会社側に一定の覚悟が必要になってきます。

澁谷 副業解禁をする場合，人事など所管部署のスタッフは「管理モデル」運用のトレーニングが必要になりますね。

徳山 自前で対応しきれないのであれば，外部業者に外注をすることも選択肢となるでしょう。外注費用がペイするかという問題もありますが，無理して自社で仕組みを作り，間違った運用をしてしまうよりは，専門業者のシステムを導入するほうが安全という判断もあり得ます。

藤本 人事のリソースが少ない小規模の会社なら社外の社労士の先生等に管理を委託するということも考えられるかもしれません。

美馬 ただ，リソースをかけてまで副業を解禁して，会社にそれに見合った見返りがあるかどうかという問題があります。解禁する意義があると経営陣を説得できないと，リソースをかけてまで解禁するということにはならないでしょう。厚労省ガイドラインを前提に，一律禁止は違法ということがプレッシャーになり得るのかもしれませんが。

(6) 秘密保持義務

澁谷 副業解禁については労働時間管理の問題と並んで　秘密保持をどう確保するかの重要性が指摘されています。

美馬 副業先では，本業元での経験を基に仕事をすることになりますが，どの程度ノウハウを使ってもよいと考えられますでしょうか。マーケティング手法，使っているシステム，営業の経験，ベンダーの評価，などは利用可能でしょうか。

檜山 前提として，何を秘密として特定するのかという問題があります。会社

にいろいろな情報がある中で，何が秘密なのかという特定が不十分な場合も多いと思います。具体的に特定できるのか，網羅的に網をかけるのも難しい中，どこまでやるか，との問題がありますが，制約をする以上は，守りたい秘密を特定することが必要だと思います。そのためには，会社内で副業を希望する従業員が担当している職務や，どういう情報に触れているかを確認する必要があります。守秘義務保持誓約書の書式が一般的な記載にとどまるものだと，誓約書にサインさせれば足りることにはならないでしょう。副業の許可を出す前に会社と副業を申請する従業員の間で話をして，守るべき秘密の洗出し作業をすることが実質的に重要になってくるのではないでしょうか。

須藤　その会社が秘密として守りたい情報は何か，対象者の地位や持っている秘密情報によって運用も違ってくると考えます。

小西　労働者は労働契約に付随して守秘義務を負っているため，基本は包括的に秘密保持義務を負っていて例外的な場合に開示が可能，という運用もあり得るのではないでしょうか。いずれにしても対象者のポジションが大きく影響すると思われ，個別具体的に確認・判断するのが人事部の役割ではないかと思います。

美馬　どんな情報を秘密として守りたいのか，対象者はどんな副業をしようとしていて，どこの会社と関わりを持つか，によっても秘密保持の範囲は影響を受けると考えます。ただ，どこまで運用を細かくできるか，副業管理部門がどこまでできるかとなると難しい面があります。自社でマーケティングを担当している労働者が，これまで自社で学んだ経験を基に他社にマーケティング上のアドバイスをするようなケースなど，会社の営業秘密とまではいえないかもしれませんが，会社がお金かけて培ったノウハウを利用することになり，いかがなものかという問題もあり得ます。

須藤　会社の営業マニュアルのようなノウハウは秘密保持の対象になるように思います。ただ，会社が培ったノウハウといっても，自分で試行錯誤して身につけた部分もあり，それについては個人のノウハウともいえますので，どう切り分けるかが難しいところです。

檜山　ノウハウレベルのことが守秘義務誓約の秘密対象になるのかというと，単純には当てはまらない気もします。

澁谷　不正競争防止法で保護される営業秘密となる，①秘密管理性，②有用性，③非公知性の３要件を満たさない可能性があるということでしょうか。

檜山　そうですね。「ノウハウ」には要件を満たす秘密情報に当てはまらない，周辺部の情報もあり得るでしょう。結局，どの秘密を誓約させるのかを洗い出して，どう扱うかを会社と副業申請者とで個別的に話すほかないと思うのです。退職者に秘密保持義務を負わせるときとは異なり，副業申請者の場合は，在職を続けているとの特殊性にも配慮する必要があります。

美馬　退職者の場合よりも，在職しながら副業している人のほうが，会社のコントロールが効きやすい分，揉めにくいといえますでしょうか。

檜山　意図的な情報漏えいをしたような場合は当然揉めるとして，そうでない場合で揉めるとすると，副業をする労働者は「これくらいまでは話したり利用することは会社も承知しているだろう」と思っていたが会社はそうは思っていなかった，という齟齬が出たときに揉めることが考えられます。そういった認識の齟齬は，秘密保持誓約書１枚を提出させただけでは防ぐことは難しいのではないでしょうか。やはり，どういう業種の副業先でどのような業務を行う予定かを十分に聞き取る必要があります。

澁谷　聞取り作業の際は，不正競争防止法上の観点や守秘義務誓約書の射程なども考えて対応していく必要がありますね。

檜山　そうすると，副業申請者の上長だけで聞取りをするのは難しいかもしれません。軽いチェックで許可してしまう可能性もあります。人事部門も聞取りをするのか，その上さらに法務部門もするのかというのも課題になるでしょう。

⑺　**利益相反防止措置**

澁谷　利益相反防止の観点から特にどういう点に留意しておくべきでしょうか。

須藤　取引先から営業担当者が「あなたはよくできる人だからうちの社長の相談役になって」「子会社の立上げをするから手伝って」といわれて副業を開始するような場合，本業元と取引先との間には利益相反関係が生じることになる可能性はあるでしょう。これをどう管理するかが大きな課題となります。取引先でない副業先の場合に比べて取引先の場合は許可審査のハードルが上がるのではないでしょうか。

(8) 競業避止義務・誠実義務

澁谷 副業許可に関し，競業避止も問題になりますが，トヨタ自動車の従業員が日産自動車で副業したり，三菱UFJ銀行の行員が三井住友銀行で副業するとったような競合での副業は許可されないことが通常なようにも思うのですがいかがでしょうか。

美馬 副業を認める方向とすべきと考える厚労省ガイドラインとの関係で，一律ダメなのかという問題はあります。まさに競合している本業業務そのものに携わることは許可できないとして，では，デザイナーなどはどうか。自社のウェブデザインをしていた人が競合他社のウェブデザインをして，その結果，競合他社のウェブサイトの評判がよくなりお客さんがそちらに流れたということはあり得るかもしれませんが，因果関係はどこまで認められるのか。また，本業元では法務部で法務を担当しているが，趣味でウェブデザインをやってきた人が趣味で得たスキルを活かして競合他社のウェブサイトのデザインをするというときに「支障があり不許可」とできるのか。本業元では営業マンである人が，趣味の料理が高じて副業でレストランを開業したところ，たまたま競合他社の本社の近くにオープンしたために競合他社の人がたくさん食べに来てくれて，美味しい料理で元気が出て仕事をバリバリやって，結果的に競合他社に優位に立たれたとなるともう相当因果関係の範囲内にはないように思います。結局，各社が競合他社での副業をどの限度までなら認められるかを，一般常識や業界の慣例，副業解禁の目的や解禁にかける熱意などを基に，個別に検討するしかないのではないでしょうか。

(9) 副業と社会保険の関係

澁谷 労災保険，雇用保険，厚生年金保険，健康保険といった社会保険の加入義務は，雇用主が一社であればわかりやすかったわけですが，副業をする人が増えてくると分担などの問題が出てきます。副業解禁の制度設計に際し，どういった点に留意すればよいでしょうか。

徳山 社会保険の動きをみていると，国としても副業については悩みながら進めているように見受けられます。2020年の雇用保険法改正では，65歳以上の複数就業者に対して雇用保険を適用することとされましたが，これは

試験的に高齢者層をターゲットにしたものです。セカンドキャリアとしてのシニア層の状況をみながら，社会全体向けの改正をしていこうという目論見ではないかと思われます。現時点で，企業実務に大きな変更を生じさせる改正はないように思いますが，今後の動向には引き続き注視する必要があります。

⑽ 職務専念義務との関係

澁谷 副業をしている労働者が，本業時間中に副業を行ってしまわないかといった職務専念義務との関係も問題となります。判例は職務専念義務について「職員がその勤務時間及び勤務上の注意力のすべてをその職務遂行のために用い職務にのみ従事しなければならないことを意味する」と述べています（電電公社事件最判昭和52年12月13日・判タ357号116頁）。ただし，これは40年以上前の判例ですので，その後の最高裁判決での伊藤正巳裁判官補足意見や，菅野和夫先生の学説で「労働者が労働契約に基づきその職務を誠実に履行しなければならないという義務と支障なく両立し，使用者の業務を具体的に阻害することのない行動は，必ずしも職務専念義務に違背するものではない」という考え方が有力になっています。

　副業・兼業を行っている労働者が自社の勤務時間中に他社の業務を行っている場合に，自社の業務への支障，業務の具体的な阻害があれば，職務専念義務違反として人事評価の引下げ，懲戒処分，副業許可の取消しとすることが考えられます。「支障」については具体的には，他社の業務を遂行することで自社の業務の期限までの完了ができなくなる場合などが考えられます。他方，他社の業務を行った時間が短時間に留まり，自社業務への支障・阻害がない場合についても人事評価の引下げ，懲戒処分の実施，などを行うと，会社の対応が違法とされる可能性があります。

美馬 本・副業でどのように時間を使い分けるべきかという問題があります。フレックスで，かつ，コアタイムもなくいつどこで働いてもよいということになっていると，昼間の時間帯などでも副業はやり易くなります。ただ，会社としては管理が難しい面があります。たとえば，本業の業務として出張した先で副業も行った場合，交通費は副業として一部自己負担しなくてよいのか，そもそも一部自己負担するようなことが本業元のシステム

上可能なのかという問題もあります。

小西 職務専念義務が問題になるのは副業に限った話ではないとも思えます。出社していて，勤務時間中に離席しプライベートの電話に出てそのまま長時間戻ってこない場合も，業務への支障・阻害があります。これも同じように考えられるように思います。

檜山 コロナ後にテレワークが普及しましたが，勤怠管理が難しくなりました。従業員の行動を縛ることがどこまで現実にマッチしているかは問題となりそうに思います。たとえば勤務時間中の株取引を行うのはさすがにダメでしょうが，副業先で緊急対応してといわれて，ちょっと抜けさせてくれとか，早退させてほしいとか，本業に影響ない程度の短い対応なら問題にならないケースがあるかもしれません。副業をどういう形態で行うかとの把握が出発点になると考えます。

美馬 本業・副業の優先関係の判断が適切にできる人に副業許可がされるべきということになってくるかもしれませんね。

須藤 職務専念義務は就業時間中の問題であるため，就業時間をどう区切るかという問題と考えます。目に余る内職は，職務専念義務違反もそうですが服務規律違反にもなりそうです。話は変わりますが，就業時間終了後に副業をやることがわかっていれば上司が残業命令を出すことは難しくなるでしょうね。本業元が副業を解禁するのであればそういった事態が生じることへの心構えが必要だと考えます。コアタイムに抜けるのは論外としても，副業の予定があるからとして残業を断っても職務専念義務違反とはならないのではないでしょうか。本業元での人事評価に何らかの影響があるかもしれませんが。

徳山 本業での緊急対応に備えておく必要があるということであれば，それができなくなる副業は，本業の業務に支障があるとして，認めないのではないでしょうか。ただ，フレックスタイム制や裁量労働制を採用している場合には，9時－17時の間に自社の仕事以外の時間を作ることも想定されていて，副業でなかったとしても，緊急に対応できない場合もあり得るわけです。会社としては，フレックスタイム制，裁量労働制を導入するにあたっては，そのような時間の使われ方もされ得るのだと覚悟する必要があります。

藤本　常に出社しなくても成果を出せばよいポジションにある管理職，部長，支店長などは，副業がしやすいのかもしれません。他方，時間管理の下で労働力を提供している従業員については，就業時間内はきっちり働いてもらう必要がありますので，就業時間内に副業を認めることは難しいでしょう。

須藤　管理・監督者は建前上拘束しにくいでしょうね。

藤本　成果を出すことが求められるポジションでは，副業をやろうがやるまいが成果が出なかったら評価されないだけですから，そのようなポジションにある従業員については，副業をやるのかやらないのか，副業をどのようにやるのかについては，本人に委ねてもよいのかもしれません。

美馬　ただ，5時になったら戦力外だと考えてしまうと，副業を認めるハードルが上がってしまう面もあるのではないでしょうか。

藤本　会社としては，専業でやってもらいたい人材については，報酬等の待遇を上げることによって，副業の必要性を感じない状況を作っていく必要が出てくるのかもしれません。

澁谷　皆様のいうこともよく理解できるのですが，他方，少しずれるかもしれませんが，ガバナンス改革の流れで増加している独立社外取締役もある意味で本業が別にある副業をされている方ではないかと思います。本業で緊急対応が必要になって副業先である独立社外取締役を務める会社の取締役会を欠席して出席率が75％未満となると，議決権行使助言会社のISSから再任議案に反対推奨されてしまいます（同社「2021年版日本向け議決権行使助言基準」5頁）。そういったこともあってか，私が指名報酬委員会運営アドバイスをさせていただいている会社さんなどをみると，独立社外取締役の方々は最優先で副業先である会社の取締役会に出席しているようにみえます。そう考えると役員クラスになると副業がしやすくなる面があるのでしょうか。

藤本　役員の最も重要な仕事の一つは，有能な部長を配下に連れてきて，その人に任せていれば自動的に仕事が進んでいるという状況を造り上げることだという面がありますから，そうすれば副業を思う存分にできそうです（笑）。

美馬　副業で他社の社外取締役をやっていて，本業の一定部分を実働部隊に任

せているケースも耳にします。特に代表取締役や社長などの場合，通常，急に「社長がいなくて困った」「社長はどこだ」ということは起こりにくいように思います。社長に別件があるなら周りがそれに合わせる，ということになりそうですよね。

⑴ 副業ルール違反の場合の懲戒等

澁谷 副業解禁との関係で懲戒処分に関して起こり得る問題としてどのような点がありますでしょうか。副業ルールを社内規程に定める以上，違反があった場合，事案によっては懲戒処分が課されるかと思いますが。

藤本 仮に副業先でセクハラした場合，本業元で懲戒処分されるということはあるのでしょうか。

須藤 社内での行為ではないため，私生活上の非行と同じように考えるのではないでしょうか。

⑿ 座談会参加者の経験

澁谷 皆様は企業内弁護士として所属企業の法務を中心に業務をされていますが，ある意味，副業という言い方にはならないかもしれませんが，会社の業務とは別の弁護士活動をされて感じられた点などありますか。

美馬 会社の業務に影響が出ないようにしなければなりませんが，弁護士という仕事の特性上，依頼人を後回しにすることもできないという悩みがあります。よい点として，会社の業務とは一見関わりのなさそうな分野についても，積極的に情報収集をしたり勉強したりするモチベーションになり，それが会社の業務において役立つこともあります。

徳山 民事事件での保全・執行から訴訟，破産までの手続，また，刑事事件の捜査・公判手続を経験している職員は他にいないわけで，こういった流れを知っていることが，会社業務でも役に立つことはあります。会社業務としてこれらの手続そのものに関わらなくても，これらの手続実務を参考に社内の体制を整備することもできるわけで，副業によるシナジー効果を感じることもあります。

2 「ジョブ型」について

(1) 「ジョブ型」の導入状況

澁谷 次に本書のもう一つのテーマである「ジョブ型」についてお話をお伺いしていきたいと考えます。日本企業で「ジョブ型」の要素を取り入れた会社のお話を聞くと，一番の理由は従業員の人たちの働きがい，つまり，極力やりたい仕事に就けるようにする，それによって優秀な人が辞めてしまわないようにする，という視点が多いように感じています。

美馬 割り当てられた仕事に不満があり，優秀な人が辞めるのはよくあることです。

小西 ジョブ・ディスクリプションを作成して，見た目は「ジョブ型」の制度に変えられても，日本の労働法の下で日本企業がそのとおり運用できるのか疑問です。

徳山 「ジョブ型」を導入したといっても，多くの日系企業では，メンバーシップ型をベースとしつつ，ジョブ型の要素を取り入れたり，一部の分野において「ジョブ型」を導入したりしているのが実態ではないでしょうか。ポストにも限りがある中，これまで一括採用を継続してきた日系企業がジョブ型に完全移行すると，かえってミスマッチが生じかねないように思います。また，ジョブ型の導入に併せて，今後，日系企業としての伝統的な配転や転勤のあり方も変わってくるかもしれません。せっかく専門性の高い能力があったり，頑張って資格を取ったりしても，メンバーシップ型の配転や転勤でそれが活かせないとなると，辞めるきっかけになってしまいますので。

檜山 若い人がすぐ辞めて，上の世代が大量に残っていると，会社として年齢構成がいびつになってしまいますね。ただ，従来の日本企業のやり方が本当に不合理だったと言い切れるのか。これまでも，能力評定と業績評定でそれぞれ基準を示して，ある程度のところに落ち着かせるとの面があったと思うのです。ジョブ型・メンバーシップ型の二者択一ということではなく，しっかりした評価基準を設けつつ，人事処遇の柔軟化を行っていく道もあるのではないでしょうか。その流れの中に副業解禁なども取り込まれてくると考えます。

須藤 企業の規模，文化，歴史，属する人の性質などによってジョブ型が合わない会社もあるでしょうし，ジョブ型を取り入れてしっかり回る会社もあるでしょう。メンバーシップ型とジョブ型が会社に混在している会社も出てきています。ただ，併存していると，ハレーションが起こることもあり得ます。

藤本 日本企業でも外資系企業でも日本で会社を経営している以上，日本の労働法が適用されます。ジョブ型を取り入れた会社といっても，労働法規に従うのが大前提です。労働法規制の枠組みの中で low performer を含めた従業員をどのように活用していくのかがマネジメントにおける重要な視点となります。契約をどれだけ獲得してくるのかといった側面が強い営業系の職種についてはジョブ内容の数値化を含めて，ジョブの内容を明確にしやすいかもしれませんが，外資系であっても，管理系の職種のジョブは抽象的にならざるを得ない面があります。また，営業系であろうと管理系であろうと，下位の職位ですと職務範囲が狭く役割も明確になりやすいことからジョブ・ディスクリプションの内容も明確化することが容易になりますが，ポジション上位になってきますと自分がカバーする職務範囲が広くなり，ジョブの内容は抽象化せざるを得ません。ところで，人材獲得戦略は経営戦略そのものですが，ジョブ型は転職・中途採用を念頭に置き，人材マーケットにおける獲得可能報酬を想定して組み立てられることに親和性があるのではないかと思います。中途採用においては，競合他社の同様の職種の待遇を念頭に置いて，ジョブ内容と報酬を示してオファーをかけるわけです。これに対して，メンバーシップ型では，自社が保有する人材プールの中から JD に適合的な人材をどのように配置していくのかという発想になるのではないでしょうか。外資のジョブ型は，社外から人材を中途入社で獲得してくるということが当然に想定されていますが，新卒一括採用した人材を社内でローテーションしていくことが基本であり，社外から中途で人材を獲得してくることが当然の前提とはされてはいない企業においては，ジョブ型のポジションを設けたとしても機能するのかどうかをよく考えておく必要がありそうです。

(2) 職務記述書（Job Description：JD）

澁谷 いま一部の日本企業や日本に拠点を持つ外資系企業が，日本労働法制を前提にした上でジョブ型的要素を導入しています。以下では，皆様の所属会社の状況を伺っていきたいと思います。JDを導入している会社ではどのように取り扱っておられますか。

藤本 人材を採用しようとしている部門の部長とその担当取締役とが協議した上でJDを作成している会社も多いのではないでしょうか。JDは募集時にHPに記載したり，エージェントに開示して，応募者に伝えることになります。

美馬 当社はグローバル全体のルールとしてスイス本社が採用しているのはジョブ型であり，各国支社に至るまで，JD（に該当するもの）は作成されています。ですが，すべての国において必ずしもジョブ型が厳格に運用されているわけではありません。

(3) ポストの社内公募

澁谷 ポストが空いた場合の社内公募は行っていますか。

藤本 企業によると思いますが，社内公募を行っている企業は多いでしょう。ただし，高度な専門性が必要とされるポジションについては，そのような専門性が必須である旨がJDに明記されることになると思います。そのため，高度な専門性が必要とされるポジションに欠員が生じた場合，社内にそのような専門性を満たす人材がいれば別ですが，そうでなければ社内の人材からの登用は期待できません。したがって，高度な専門性が必要とされるポジションを委ねることのできる人材の供給源は社外からということにならざるを得ません。

美馬 他の部門からの異動により補充するケースもあるでしょうね。

(4) 異動についての労働者の同意

澁谷 異動について労働者の同意をとる運用はありますか。

藤本 一般論ですが，JDが求める役割を果たすことができない場合については，パフォーマンスが改善されない限り，降格もあり得ると思います。ジョブ型の場合，JDの要求を満たすことができず改善も難しいのであれ

ば，降格となることもやむを得ないのではないでしょうか。場合によって
は退職勧奨ということもあり得るかもしれません。JD が高度な専門性を
要求している場合，結果として求められる専門性を発揮できなかった者が
異なる分野へ異動することは稀だと思います。職務限定契約がなされてい
る場合については，別の職種への異動は対象者から同意を得ることになる
と思います。

美馬 専門性の有無にかかわらず，異動命令が絶対に出ない Job というのはな
いように思います。

小西 一般的に，中途採用の方の中には専門性が高い方もおられますが，それ
でも異動の可能性はあります。黙示も含む，職種限定合意があれば別です
が，そうでなければ，会社が異動を命令することもあると思います。ま
た，なかには前向きな異動もあります。

(5) 採用・評価を担当する部署

澁谷 採用担当部署はどのようになりますか。

藤本 採用は，直接所属する部門が面接を担当することになります。加えて，
人事部門も面接を行います。状況に応じて役員面接が入ることになりま
す。評価ですが一次的には直属の上司が，二次的には所属部門長が加わっ
て評価をすることになります。

美馬 中途採用に関しては，人事部門の協力を得て，所属部門長が決めていま
す。

コラム 第3話——「副業のメリット・デメリットって何？」

　とある会社の人事部で，まだまだ部員の楓美子と羽佐間瞬の会話。

楓「うちの会社だと誰が副業するのかなあって考えてたんだけど，副業って，本当に会社と社員にとってプラスになるものなの？」

羽佐間「（ちょっと前にもそんな話をせえへんかったか？）まあ，社員にとったら，空いてる時間でお金が稼げるのは大きいわな。せやけど，うちの仕事が忙しくなってきたときに，たまたま副業も忙しくなって，寝る間もないぐらい働かなあかんようになっても，お金がもらえてラッキーってなるかは微妙やろな」

楓「確かに！　お金より健康！」

羽佐間「うちではできへん仕事ができて，もし同じ仕事ばかりで飽きてきとったら，ええ気分転換にはなるやろな。そのおかげで辞めようと思てたのを辞めへんかもしれへんで。そううまいこといったら，どっちにとってもプラスやろ」

楓「確かに！　そっか，そうやっていろいろとできるならって，優秀な人がうちに来てくれるかもということも本当にあるわけね」

羽佐間「そうそう。ただ，稼げる特殊技能があるやつはええけど，場合によっては，働く時間が長くなるだけで，大して金にならへんてこともあるで。せやけど，本業での収入があるから，副業はもうけのことを気にせんでもよくて，ほんまにやりたいことがやれるともいえるわ」

楓「確かに！　私も，デザイナー1本で生きていくのは不安な気がするけど，ちゃんと生活できる収入があるからやってみようかなって思えたもん」

羽佐間「いろんな経験ていうのは，別の仕事ということだけやのうて，たとえば起業したり，デザイナーもそうやけど個人事業主として自分でやっていくってことは，会社でいうたら営業やってマーケティングやってサプライチェーンやって経理やって……，みたいなもんやで。しかも，プロジェクトマネジャーとして自分で考えて自分で進めていかなあかんわけや。会社やと，社員を育てたいからというても，みんなにマネジャーの仕事させられへんやん。せやけど副業でそういう経営的な目線を勝手に学んできたりしよるわけや。これは本業でもめっちゃ役に立つことやで」

楓「確かに！」

羽佐間「まあ，基本的にメリット・デメリットは裏表やから，経験を積んでくれ

るのはええことやけど，１人でもやっていけるわ～って会社辞めてしまう可能性もあるやん。副業やからこそ得られるメリットをちゃんと考えて，表裏一体のデメリットはどうやって解消するか考えて，たとえば辞められたくなかったら辞めたくならへんような居心地のええ会社にするとかやな，ほんでほんまにプラスなんか，会社も社員も判断せなあかんわな」

楓「確かに！」

羽佐間「どんだけ『確かに』言うねん！　『確かに』言うたらポイント貯まるカードでも持ってんのか」

解　説

第1章 「副業・兼業」・「ジョブ型雇用」の定義と状況

1 「副業・兼業」の定義と状況

(1) 本書の「副業・兼業」の定義

本書においては，「副業・兼業」を「**企業等の役職員が複数の企業等で職務を遂行する場合の職務遂行時間が短いほうの職務**」と定義する。

この定義を採用した理由は以下のとおりである。

現行法令上，「副業」については就業構造基本調査規則（昭和57年総理府令25条）に「副業に関する事項」という文言があるのみである（同法6条1項1号ネ）。

「兼業」については，国家公務員の兼業規制に関する「職員の兼業の許可に関する政令」「職員の兼業の許可に関する内閣官房令」などがあるが，民間企業の労働者がする「兼業」に関して規定した法令は見当たらない。

本書で言及することが多い厚生労働省「副業・兼業の促進に関するガイドライン」（令和2年9月改定）（以下「**厚労省ガイドライン**」という）にも「副業・兼業」を定義する項目はない。

公的文書上の定義に目を転じると，国民の就業／不就業状況の調査である総務省統計局「就業構造基本調査」の「調査票の記入のしかた」では，「副業」の対語として「おもな仕事」という文言が使用されており，「おもな仕事」を「仕事をした時間が最も長いほう」と定義している（平成29年就業構造基本調査「調査票記入のしかた」8頁，14頁）。つまり，主／副を時間の長／短に対応させている。

他方，同じ総務省統計局が国民の生活時間，余暇時間の活動状況について「社会生活基本調査」を実施しているが，ここでは「おもな仕事」は「収入が

多い方，収入が同じ場合は勤務時間が長い方」と定義している（平成28年社会生活基本調査「調査票を記入する前に（調査票A用）」）。つまり，主／副を収入の高／低に優先的に対応させている。

「副」業という労働の主／副の区別により成立する用語としての特質から，時間または収入額の主／副の区別による定義とならざるを得ないと考える。

そこで，いずれの定義を採用すべきかについて，本書の弁護士執筆陣7名で議論したところ，「副業ルールを決定するそれぞれの会社の考え方次第ではあるものの，許可／不許可の検討などの管理上，収入額よりも勤務時間のほうがより重要である，したがって，本書では主／副を時間の長／短に対応させた定義を採用すべきである」という見解で意見が一致した。

以上から，本書では，「副業・兼業」を「企業等の役職員が複数の企業等で職務を遂行する場合の職務遂行時間が短いほうの職務」と定義する。

(2) 「副業・兼業」の状況・解禁状況

コロナ禍以前の公的統計では，企業側から見た「副業・兼業解禁率」については，副業・兼業を認めていない企業が約85％に上っていた（引用1）。

引用1　厚労省ガイドラインパンフレット1頁

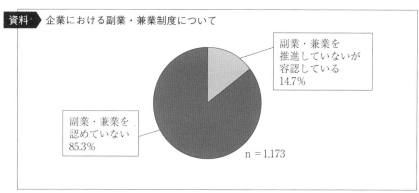

（出典：中小企業庁委託事業「平成26年度兼業・副業に係る取組実態調査事業」）

また，労働者側から見た「副業者比率」も，副業を行っている者は「正規の職員・従業員」では2％にとどまり，「非正規の職員・従業員」でも5.9％に

とどまっている（引用 2）。

引用 2　総務省「平成 29 年就業構造基本調査　結果の概要」11 頁

<副業者比率>

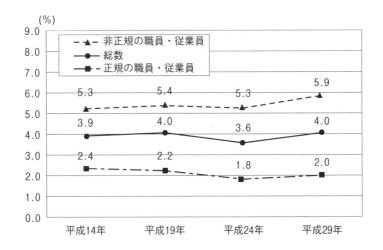

　ただし，コロナ禍以降，以下のような状況が多数報じられており，今後の公的統計では「副業・兼業解禁率」「副業者比率」とも上昇する可能性がある。

● 　全日本空輸（ANA）は従業員の副業範囲を広げ，勤務時間以外にほかの会社とも雇用契約を結べるようにする方針を固めた（日経新聞 2020.10.10）。ANA は 2020 年 10 月から新たに他社と派遣社員やアルバイトなどの雇用契約を結べるようにした。パイロット，客室乗務員ら 1 万 5000 人が対象（日経新聞 2020.11.27）。

● 　Z ホールディングス傘下のヤフーは「容認」にとどめていた副業を，積極的に取り組むよう全社員に促す。すでに数百件の副業申請を受理した。一方，ヤフー社内で外部の副業人材も活用。10 歳の小学生から 80 歳まで 104 人が新規事業企画などの仕事に従事する（日経新聞 2020.11.27）。

● 　ダイドーグループホールディングスは，副業の勤務時間を月 35 時間までとし深夜勤務も禁止した。長時間労働を防ぐと同時に，副業に過度に集中しないようにした（日経新聞 2020.11.27）。

- 三菱地所は副業を行う社員向けにコンプライアンス研修を実施し，情報漏洩の対策を周知している（日経新聞 2020.11.28）。
- ロート製薬は漏洩リスクの高い製薬会社やヘルスケア関連企業は禁止する場合がある（日経新聞 2020.11.27）。
- サッポロビールは社員がコンサルタントや講師など個人事業主として副業を行うことを認めている。個人事業主だと副業先の勤務時間を管理する必要がなく，負担を軽減できる（日経新聞 2020.11.27）。
- ライオンは 2020 年 5 月，新規事業の育成を担う副業者の公募を始めた。1600 人超から選んだ 8 人が 10 月に始動。小池陽子執行役員は「社員だけでは『井の中の蛙（かわず）』の議論になりがちだ。副業者には言いにくいこともずばりと言ってもらえる」と話す（日経新聞 2020.12.8）。
- ユニリーバ・ジャパンも副業人材を採り始めた（日経新聞 2020.12.8）。
- 東京海上日動火災保険が 2021 年 1 月から，全社員約 1 万 7000 人を対象に副業の推奨を始めたことがわかった。異業種で経験を積むことで社員の能力を伸ばしたり，働き方を柔軟にして企業としての魅力を高めたりする狙いがある。損害保険最大手の東京海上が推奨に踏み切ったことで，副業活用の動きが一層加速しそうだ。東京海上はこれまでも副業を容認していたが，本社の人事部門の承認を必要とするなど条件が厳しく，活用する社員は年間数名にとどまっていた。今後は他社での勤務時間が基準以下であれば，支店や部署といった現場の裁量で許可できるようになる（共同通信 2021.1.5）。

(3) 「副業・兼業」のメリット／デメリット

「副業・兼業」のメリット／デメリットとしては，以下のような点が指摘されている。

【会社から見たメリット】

自社人材が自社の業務だけでは獲得できない／獲得しにくいスキル・人脈等を獲得し，自社の業務に活用できるようになる

【労働者から見たメリット】

① 自社でなし得ない熟練・成長の機会が得られる

② 自己実現の幅が広がる

③　収入アップの機会が得られる

④　失業リスクの分散が図れる

【デメリット】

①　忠誠心低下，精力分散による生産性の低下リスク

②　労働時間管理の複雑化という労務リスク

③　企業秘密漏洩リスク

④　副業解禁する会社は給与が低額なのではないかというレピュテーションリスク

2　ジョブ型雇用の定義と状況

(1)　「ジョブ型雇用」の定義

　本書のもう一つのテーマである「ジョブ型雇用」について本書では，**「契約上，(a)業務の内容，(b)責任の程度，(c)職務において求められる成果その他の職務を遂行するに当たって求められる水準，(d)労働時間，(e)就業場所を明確に合意する雇用契約」**と定義する。

　この定義を採用した理由は以下のとおりである。

①　一般的な定義の参照

　「ジョブ型」「ジョブ型雇用」などは，後述する報道にあるように企業の人事・労務制度施策上の議論において用いられている用語であり，現行法令上，直接定義した規定はない。

　もともと「ジョブ型」という用語は，労働政策研究者である濱口桂一郎氏が提案した用語である（森戸英幸・濱口桂一郎・田中恭代・鶴光太郎「座談会　雇用システムの変化と法政策の課題—「ジョブ型雇用社会」の到来？」ジュリスト1553号16頁以下（2021））。

　濱口氏は提案している「ジョブ型正社員の雇用契約」について「職務（ジョブ），労働時間，就業場所を定めた期間の定めのない雇用契約」と定義している（濱口桂一郎『若者と労働—「入社の仕組みから解きほぐす」』第7章，5（中央公論社，2013））。

　論者によっては「ジョブ型雇用」を「従業員は特定のジョブの履行を，企業はジョブの内容に見合った適正な対価を支払うことを約束する一連の雇用シス

テム」と定義するものもある（マーサージャパン編『ジョブ型雇用はやわかり』15頁（日本経済新聞社，2021））。

　「ジョブ型雇用とは，ジョブを遂行するための雇用契約…日本企業が伝統的に採用してきた就社という契約，ジョブの内容や勤務する場所は会社の辞令に従う雇用契約と対をなす雇用制度」と定義するものもある（綱島邦夫『ジョブ型と課長の仕事』4頁（日本能率協会マネジメントセンター，2021））。

　したがって，「ジョブ型雇用」の一般的な定義の共通項として，「遂行すべき職務が特定されている雇用」という点が挙げられる。

表1　メンバーシップ型とジョブ型の相違

論点	メンバーシップ型	ジョブ型
採用募集の方法	新卒一括採用	空席の職務の募集
労働条件を規定する主たる文書	就業規則で一括して規定	個別の雇用契約で規定
★採用時の労働者の属性による選別の自由の有無	あり（たとえば，思想信条による選別を可能としたと捉えられることもある三菱樹脂事件最判昭和48.12.12） 〜使用者側に有利	職務遂行能力同等なら差別禁止（たとえば，米国の連邦法である「雇用における年齢差別禁止法（Age Discrimination in Employment Act）」） 〜労働者側に有利
★職務割当期間中に，職務がなくなった場合／職務に合致した能力がないと判断された場合	配転して雇用維持 〜労働者側に有利	配転して雇用維持する義務はなく，要件満たせば整理解雇 〜使用者側に有利 ※ただし，日本の労働法上可能かどうかは別論
客観的評価基準	勤続年数，労働時間	成果
人事査定	全体としてあり	下位職ではなし。上位職ではあり
★昇給	定期昇給 〜労働者側に有利	上位の職務に昇格すれば昇給 〜使用者側に有利
★人事異動・配置転換	会社が決定（日産自動車最判平成1.12.7） 〜使用者側に有利	労働者の同意必要／社内公募 〜労働者側に有利
採用権限	人事部	所属部署の管理者
労働者の教育	社内で育成	社外で教育を受ける
労働組合	企業別	産業別

②　「メンバーシップ型」との相違点

濱口桂一郎氏が，「ジョブ型」という用語を提案するに際して，多くの日本企業が従来から採用している雇用制度を指す概念として対置したのが「メンバーシップ型」である。

濱口桂一郎氏の議論，その他論者や近時の新聞報道等の議論から「ジョブ型」と「メンバーシップ型」の相違を理念型的にまとめると**表1**のようになるといい得る。

表**1**の「論点」のうち，使用者／労働者のいずれかが有利となると考えられる4つの事項について★印を付した。いずれに有利かの比率をみると，ジョブ型，メンバーシップ型とも2／4ずつで半々である。

したがって，使用者にとっても，労働者にとっても，ジョブ型もメンバーシップ型も一長一短ともいい得る。

多くの日本企業は「メンバーシップ型」を採用し，多くの海外企業は「ジョブ型」を採用しているが，海外企業の日本拠点での雇用形態が「メンバーシップ型」の場合や，「メンバーシップ型」「ジョブ型」の**表1**の要素を折衷した形態を採用している場合もある。

「ジョブ型雇用」の定義を検討するに際しては，**表1**のような「メンバーシップ型」との相違点に留意する必要がある。

③　「高度労働プロフェッショナル労働制」対象労働者の規律の参照

上述のとおり「ジョブ型雇用」の一般的な定義の共通項として，「遂行すべき職務が特定されている雇用」という点が挙げられるとして，では，職務について特定すべき具体的な事項としてはどのようなものが考えられるか。

この点，2018年通常国会で成立した「働き方改革関連法」の一部として労働基準法を改正することで創設された「高度プロフェッショナル制度」の規律が参考になる。

これは，ファンドマネージャー，研究開発職など労働基準法施行規則34条の2第3項所定の限定された職種であり，使用者との間で書面または電磁的記録により職務を明確に合意しており，かつ，1年の賃金が1075万円以上の労働者について，一定の健康確保措置などを実施することを条件に労働時間，休

憩・休日・深夜割増賃金の労働基準法の規定を適用しないこととする制度である（労働基準法 41 条の 2）。

　明確に合意すべき職務に関する事項は，(1)業務の内容，(2)責任の程度，(3)職務において求められる成果その他の職務を遂行するに当たって求められる水準，である（労働基準法施行規則 34 条の 2 第 4 項）。

　「ジョブ型雇用」の従業員は，「高度プロフェッショナル」のような職種・賃金の者に限られないが，職務内容の合意を必須とするところが共通する。

　以上から，本書では，「ジョブ型雇用」を定義するに際し，上記①の先行する議論からの定義，上記②の「メンバーシップ型」との相違点，上記③の「高度プロフェッショナル制」の職務内容合意事項の規律との共通点を参照して，「契約上，(a)業務の内容，(b)責任の程度，(c)職務において求められる成果その他の職務を遂行するに当たって求められる水準，(d)労働時間，(e)就業場所を明確に合意する雇用契約」と定義することとする。

(2)　ジョブ型雇用と「副業・兼業」解禁の関係
①　本業元での雇用関係

　「副業・兼業」についての厚労省ガイドラインは，「裁判例では，労働者が労働時間以外の時間をどのように利用するかは，基本的には労働者の自由」とし（3 頁），「企業の対応」の「基本的な考え方」として「裁判例を踏まえれば，原則，副業・兼業を認める方向とすることが適当である」としている（6 頁）。

　上述した本書の定義する「ジョブ型雇用」からは，労働者が想定外の内容・時間の業務を命じられる事態は生じにくい。

　他方，メンバーシップ型雇用であれば，労働者が想定外の内容・時間の業務を命じられる事態は常にあり得る。

　したがって，合意内容によっては，業務外の可処分時間の捻出しやすさはジョブ型雇用のほうが大きく，本業の業務時間外に行う副業・兼業の解禁になじみやすいようにも思われる。

　ただ，職務への支障の程度や，契約上業務外の可処分時間が残される程度によっては，ジョブ型雇用を採用しつつ副業・兼業が禁止されることもあり得る

解　　説

し，メンバーシップ型雇用を採用していても副業・兼業を広く許可するということもあり得る。

　したがって，本業元での雇用関係がジョブ型雇用か，メンバーシップ型雇用かによって副業・兼業が認められやすいかどうかは必ずしも結び付かないと考える。

②　副業先での雇用関係

　他方，副業先においては，労働者本人も副業先企業も，雇用契約や採用通知および就業規則に明記するとしないとにかかわらず，「業務の内容」は合意されている場合がほとんどと考えられる。

　副業先での雇用は少なくともメンバーシップ型ではなく，ジョブ型またはジョブ型に近い雇用となると考えられる。

(3)　「ジョブ型雇用」の賃金制度 ～「成果主義」賃金制度との関係

　「ジョブ型」という用語が普及し始める以前から，類似した概念として「成果主義」という用語が用いられてきた。

　「成果主義」も法令で定義されているわけではなく，企業の人事・労務制度施策上，多義的に用いられてきた。

　この点「成果主義」に基づく賃金制度としては以下の３つの制度を挙げることが一般的である（水町勇一郎『詳解労働法（第２版）』599頁（東京大学出版会，2021））。

● 年俸制：「管理職や高度専門職層に対し，毎年の評価（目標達成度）に基づいて基本給（年俸）を決定」
● 職務等級制度：「その他一般の正社員に対して，労働者の従事する職務をその責任の内容・重さに応じて等級化しその等級レンジのなかで各年の貢献度も加味して基本給（職務給）を決定」
● 役割等級制度：「労働者の担う役割をその重要度に応じて等級化しその等級レンジのなかで各期の目標達成度の評価を考慮して基本給（役割給）を決定」

　一般に「ジョブ型雇用」の賃金制度には，職務等級制度がなじむと考えられ

ている（柴田彰・加藤守和『ジョブ型人事制度の教科書−日本企業のための制度構築とその運用法』60頁（日本能率協会マネジメントセンター，2021）。

　ただし，1990年代以降に日本企業が取り入れた「成果主義」はうまく機能しなかったという評価もある。

　この点につき，「ジョブ型」という用語の提案者である濱口桂一郎氏は「なぜ成果主義が失敗したかと言うと，成果を評価すべき基準のジョブが何ら明確でない中で，お前は成果が上がっていないから賃金を引き下げるぞというやり方が不満の元になったから」であると述べている（前掲濱口桂一郎ほか座談会記事25頁）。

　したがって，「ジョブ型雇用」の賃金制度については，本書の定義にあるような職務内容の明確な契約合意を前提とした上での職務等級制度の採用が考えられる。

⑷ 「ジョブ型雇用」の状況

　本書が定義する「ジョブ型雇用」そのものの統計ではないが，2018年に独立行政法人労働政策研究・研修機構が実施した全国の従業員100人以上の企業に対する調査（有効回答数2260件）結果によると，勤務地，職務，勤務時間などが限定された「限定正社員」が「いる」と回答した企業は20.4％であった（同法人2018.9.11付リリース「多様な働き方の進展と人材マネジメントの在り方に関する調査（企業調査・労働者調査)」。引用3）。

引用3

	企業調査		
	n	限定正社員がいる	限定正社員はいない	無回答
合計	2,260	20.4	78.9	0.6
<業種>				
鉱業，採石業，砂利採取業	4	−	100.0	−
建設業	164	29.9	69.5	0.6
製造業	624	15.5	84.1	0.3
電気・ガス・熱供給・水道業	13	23.1	76.9	−
情報通信業	81	19.8	79.0	1.2
運輸業，郵便業	208	19.2	80.3	0.5

卸売業，小売業	356	28.1	71.6	0.3
金融業，保険業	50	22.0	78.0	－
，物品賃貸業	28	21.4	78.6	－
学術研究，専門・技術サービス業	52	23.1	75.0	1.9
宿泊業，飲食サービス業	111	22.5	76.6	0.9
生活関連サービス業，娯楽業	60	28.3	71.7	－
教育，学習支援業	48	14.6	85.4	－
医療，福祉	134	12.7	86.6	0.7
複合サービス業（郵便局，協同組合など）	4	25.0	50.0	25.0
サービス業（他に分類されないもの）	284	18.3	80.6	1.1
その他	28	21.4	78.6	－
＜従業員規模＞				
99人以下	99	14.1	84.8	1.0
100〜299人以下	1,380	15.5	83.9	0.6
300〜999人以下	569	24.1	75.2	0.7
1,000人以上	204	46.6	46.6	0.5

　そのうち，「限定」の対象については「勤務地」の限定が82.7％と多数であり，「職務」の限定は39.2％であった（**引用4**）。

引用4

	企業調査 （n＝462）
職務が限定されている	39.2
勤務地が限定されている（転勤が制限されている）	82.7
所定内労働時間が短縮されている	28.4
残業が制限されている	9.5
出勤日数が短縮されている	9.1
その他	0.9
無回答	0.6

※企業調査は，「限定正社員がいる」とする企業を対象に集計

　本書で定義する「ジョブ型雇用」の根幹は職務の限定にあることから，上記の統計から職務が限定された社員がいる会社の比率を算出すると，約8％にとどまる（「限定正社員」がいる企業20.4％×「職務」を限定している企業39.2％＝約8％）。

　しかしながら，コロナ禍以降，以下のような状況が多数報じられている。

●　KDDI：2021年から管理職を中心とした3000人に導入。職務記述書に「チームに影響を与える力」「人を巻き込む力」など「KDDI版ジョブ型人

事制度」。2022 年 4 月から残る社員 1 万人に導入し，完全移行予定（日経新聞 2021.4.14，4.23）。就業時間の約 2 割を目安に所属部署以外の業務ができる「社内副業制度」。2021 年 4 月入社新卒 270 人中 4 割がジョブ型採用1 期生，データサイエンス，法務，会計など配属業務を確約して採用（日経新聞 2021.1.26）。

● **富士通**：2020 年 4 月から幹部社員約 1 万 5000 人にジョブ型を導入（日経新聞 2021.1.27）。採用権限を順次各事業部門に移す。新卒・中途とも各部門が採用（日経新聞 2021.1.26）。ジョブ型第 1 号として「5G バーティカル・サービス室長」を社内公募。応募者 26 人の中から選抜（日経新聞2021.2.18）。

● **三菱ケミカル**：2020 年 10 月，管理職約 5000 人にジョブ型人事制度導入。約 200 のポストの人事を社内公募。3 カ月ごとに公募実施（日経新聞2021.1.26）。「勤務地継続制度」導入。国内勤務管理職約 5000 人対象で最長 6 年間，現在務める都道府県以外への転勤を避けることができ，制度を使っても給与は減らず，理由も問われない（日経新聞 2021.3.17）。

● **日立製作所**：2017 年から労使で 20 回近い議論重ねる。2021 年 9 月にはすべてのポストの職務定義書完成予定（日経新聞 2021.3.6）。2021 年 4 月入社の AI 人材約 40 人は一般社員と異なる給与処遇（日経新聞 2021.3.18）。2021 年 2 月から単身赴任解消のため配属地近くへの居住を義務付けない新制度（日経新聞 2021.3.16）。2021 年度からインターンも職務定義書を提示してジョブ型で採用（日経新聞 2021.3.24）。

● **広島銀行**：2021 年 7 月から年間 10 名程度の中途採用者を職務範囲を定めたジョブ型で採用，一般行員と比して成功報酬の側面を強くする，キャッシュレス決済などの特定の業務に集中（日経新聞 2021.3.31）。

　パーソル総合研究所の 740 社を対象とした調査結果によると「ジョブ型人事制度」が「すでに導入されている」が 18.0 %，「導入を検討している（導入予定を含む）」が 39.6 %であり，両者を併せると 57.6 %に上ったとのことである（同社リリース 2021 年 6 月 25 日）。

　以上のような潮流をふまえると，今後，公的統計の調査結果においても，職務を限定した社員を雇用している会社の比率が上昇する可能性が高いことが見

込まれる。

　ただし，本書**インタビューおよび座談会編**の日立製作所，富士通へのインタビューにあるとおり，日本企業における「ジョブ型」の導入は欧米式のジョブ型雇用そのものの導入ではなく，ジョブ型の要素・考え方を人事制度に取り入れるという形態によるものと考えられる。

3　「ジョブ型雇用」「副業・兼業」の労働者の解雇条件

(1)　「ジョブ型雇用」の労働者の解雇条件～「地位特定者」に関する裁判例との関係

　「ジョブ型雇用」の解雇条件を検討する上では，「地位特定者」の解雇条件に関する裁判例が参考になる。

　「地位特定者」とは，「たとえば，大企業の営業課長などを務め，その能力を買われて中小零細企業に『営業部長』などの地位を特定して採用されるケース」のように，労働契約で地位を特定され，特定された地位の職務を遂行する能力と適格性があることが労働契約の内容となる労働者である（石嵜信憲編『労働契約解消の法律実務』150頁（中央経済社，第3版，2018））。

　裁判例上「地位特定者」ではない正規従業員を勤務成績の不良を理由として解雇しようとする場合，配転や降格ができない企業事情がなければ解雇権濫用として解雇無効とされる可能性が高い（引用5）。

引用5　エース損害保険事件（東京地判平成13年8月10日・労働判例820号74頁）

> 長期雇用システム下で定年まで勤務を続けていくことを前提として長期にわたり勤続してきた正規従業員を勤務成績・勤務態度の不良を理由として解雇する場合は，労働者に不利益が大きいこと，それまで長期間勤務を継続してきたという実績に照らして，それが単なる成績不良ではなく，企業経営や運営に現に支障・損害を生じ又は重大な損害を生じる恐れがあり，企業から排除しなければならない程度に至っていることを要し，かつ，その他，是正のため注意し反省を促したにもかかわらず，改善されないなど今後の改善の見込みもないこと，使用者の不当な人事により労働者の反発を招いたなどの労働者に宥恕すべき事情がないこと，配転や降格ができない企業事情があることなども考慮して濫用の有無を判断すべきである。

※下線は筆者による

　他方，裁判例は「地位特定者」については，たとえば，「マーケティング部

の責任者に就任する」条件で雇用された労働者について「解雇するに際し」会社が「下位の職位に配置換えすれば，雇用の継続が可能であるかどうかまでも，検討しなければならないものではない」としている（持田製薬事件東京地決昭和62年8月24日・労働判例503号32頁）。

また，別の裁判例は，労働者の「学歴・職歴に着目して締結された，人事本部長という地位を特定した契約」である場合について，会社が労働者を「人事本部長として不適格と判断した場合に，あらためて…異なる職位・職種への適格性を判定し，当該部署への配置転換等を命ずべき義務を負うものではない」としている（フォード自動車（日本）事件東京高判昭和59年3月30日・労働判例437号41頁）。

前述の**表1**の「職務割当期間中に，職務がなくなった場合／職務に合致した能力がないと判断された場合」について，「ジョブ型」では「配転して雇用維持する義務はなく，要件満たせば整理解雇」となる点が，上述の地位特定者の解雇条件と重なる。

今後，本書の定義のように職務内容を明確に合意したジョブ型雇用の労働者が配置転換を検討されることなく解雇され紛争になった場合，地位特定者の解雇条件に関する上述の裁判例の判断枠組みが参照される可能性がある。

なお，この問題について，ジョブ型雇用を採用している会社に所属する者も含む本弁護士執筆陣で議論したところ，紛争になった場合，上記の解雇条件が緩和される議論は，日本においては，ジョブ型雇用であっても，非管理職の労働者には当てはまりにくく，管理職の労働者にのみ当てはまるのではないかという意見もあった。

(2) 「副業・兼業」の労働者の解雇条件

本章2(2)で上述したように，「副業・兼業」をする労働者の本業元での雇用形態はメンバーシップ型・ジョブ型のいずれもあり得る。

他方，副業先での雇用形態はジョブ型が労働者にとっても副業先企業にとっても適合的である可能性が高い。

その場合，副業先企業が副業・兼業できているジョブ型雇用の労働者を解雇することとなった場合，上記(1)の考え方が当てはまり得る。

第2章　「副業・兼業」・「ジョブ型雇用」と コーポレート・ガバナンス改革の関係

1　後継者計画とは

　ニューヨーク証券取引所の上場会社マニュアル（NYSE Listed Company Manual）303A.09条は，上場会社がコーポレート・ガバナンス・ガイドラインを策定・開示することを求めており，同ガイドラインの必須規定事項の1つとして，経営陣の後継者計画（Management Succession planning）を挙げている。

　イギリスの上場会社に適用されるコーポレートガバナンス・コードでは，アニュアル・レポートにおいて後継者計画（succession planning）に関する取組みを開示すべきとされている（Financial Reporting Council "THE UK CORPORTE GOVERNANCE CODE（July 2018）", Provision 17 and 23）。

　このように先進各国では，上場会社が経営陣の後継者計画を策定・開示して，株主・投資家へ説明を行うことがコーポレート・ガバナンスのスタンダードとなっている。

　日本でもこれらに倣い，東京証券取引所の有価証券上場規程436条の3により上場会社に適用されるコーポレートガバナンス・コード（以下「CGコード」という）の補充原則4-1③は，上場会社の取締役会に対し，「会社の目指すところ（経営理念等）や具体的な経営戦略を踏まえ，最高経営責任者（CEO）等の後継者計画（プランニング）の策定・運用に主体的に関与するとともに，後継者候補の育成が十分な時間と資源をかけて計画的に行われていくよう，適切に監督を行うべきである」と規定している。

　CGコードには，「基本原則」「原則」「補充原則」が定められているが，後継者計画の規律を含む補充原則は，東証一部・二部企業，2022年4月以降の再編後のプライム市場・スタンダード市場に適用される（プライム市場向け部分はプライム市場にのみ適用）。

適用対象となる上場会社は，後継者計画に関する上記の規律を実施するか，実施しない場合にはその理由の説明をコーポレート・ガバナンス報告書によって開示することが求められる。

経済産業省が策定している「コーポレート・ガバナンス・システムに関する実務指針（CGS ガイドライン）」（平成 30（2018）年 9 月 28 日改訂）（以下「経産省CGS ガイドライン」という）の「別紙 4 ：社長・CEO の後継者計画の策定・運用の視点」及び「グループ・ガバナンス・システムに関する実務指針（グループガイドライン）」（2019 年 6 月 28 日）の「5.3 グループとしての経営陣の指名・育成の在り方」において，あるべき後継者計画の策定・運用の例が示されている。

では，本書のテーマである「副業・兼業」・「ジョブ型雇用」の導入は「後継者計画」とどのように関係するか。

2　ジョブ型雇用と後継者計画

「海外企業で…サクセッションプラン（※後継者計画）…がいち早く広がったのは，ジョブ型制度の普及度合いと無関係ではない」という指摘がある（柴田彰・加藤守和『ジョブ型人事制度の教科書－日本企業のための制度構築とその運用法』46 頁（日本能率協会マネジメントセンター，2021））。

会社経営陣が行うことが求められる意思決定は，営業，開発から，財務，人事・法務などの管理にまでまたがるため，取締役クラスの経営人材，特に社長・CEO が営業のみ，管理のみといったスペシャリストとしての素養を有するのみでは適切な経営判断を行うことが困難となる。

この点，メンバーシップ型の雇用制度を採る多くの一定規模以上の日本企業では，経営幹部候補と目された人材に営業，財務，法務などの分野をローテーションさせて会社経営全体についての知見を習得させる，という方法が一定程度行われてきた。

他方，「ジョブ型雇用」の本書の定義は「契約上，(a)業務の内容，(b)責任の程度，(c)職務において求められる成果その他の職務を遂行するに当たって求められる水準，(d)労働時間，(e)就業場所を明確に合意する雇用契約」であり，「(a)業務の内容」の内容が営業，開発，財務，法務など契約上特定されている結果，従業員のキャリア形成はジェネラリスト型ではなく，スペシャリスト型

となることが原則である。

　そのため，たとえば，ジョブ型雇用で，営業職として採用され，営業職のみのキャリアを積んだ人材が社長・CEOに就任しても，財務に関する知見・素養を身に着ける機会がなかった場合は財務戦略について適切な決定を行うことが難しくなることが想定される。

　つまり，ジョブ型雇用制度を採用した場合，メンバーシップ型を採用した場合以上に，経営人材の後継者候補となる従業員に対して，雇用契約で合意された「ジョブ」以外の知見・経験を計画的に積んでもらう必要が生じる。

　この点についてジョブ型を導入した日立製作所，富士通がどのように取り組んでいるかについては，本書所収のインタビュー記事を参照されたい。

3　副業・兼業解禁と後継者計画

　上述のように，CGコードが求める後継者計画の策定・運用の取組み方の具体例を示している経産省CGSガイドラインは，「7つのステップに分けて検討することが有益」としている（同105頁）。

　そのうちの「ステップ4：育成計画の策定・実施」に関する「企業で取り組まれている育成方法の一例」に以下の点を挙げている（同109～110頁）。

- 「後継者候補に全社的視点・グループ全体最適の視点でのマネジメント能力を備えさせるべく，事業部門を超えた戦略的なローテーションを行う」「例えば，グループ会社などの経営経験，本社経験，海外経験，異業種の経験など」
- 「タフ・アサインメントを与え，一皮むけるために修羅場を乗り越える経験をさせる」「不振事業の経験，新興市場の経験など」

　筆者（澁谷）は，実務において，上場会社の指名委員会運営アドバイスの一環として後継者計画の策定・運用についてアドバイスを提供させていただいているが，上場会社の中でも比較的規模が大きくはない会社，事業の国内比率が高い会社から，「『グループ会社などの経営経験，本社経験，海外経験，異業種の経験など』『不振事業の経験，新興市場の経験など』といっても，規模の大きいグローバル企業や大手商社ではそのような機会があるのかもしれないが，当社の場合，後継者にタフな経験をさせるのに適した子会社，海外事業などが

ない」という反応をいただくことが多々ある。

　そのような会社において，後継者候補となる従業員について，育成に有益な経験を積むことができる先での副業・兼業を行ってもらい，自社のみではまかなえない育成方法の一つとするという選択肢があり得る。

4　「副業・兼業」と指名委員会の役割

　2021 年 6 月 11 日施行の改訂 CG コードの補充原則 4-10 ①において，独立社外取締役が取締役会の過半数に達していない上場会社では，後継者計画を含む経営幹部・取締役の指名の説明責任を強化するため，独立社外取締役を「主要な構成員とする」指名委員会を設置し，適切な関与・助言を得るべきであると明記された。

　また，経産省 CGS ガイドラインは「指名委員会が後継者計画の策定・運用に主体的に関与し，これを適切に監督することを検討すべきである」としている（同 116 頁）。「指名委員会における検討・確認事項の一例」に「後継者候補の育成方針・育成計画の妥当性」も挙げている（同 117 頁）。

　上記 3 で述べた上場会社の中でも比較的規模が大きくはない会社，事業の国内比率が高い会社など「タフ・アサインメント」すべき子会社，海外事業などを持たない上場会社の指名委員会としては，後継者計画の一環の育成施策として，経営幹部候補の従業員に副業・兼業を行わせることが有益かどうか，有益と考えられる場合，どのような副業・兼業先が適切か，などを審議し，審議結果の概要を株主・投資家へ有価証券報告書，コーポレート・ガバナンス報告書，統合報告書などにおいて開示することが考えられよう。

5　「副業・兼業」と取締役会実効性評価

　CG コード原則 4-11. は「取締役会は，取締役会全体としての実効性に関する分析・評価を行うことなどにより，その機能の向上を図るべきである」としている。補充原則 4-11 ③は「取締役会は，毎年，各取締役の自己評価なども参考にしつつ，取締役会全体の実効性について分析・評価を行い，その結果の概要を開示すべきである」としている。

　経産省 CGS ガイドラインは「取締役会の実効性評価の一環として，委員会の構成，諮問対象者・諮問事項，審議・運営の在り方も含めて，取締役会と委

員会とが一体として実効的に機能しているかについても評価を行うことを検討すべきである」としている（同 99 頁）。

　そのため，上場会社では，期末・期初などに終了する事業年度において，取締役会や指名委員会が後継者計画の策定・運用を適切に行ったかどうかを検証，評価し，概要を開示する必要がある。

　上述のような観点から経営幹部候補の育成計画の一環として副業・兼業勤務を行うこととした会社の取締役会・指名委員会は，副業・兼業によって当該経営幹部候補者がどのような経験を積み，知見を得たかを，定期的に報告を受けるなどして把握，検証し，必要に応じて軌道修正の要否を検討するなどの取組みが必要となる。

コラム 第4話——「どんな副業があるんだろ？」

とある会社の人事部で，まだまだまだ部員の楓美子と羽佐間瞬の会話。

楓「副業って，みんな実際にどんなことやってるんだろ？」

羽佐間「ええ質問やな。自分も言うてたデザイナーみたいな，いわゆる特殊技能を活かしてやるパターンがあるわな。写真を撮ったりとかライターをやったりとかやな。こういうのは，どっかの会社に雇用されるケースより，個人事業主としてやるケースが多いやろ。ヨガのインストラクターみたいな，趣味が高じてという感じのものもあるし，弁護士みたいに資格を活かしてというのもあるわ」

楓「特殊技能というと，何か物を作って売ったりとかも？」

羽佐間「そういうのもあるで。CtoC のプラットフォームで中古品と一緒に手作りの物を売るのが，副業になるかどうかは微妙なところやけど，自分でネットショップを開設して販売してたら，副業に該当する場合が多いやろな。このへんの線引きは，会社としては悩ましいところやから，ある程度は考えといたほうがええやろな」

楓「なるほど」

羽佐間「ほかにも，実家の農業を手伝うとか，あんまりよろしくないことやけど親の会社で名前貸して社外役員になるとかいうのもあるわな。こういうのは，お金は1円も入ってこんこともあるで」

楓「そっか，そういうのも副業になるんだ。そういうの，ちゃんと社員に伝えておかないと，お金を稼いでるわけじゃないから会社の許可は必要ない，って思いそう」

羽佐間「後は，会社のルールにもよるけど，株の取引とか不動産管理とか」

楓「こっちは，大した作業がないから副業だとは思わなかったとかってありそう」

羽佐間「せやな。講演したりセミナーで登壇したりというのも，単発やから，許可が必要やと思わんてこともあるかもな」

楓「危ない危ない。なんか，やっぱり本業のほうで働くのに加えてさらに働くことになるから，時給いくらでみたいなものより成果物を出してみたいなものが多いのかな」

羽佐間「飲食店で接客業とか家庭教師とか，時間に対して給料をもらうものもあるけど，うちの会社では成果で報酬をもらって，というほうが多いな」

楓「会社からしたらそっちのほうが認めやすいのかな？」

羽佐間「そこは何とも言われへんとこやなあ。労働時間管理は，確かに頭の痛い点やけど，個人事業主は，どんな会社とか人とかが客になるか，会社はわからんやろ。完全なライバル企業は避けても，どこまでが競合かというのも明確ではないしな。コンサルとかアドバイザー的なものもあるけど，そういうのは，会社での経験も使われてることが多いし，本業元が有名企業やったりしたら，それがきっかけで仕事の話が来てるってこともあるかもしれへんで。そういうのをどうするかは，会社が何のために副業を認めるのか，どこまで強く推奨する方針なのかを考えて，どうするのか決めなあかんて悩みはあるで（うちの部長が一応決定権限あるってことになってるけど，ちゃんと考えてはんのかな……？）」

第3章　副業に関する諸規程・申請書

書式1：副業規程

副業規程

第1条（目的）
　本規程は、社員（嘱託社員、パートタイマーおよびアルバイトを含む。以下同じ。）が、第2条に定める副業に従事することを希望する場合の要件・手続等の必要な事項について定める。

第2条（副業の定義）
　本規程において、副業とは社員がする次の各号に掲げるものをいう。
　①　当社以外の会社その他の組織に雇用され社員となり又は役員、理事等の役職に就任し、業務に従事すること
　②　自ら事業を営むこと（当社以外の者から不定期に依頼され、業務を請け負い又は報酬を得て第三者の業務・事務を手伝うことを含む）
　③　デイトレード、多数の収益不動産を所有する等積極的かつ継続的に収益を上げることを目的とする投資（不動産、有価証券等投資対象を問わない）をすること
　④　その他前各号に類すること

第3条（事前許可）
1.　社員が副業を行おうとするときは、本規程に定めるところにより副業を行う2週間前までに所定の書式を所属長に提出し、人事部長の許可を得なければならない。
2.　前項の申請は、虚偽の内容を含むものであってはならない。
3.　人事部長は、第1項の申請を審査し、以下の各号のいずれにも当たらない場合は、原則として申請された副業を許可し、その旨を申請した社員に通知する。ただし、必要に応じ、許可条件を付することができる。
　①　労務提供上の支障があるおそれがある場合
　②　業務上の秘密が漏洩するおそれがある場合

③　副業が競業にあたり、自社の利益が害されるおそれがある場合

④　当社の名誉や信用を損なう行為や信頼関係を破壊する行為があるおそれがある場合

⑤　その他、当社の企業秩序維持に支障をきたすおそれがある場合

４．　社員は前項の許可を得た場合、就業規則はもちろん、副業にあたり当社に誓約した事項および人事部長が付した許可条件等を遵守しなければならない。

５．　人事部長は、第１項の申請を審査し、申請された副業を許可しない旨の決定をした場合、申請をした社員に不許可決定とその理由を通知する。

第４条（報告義務）

１．　社員は、副業許可を得た後に申請内容に変更が生じた場合又は許可条件に抵触若しくはそのおそれがある場合は、速やかに所定の書式を所属長に提出のうえ人事部長にその旨を届け出なければならない。

２．　社員は、副業における勤務実績を、人事部長が指定する周期で、所属長及び人事部長に対し、定期的に報告しなければならない。

第５条（許可取消）

１．　人事部長は、以下の各号に該当する場合、副業の許可を取り消すことができる。

①　第３条第１項に基づく申請に虚偽があった場合

②　第４条に基づく報告の懈怠があった場合

③　当社就業規則に違反する行為があった場合

④　副業にあたり付された許可条件に違反した場合

⑤　副業にあたり当社に対し誓約したことを遵守しなかった場合

⑥　副業により労務提供上の支障がある又はそのおそれがある場合

⑦　副業により業務上の秘密が漏洩する又はそのおそれがある場合

⑧　副業が競業に該当し自社の利益が害される又はそのおそれがある場合

⑨　副業により当社の名誉や信用を損なう行為や信頼関係を破壊する行為がある又はそのおそれがある場合

⑩　その他、副業により当社の企業秩序維持に支障をきたし、又はそのおそれがある場合

２．　人事部長が前項により副業の許可を取り消す場合、該当する社員に副業を取り消す旨およびその理由を通知する。

第６条（懲戒）

　　当社は、社員に本規程に違反する行為があった場合、当該社員に対し懲戒処分を行うことができる。

附則

　　本規程は、○年○月○日から施行する。

書式2：副業許可申請書（雇用型）

○年○月○日

副 業 許 可 申 請 書 （ 雇 用 型 ）

人事部長殿

所属 ○○部

氏名 ○○ ○○

　私は、以下のとおり副業を行いたく、申請致します。許可申請にあたり貴社に対し別途守秘義務保持に関する誓約書を差し入れるほか、以下の遵守事項を厳守します。

1．副業内容等

　1　副業内容

　2　副業先

　3　副業を行う場所・連絡先

　4　副業を行う時間帯　月・火・水・木・金・土・日・祝　　時　分～　時　分

　5　副業先における社会保険加入の有無

2．　遵守事項等

　1　貴社所定の勤務時間中には副業を行いません。

　2　貴社の勤務時間と副業の勤務時間は合計して1日◎時間内、月間では◎時間内と致します。また、必ず貴社の就業時間開始前に◎時間の休息時間を設けます。

　3　自己管理に努め、副業により心身に異常が生じ、貴社における執務に支障をきたすおそれがある場合は、副業を速やかに中止・終了致します。

　4　副業の勤務実績を、1か月分纏めて、翌月第5営業日までに報告致します。

　5　貴社内において自らの副業を積極的に宣伝致しません。

　6　貴社が有するノウハウ、情報、データ、財産等を会社に許可なく副業に利用致しません。

　7　副業において法令違反や倫理上問題となる行為は行いません。副業先は、暴力団のフロント企業、半ぐれ等の反社会的勢力、マルチ商法・詐欺まがい商法等の公序良俗又は会社の指定する風俗営業に反する事業を営んでおりません。

　8　貴社名や貴社における職位を利用致しません。

　9　上記1記載の内容に変更がある場合は速やかに会社に届け出ます。

　10　副業によって得た所得を正確に申告し、所定の所得税を納付致します。私が税務調査の告知を受けた場合は速やかに会社に報告致します。

　11　貴社が私の副業に関し調査の必要があると認める場合、副業先に適宜問い合わせ、副業先と労務管理（労働時間等）に関する情報の交換を行うことに予め同意しま

す。

12 貴社において重大な事故やトラブル処理の必要が生じた場合など切迫した事情があ
り、私に対する残業を命じる必要性があるときは、私は貴社における業務を副業に
優先します。

以上

書式3：副業許可申請書（事業主型）

〇年〇月〇日

副業許可申請書（事業主型）

人事部長殿

所属　〇〇部
氏名　〇〇　〇〇

　私は、以下のとおり副業を行いたく、申請致します。許可申請にあたり貴社に対し別途守秘義務保持に関する誓約書を差し入れるほか、以下の遵守事項を厳守します。

1．副業内容等
　1　副業内容
　2　副業を行う場所・連絡先
　3　副業を行う時間帯　月・火・水・木・金・土・日・祝　　時　分〜　　時　分

2．遵守事項
　1　貴社所定の勤務時間中には副業を行いません。
　2　貴社の勤務時間と副業の勤務時間は合計して1日◎時間内、月間では◎時間内と致します。また、必ず貴社の就業時間開始前に◎時間の休息時間を設けます。
　3　自己管理に努め、副業により心身に異常が生じ、貴社における執務に支障をきたすおそれがある場合は、副業を中止・終了致します。
　4　副業の勤務実績を、1か月分纏めて、翌月第5営業日までに報告致します。
　5　貴社内において自らの副業を積極的に宣伝致しません。
　6　貴社が有するノウハウ、情報、データ、財産等を会社に許可なく副業に利用致しません。
　7　副業において法令違反や倫理上問題となる行為は行いません。副業は、暴力団のフロント企業、半ぐれ等の反社会的勢力、マルチ商法・詐欺まがい商法等の公序良俗に反する事業又は会社の指定する風俗営業ではありません。
　8　貴社名や貴社における職位を利用致しません。
　9　上記1記載の内容に変更がある場合は速やかに会社に届け出ます。
　10　副業によって得た所得を正確に申告し、所定の所得税を納付致します。私が税務調査の告知を受けた場合は速やかに会社に報告致します。
　11　貴社において重大な事故やトラブル処理の必要が生じた場合など切迫した事情があり、私に対する残業を命じる必要性があるときは、私は貴社における業務を副業に優先します。

以上

書式４：守秘義務保持に関する誓約書

○年○月○日

守秘義務保持に関する誓約書

人事部長殿

所属　○部

氏名　○○　○○

　私は、副業を行うにあたり、以下の事項を遵守することを誓約いたします。

第１条（秘密保持の誓約）
(1)　私は、次に示される情報（ただし、公表済みの情報は除く。以下、「秘密情報」という。）が貴社の重要な情報資産であることを認識し、貴社の書面による事前の許可なく、私自身や第三者が行う事業のために開示、漏洩もしくは使用しないことを誓約致します。
　　１　貴社顧客の住所、氏名等の顧客情報
　　２　貴社顧客と貴社との取引・提携に関する情報
　　３　貴社で実施されている営業上のノウハウ・技術に関する情報
　　４　貴社内部の財務、人事等に関する情報
　　５　貴社が特に秘密保持対象として指定した情報
(2)　前項の義務は、私が貴社を退職した後も引き続き存続することを確認します。

第２条（情報へのアクセス、設備の私的利用の禁止）
(1)　私は、貴社の業務上の目的以外で、貴社の通信ネットワークにアクセスし、ネットワーク上の情報を閲覧致しません。
(2)　私は、貴社の什器・備品を貴社の業務上の目的以外で使用致しません。

第３条（調査・検査）
　私は、貴社が必要と認める場合、所持品検査や調査に進んで協力致します。私が第１条第１項各号に定める情報を貴社の書面による事前の許可なく社外へ持ち出した疑いがある場合、貴社又は貴社の委託した第三者が私の居所、持ち物等に対する調査を行うことに予め同意します。

第４条（情報資産の返還）
　私は、貴社が私に対し第１条第１項各号に定める情報が記載されている書類や電子記録媒体等（以下、「情報資産」という。）の返還を求めたときは、貴社による事前許可の有無にかかわらず、速やかに私及び第三者の占有する情報資産の一切を貴社に返還致します。

第5条（損害賠償）

　私が本誓約書の各条項に違反したときは、これにより貴社が被った一切の損害を遅滞なく賠償いたします。

解　説

書式５：副業許可通知書

〇年〇月〇日

副 業 許 可 通 知 書

　　　　　　殿

　　　　　　　　　　　　　　　　　　人事部長　〇〇〇〇

　貴殿から提出された副業許可申請書記載の申請内容を検討しました結果、同申請書記載の条件を遵守すること（およびその他特に条件を付する必要があると判断した場合は以下「１．承認条件」記載の各条件）を条件とし、「２．許可期間」に定める期間中申請内容どおり副業を許可します。
　なお、貴殿が上記条件を遵守していないことが判明した場合、当社は副業許可を取り消すことがあります。

１．承認条件
　□
　□
　□
２．許可期間
　　　〇年〇月〇日　から　〇年〇月〇日

以上

書式６：副業不許可通知書

○年○月○日

副 業 不 許 可 通 知 書

殿

人事部長　　○○○○

　貴殿から提出された副業許可申請書記載の申請内容を検討しました結果、以下の理由により申請を不許可とします。

【副業申請を不許可とした理由】
- □
- □
- □

以上

解　説

書式７：副業許可に関する変更申請書

○年○月○日

副業許可に関する変更申請書

人事部長殿

所属　○○部

氏名　○○　○○

以下のとおり副業内容等の変更を許可願いたく、申請致します。

変更事項	変更前	変更後

以上

100

書式8：副業状況報告書

○ 年 ○ 月 ○ 日

副 業 状 況 報 告 書

人事部長殿

所属　　○○部
氏名　　○○　○○

以下のとおり、副業の状況について報告します。
　なお、副業許可申請書（および副業許可に関する変更申請書）にて貴社に申請した副業内容と相違ありません。

労働時間	別紙記載のとおり
特記事項	

別紙

月日	副業開始時間	副業終了時間	休憩時間

解　　説

書式９：副業許可取消通知書

〇年〇月〇日

副　業　許　可　取　消　通　知　書

　　　　　　　　殿

人事部長　〇〇〇〇

　貴殿に対し副業を許可しておりましたが、許可にあたり貴殿が誓約し又は当社が付した条件に以下のとおり違反していることから、本日付で副業許可を取り消します。

【副業許可を取り消す理由】
□
□
□

以上

第4章　副業許可条件と手続

1　副業許可条件

(1)　基本的な考え方

法律で副業が禁止されている公務員と異なり（国家公務員法103条，104条，地方公務員法38条参照），民間企業の労働者については一般に副業を禁止する法令はなく，副業の制限または禁止は就業規則等の具体的定めによることになる。

　もっとも，「労働者は，雇用契約の締結によって一日のうち一定の限られた勤務時間のみ使用者に対して労務提供の義務を負担し，その義務の履行過程においては使用者の支配に服するが，雇用契約及びこれに基づく労務の提供を離れて使用者の一般的な支配に服するものではない。労働者は，勤務時間以外の時間については，事業場の外で自由に利用することができるのであり，使用者は，労働者が他の会社で就労（兼業）するために当該時間を利用することを，原則として許され（ママ）なければならない」（京都地判平成24年7月13日・労働判例1058号21頁）。そうすると，就業規則等で副業を無限定に禁止することは，雇用契約の性質や当該企業の性質からして副業をすることがおよそ認められないような特殊な場合を除き合理性を欠くことになるから，当該就業規則等はその限りにおいて労働者の自由を不当に制限する不合理なものとして無効となるものと解される。

　また，副業を就業規則等で制限または禁止するとしても，労働者が副業を希望し会社に対し許可を求めてきた場合には，原則として副業を認めるようにするべきである。

　他方，「労働者及び使用者は，労働契約を遵守するとともに，信義に従い誠実に，権利を行使し，及び義務を履行しなければならない」（労働契約法3条4

項，信義誠実の原則）のであり，以下のように副業により労務の提供が不可
能・不十分になる場合や会社の職場秩序に影響し会社に対し不利益・損害が生
じる場合には副業を不許可とすべき特段の事情が認められるものと考えられる
（厚生労働省「副業・兼業の促進に関するガイドライン」（以下「厚労省ガイドライ
ン」という）3 頁参照）。

① 　労務提供上の支障がある場合
② 　業務上の秘密が漏洩する場合
③ 　競業により自社の利益が害される場合
④ 　自社の名誉や信用を損なう行為や信頼関係を破壊する行為がある場合

そこで，就業規則で副業を許可制とする場合，上記①〜④のいずれにも該当
しない場合には副業を認めることを明示しておくほうがよいだろう。

ところで，企業秩序の維持確保の要請が，原則として職場外の行為である副
業になぜ及ぶのだろうか。

企業秩序は，企業の維持運営に不可欠（菅野和夫「労働法」第 11 版補正版 652
頁）であり，労働者は会社と雇用契約を締結することで組織の一部となり企業
秩序の維持を担う一員になるのだから，労働者が「企業秩序の維持確保を図る
べき義務を負担することになるのは当然のこと」（最判昭和 49 年 2 月 28 日・民
集 28 巻 1 号 66 頁）といえる。そして，「企業秩序の維持確保は，通常は，労働
者の職場内又は職務遂行に関係のある所為を対象としてこれを規制することに
より達成しうるものである」が，「従業員の職場外でされた職務遂行に関係の
ない所為であつても，企業秩序に直接の関連を有するものもあり，それが規制
の対象となりうることは明らかであるし，また，企業は社会において活動する
ものであるから，その社会的評価の低下毀損は，企業の円滑な運営に支障をき
たすおそれなしとしないのであつて，その評価の低下毀損につながるおそれが
あると客観的に認められるがごとき所為については，職場外でされた職務遂行
に関係のないものであつても，なお広く企業秩序の維持確保のために，これを
規制の対象とすることが許される場合もありうる」（同最判）のである。

ところで，副業に関する裁判例においては，就業規則において労働者が副業
を行う際に許可等の手続を求め，これに対する違反を懲戒事由としている場合
において，形式的に就業規則の規定に抵触したとしても，職場秩序に影響せ
ず，使用者に対する労務提供に支障を生ぜしめない程度・態様のものは就業規

則違反に当たらないとし，懲戒処分を認めていない。このような裁判例の立場を参考に，労働者の副業が形式的に就業規則の規定や許可条件に抵触する場合であっても，職場秩序に影響が及ぶか否か等の実質的な要素を考慮した上で，条件を付すなど工夫をして可能な限り副業を許可できないかという視点で検討する必要がある。

(2)　許可条件の具体的な検討
①　労務提供上の支障がある場合

労働時間は事業場を異にする場合においても労働時間に関する規定の適用については通算する（労働基準法38条1項）こととされているから，労働者が副業先で雇用されている場合，副業先での勤務時間と本業元での勤務時間が通算されるため，副業先で長時間労働するようなことがあれば自社の36協定に違反する可能性があり，本業元における労務提供上の支障が生じる可能性がある。そのため，たとえば副業を行う場合，週1日以上の休日が確保されるようにする（同法35条1項参照）とか，4週で4日の休日を確保されるようにする（同法35条2項参照）など，副業における労働時間の制限や休日の確保義務を許可条件とすることは必要である。

また，副業が個人事業である場合など労働基準法の労働時間の通算規定などが適用されない場合であっても，労働者が本業・副業あわせて毎日休みなく働くようになると，健康を害し労務提供上の支障が生じる可能性が高くなるから，同様に副業における労働時間の制限や休日の確保義務を設け，それを許可条件とすることは必要である。

その他副業を行うことにより，副業の内容が重労働で疲労が過度に蓄積される可能性が高いとか，副業に神経が集中し本業のパフォーマンスが低下するなど，労務提供上の支障があるまたはその蓋然性が高い場合にも，副業が本業に悪影響を及ぼす可能性があり副業を不許可とする合理的な理由があるといえる。ただし，安易に労務提供上の支障があるまたはその蓋然性が高いと判断することは危険である。

たとえば，就業規則で「臨時又は常備を問わず他に雇用されないこと」という兼職（副業）禁止規定があるタクシー会社に勤務する労働者がその実父が実質的に経営する新聞販売店で新聞配達をしたことを理由にした懲戒解雇の有効

性が争われた事案（福岡地判昭和 56 年 1 月 20 日・労働判例 429 号 64 頁）におい
て，裁判所は，就業規則の兼職（副業）禁止規定の適用について「兼職禁止規
定違反の制裁は，懲戒解雇という重い処分のみとされていることなどに照らす
と，右兼職禁止規定に違反するのは，会社の企業秩序を乱し，会社に対する労
務の提供に格別の支障を来たす程度のものであることを要すると解すべきであ
る」と限定解釈し，労働者が新聞配達に従事した時間はタクシーの乗務日にお
いては会社における所定始業時刻である午前 7 時 30 分より前の約 2 時間で
あったことなどから，副業は会社への労務の提供に格別支障を生ずるものでは
ないと判断している。たとえ新聞配達のようにほぼ毎日副業をするようなもの
であったとしても，それが比較的短時間で身体に負担がかからない程度のもの
であれば，労務提供上の支障があるとはいえない方向の事情になるということ
になろう。

　もっとも，副業の就労時間のみに着目するのも相当ではない。たとえば，傷
病休業中に会社から本給の 6 割の金額を支給されていて早期に会社に復帰でき
るよう療養に専念すべきであるにもかかわらず，午前 11 時から午後 8 時ころ
まで副業（オートバイ店を開業し，営業）をしていたことは，他の労働者から見
れば奇異であり，職場秩序を乱すものであって，服務規律違反の程度は，原告
被告間の雇用契約における信頼関係を損なう程度のものと認めるのが相当であ
るとした裁判例がある（東京地八王子支判平成 17 年 3 月 16 日・労働判例 893 号
65 頁）。傷病休業中であれば労働者は療養に専念し早期に職場に復帰できるよ
う努める必要があることは言うまでもなく，療養に専念せず副業を行えば療養
が十分に行えず早期の職場復帰，労務提供への支障が生じる蓋然性は高い。ま
た，休業手当などを受け取りながら副業を行うことは他の労働者にとっても納
得がいくものではなく，職場秩序に悪影響が生じる可能性は否定できない。こ
のように，労働者が置かれている環境，属性，本業の業務内容や副業内容など
を総合的に考慮しつつ，職場秩序への影響，労務提供への支障を検討する必要
がある。

【許可条件の具体例】

> ・副業は週1日以上の休日が確保されるものであること。（※4週4日ルール）
> ・副業は引越し等の重労働や高所作業を含む危険業務など身体への負担が重い仕事ではないこと。
> ・勤務前に◎時間の休息時間を設けること。（※勤務間インターバル制度への配慮）

②　業務上の秘密が漏洩する（または漏洩する蓋然性が高い）場合

　会社は，労働者の副業開始を契機に，社内の情報が外部に漏れ，または労働者によって社内の情報が副業に不正利用されることを防がねばならない。情報資産管理という観点から，情報の漏洩はもちろんであるが，特に副業においては労働者が自社の情報を不正に利用する動機が生じ得るものであり，情報の不正利用により自社に損害を生じるおそれについて十分検討しておく必要がある。

　副業許可申請において守秘義務保持に関する誓約書を差し入れさせることで情報の不正利用については労働者に対し副業開始前から意識させることは可能だが，許可条件として会社が有するノウハウ，情報，データ，財産等を会社に許可なく副業に利用しないことを会社側からきちんと明示する必要があろう。

　なお，運用において，過去に自社の情報を不正に漏洩させ，または不正に利用して，懲戒処分を受けた歴がある労働者については，会社が有するノウハウ，情報，データ，財産等を会社に許可なく副業に利用するおそれがあるとして副業許可を認めないという判断も十分許され得ると考えられる。

【許可条件の具体例】

> ・会社が有するノウハウ，情報，データ，財産等を会社に許可なく副業に利用しないこと。

③　競業により自社の利益が害される（または害される蓋然性が高い）場合

　労働者が行う副業が自社と同業種であった場合，自社と競合相手になり将来において販路の奪い合いが生じるなどして利益が害され，実質的に企業秩序の維持に支障が生じる可能性がある。

　労働者の中でも非管理職と管理職では持っている情報量が一般には異なり，特に上級管理職（部長や次長など）は競合会社においても要職に就き実質的な

経営や経営補佐を行う可能性があることから，「特に」管理職については競合他社での副業を認めると自社の利益を害する危険が高い。

　たとえば，所長，営業所長代理，係長が事前に許可なく競合会社の取締役に就任していた（ただし，当該会社の経営には直接関与していなかった）ことから就業規則違反を理由に解雇され，その有効性が争われた事案において，解雇された労働者らが当該会社の「経営につき意見を求められるなどして，訴外会社の経営に直接関与する事態が発生する可能性が大であると考えられること」や「平従業員ではなく，いわゆる管理職ないしこれに準ずる地位にあった」ことから，「経営上の秘密が」当該従業員らから当該会社にもれる可能性もあるとして事前の許可なく競合会社の取締役に就任することは，たとえ当該会社の経営に直接関与していなかったとしても，なお企業秩序をみだし，またはみだすおそれが大であるとした裁判例がある（名古屋地判昭和47年4月28日・判例タイムズ280号294頁）。

　ところで，上記裁判例では，労働者らの地位（管理職）から，自社の営業上の秘密の漏洩の可能性と経営に関与する可能性が認められ，これを理由に企業秩序をみだし，またはみだすおそれがあるとされているが，管理職ではない労働者（非管理職）であっても，営業上の秘密に触れていることはあるし，競合会社がベンチャー企業で少人数経営だった場合や労働者の能力が高く競合会社の経営に直接タッチしている場合など，非管理職であってもケースによっては自社の利益を害するおそれを生じさせ，企業秩序をみだす可能性はある。

　そこで，副業先が自社と同種の事業を営んでいないことを原則としつつ，非管理職の労働者から企業秩序をみだすおそれのないことを具体的に疎明してきた場合（たとえば，運送業を営む会社のトラックドライバーが，県外で軽運送業を営む父親の求めに応じ本業の休日の数時間だけ毎週実家の手伝いをする場合などは，自社の営業上の秘密が漏れるおそれもないし，自社と副業先の営業エリアが異なることから自社の利益を害するおそれもないと考えられる）は，十分な検討の下に副業を許可することがあり得るものと考えられる。

【許可条件の具体例】

・副業（先）が（本業と）同種の事業を営んでいないこと。

④　自社の名誉や信用を損なう行為や信頼関係を破壊する行為がある（またはそれらの蓋然性が高い）場合

　副業の内容が違法であれば当然に副業申請を不許可とすべきであるが，副業の内容がただちに違法でないとしても，自社の労働者が社会通念上一般に好ましい仕事とはされないマルチ商法や風評を生じ得る業種に就労した場合，そのことがきっかけで風評が拡大し，自社の営む業種によってはレピュテーションリスクが生じ，自社の信用が落ちてしまいかねないことから不許可にする必要がある。

　たとえば，消費者被害の疑いが報道されているネットワークビジネスや反社会的勢力，フロント企業との関係性が疑われている会社での副業は風評リスクが高いと理解できるだろう。また，自社を取り巻く環境が風評の生じやすい場合や自社にとって企業イメージが非常に重要な場合，特に閉鎖的な地域においては副業内容がその地域内であらぬ風評を生じさせ企業イメージを損なう蓋然性があるときには，副業を不許可にすることが許され得ると考えられる。

　他方，特に個人事業主型において顕著となるが，個人としては特段の信用力がない労働者が副業において本業元の会社名や会社における職位を利用し，信用力を補完しようとする可能性がある。このような場合，副業先の取引先等は本業元の信用力を背景に副業先または当該労働者と取引することもあり，後日，債務不履行などのトラブルが生じた場合に本業元の名誉や信用を損なう蓋然性が生じる。そこで，（本業元の）会社名や会社における職位を利用しないことを許可条件として設定すべきであろう。

　この点，新聞・雑誌広告，折込チラシ等を中心とした商業宣伝の企画・デザイン・制作・印刷発注等を業務としている会社で広告デザイン作成の業務に従事していたグラフィックデザイナーが，本業元の機器を個人的な副業のため利用し，自分の個人的な営業活動に関する連絡を社内のメールを使用して行い，また本業元の労働者であることを利用して，本業元の関係者と取引をしたり，本業元の取引先に出入りして取引先の労働者に仕事の依頼をしたこと等を理由に，会社から解雇されその有効性が争われた事案では，個人的に行っていた副業が本業元と競業関係にあることや当該労働者が個人的に仕事を引き受けた際に，本業元の労働者としてこれを行っているかのような名称を用い，第三者から見ると，あたかもこれが本業元の業務であるかのように装っていたことなど

から，当該労働者がした行為は，労働契約の誠実義務に違反するものとされ，労働契約の不履行を理由として解雇を有効と判断した裁判例がある（大阪地判平成 15 年 6 月 13 日・判例秘書 L05851141）。

　なお，当該労働者が副業先でプロフィールとして所属する会社名や職位を表示する場合は，副業における販路拡大のために本業元の信用力を利用するものではなく，単に職歴として社名や職位を表記しているに過ぎないから，社名や職位の利用には当たらないと考えるべきであろう。

【許可条件の具体例】

・副業の内容が法令違反とならないこと。（※事業主型）
・副業（先）が，暴力団のフロント企業，半ぐれ等の反社会的勢力，マルチ商法・詐欺まがい商法等の公序良俗に反する事業又は会社の指定する風俗営業ではないこと。
・（本業元の）会社名や会社における職位を利用しないこと。

⑤　その他

　上記①から④は，副業により労務の提供が不可能・不十分になる場合や会社の職場秩序に影響し会社に対し不利益・損害が生じる場合を類型化したものである。すなわち，それぞれ許可審査において副業の不許可事由となり得る事由を列挙したものであるが，これらとは別に許可後において労働者が履行すべき義務を想定し，許可条件を設定しておく必要がある。

　たとえば，副業内容等に変更があった場合における報告義務を課することが考えられる。副業先として勤務していた会社が自社と競合する事業を開始することもあるだろうが，そのような場合，本業元としては競合先である副業先に勤務することを許さないのが通常であろうから，即時副業許可を取り消す事情になり得るものと思われる。また，副業が順調に拡大し，当初想定していた労働時間を大幅に超えるような状況になっていれば，心身の負担が生じないように措置を講じるよう促す必要がある。すなわち，本業元としては，労働者が行う副業内容等が許容できるものであるかどうかを随時把握しておく必要があり，副業内容等に変化がある際には速やかに報告させるよう条件を付するべきである。

　また，副業による所得が発生することを踏まえ，税務関連のリスクを生じさせないように適正な納税申告を行うこと，仮に税務調査を受ける場合は本業元が税務調査を関係先として協力を求められる可能性もあることから速やかに本業元にも知らせるよう条件を付する必要がある。

【許可条件の具体例】

> ・「副業の目的，内容，期間，場所，想定される時間，（雇用型の場合は）雇用主の会社名・所在又は氏名・住所」に変更がある場合は速やかに会社に届け出ること。
> ・副業によって得た所得を正確に申告し，所定の所得税を納付すること。税務調査の告知を受けた場合は速やかに会社に知らせること。

2　副業許可に伴う手続

(1)　許可制か届出制か

　労働者は会社との関係で定められた労働条件の下で労務を提供し，その対価を得る。通常の雇用契約では就業時間が定められており，労働者は定められた就業時間内は信義に従い誠実に精勤する義務を負う（労働契約法3条4項参照）。もっとも，就業時間外については労働者がどのように時間を使おうが本来的には自由であるはずであり，特段の定めがない限り就業時間外について会社からとやかく言われるべき筋合いはない。そうだとすると，会社が労働者に対し就業時間外の副業を禁止できるのは，特段の定めが存在する場合か，就業時間内の就労に重大な影響を及ぼす可能性があるなど副業を禁止すべき合理的な理由があるときなど，限られた場合だけということになる。

　そして，この立場を徹底すると，副業は本来自由な行為なのであるから原則禁止・例外許可という制度設計とするのはいかがなものか，（事前）許可制よりもより制限的でない届出制を選択すべきではないかという思考になるのが自然であるとも思われる。

　もっとも，届出制を選択した場合，労働者が副業を開始し，その後労働者が会社に届け出た副業内容を会社が確認してみたところ，その内容に問題があり副業を禁止すべき合理的な理由があることが判明することもあり得る（副業意欲のある労働者は，よほど理性的でない限り「副業可能」な方向に思考バイアスが

働くはずであるから，会社側として性善説をもって手続を構築してよいのかというそもそもの疑問がある）。

　たとえば，労働者が「副業可能」と安易に判断し，結果的に競業避止義務違反や利益相反になってしまうケースも生じる可能性は十分に考えられるところであり，仮にそのような状態に会社側が気づき即時中止させたとしてもすでに実害が発生している危険性は認められるだろう。特に，副業に伴い生じる機密情報の漏洩・不正利用については，性質上，漏洩・不正利用が生じた後で完全なリカバリーを行うことは不可能であって，会社が不可逆的なダメージを受ける危険性も想定しなければならない。

　このような危険をなるべく生じさせないようにするため，会社による事前のチェックを手続内に織り込む必要があり，その観点から届出制よりも事前許可制が相当と考えられる。

　この点，厚労省ガイドラインは「裁判例を踏まえれば，原則，副業・兼業を認める方向とすることが適当である。」（6頁）と述べつつ，「副業・兼業を禁止，一律許可制にしている企業は，副業・兼業が自社での業務に支障をもたらすものかどうかを今一度精査したうえで，そのような事情がなければ，労働時間以外の時間については，労働者の希望に応じて，原則，副業・兼業を認める方向で検討することが求められる。」と述べている。すなわち，厚労省ガイドラインは，労働者が行おうとする副業について，会社側が「自社での業務に支障をもたらすものかどうか」を「精査」する過程を想定しているのではないかと思われるところであり，厚労省ガイドラインの当該記述からして事前許可制を排除していないものと考えられる。

　前掲京都地判平成24年7月13日も「労働者が提供すべき労務の内容や企業秘密の機密性等について熟知する使用者が，労働者が行おうとする兼業によって上記のような事態が生じ得るか否かを判断することには合理性があるから，使用者がその合理的判断を行うために，労働者に事前に兼業の許可を申請させ，その内容を具体的に検討して使用者がその許否を判断するという許可制を就業規則で定めることも，許されるものと解するのが相当である」と述べており，事前許可制の合理性を肯定している。

(2) 副業許可手続の全体像

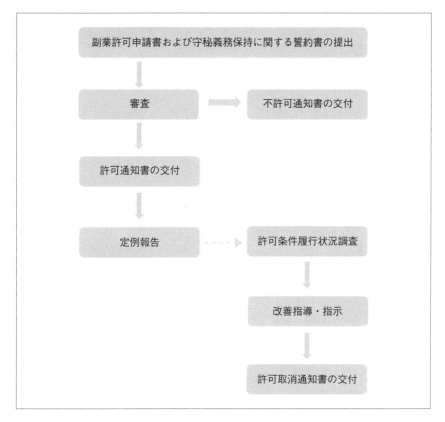

(3) 副業許可申請手続
① 副業許可申請書および守秘義務保持に関する誓約書の提出

　就業規則で副業を禁止している会社において，労働者に副業を許す場合，事前に会社に対し副業許可を申請させる手続が必要となる。

　副業の事前許可に当たっては，会社側で副業の内容等を把握し，許可条件を労働者に認識・確認させることが必要であるから，あらかじめ会社側で副業許可申請書の様式を定め，その内容を労働者に示し，きちんと理解させた上で提出させるべきであろう。

　たとえば，新人研修会や階層別の研修会など人事関連の研修会において，副業を行う場合は副業許可申請書を提出し会社の許可を得る必要があることを説

明するとともに，副業許可申請書の各条項を詳細に解説して，労働者にその内容をきちんと理解させておく必要がある。

　後述するが，副業許可に当たって最も重要な守秘義務保持に関しては，副業許可申請書の中に申請者に遵守させることを列挙してもよいが，可能であれば守秘義務保持の重要性に鑑みて別途誓約書を差し入れさせるべきではないかと考えられる。

　それでは，提出を受ける副業許可申請書および守秘義務保持に関する誓約書に記載すべき条項について，本書登載のサンプル（**第3章**に掲載）を基に解説する。

(i)　**副業許可申請書**

　副業許可申請書の内容は，労働者が行いたい副業内容等と労働者が副業を行うに当たり遵守すべき事項で構成される。

1　副業内容等
　(1)　副業内容
　(2)　副業を行う場所・連絡先
　(3)　副業を行う時間帯
　　　　月・火・水・木・金・土・日・祝　　　時　分～　　時　分

　副業許可申請書には，まずどのような副業を行うのかを明示させる必要がある。副業内容を明示させることで，自社と同種の事業を行うことはないか，究極的には副業が競業避止義務違反となるおそれはないかを検討することができる。

　さらに，副業を行う場所を明示させることで（雇用型であれば）ライバル企業へ雇用されることにならないかを確認することができる。また，細かい話ではあるが，自社から副業先または副業先から自社への通勤途上での事故には労災の適用があるところ，労災適用の有無を判断する局面を想定して事前に副業を行う場所を把握しておく必要があるのではないかと思われる（もっとも，自社から副業先への通勤途上については，副業先が自宅でない限り，副業先のほうで労災の手続を行うことになろう）。

　また，雇用型であっても事業主型であっても，本業と副業のウエイトが逆転

することはないか，本業と副業を合算した労働時間は労働者の健康を害する危険はないか，残業管理に関し著しい問題が生じるおそれはないか等を事前に確認するため，副業を行う時間帯を明示させることが必要であると考えられる。

もっとも，事業主型についてはネット通販で自作のクラフトワークを販売するとか知り合いの大工仕事を繁忙期に手伝うなど，受注を受けたら随時副業を行う場合は副業の時間帯を特定することは難しいだろう。そのような場合は，1カ月単位で副業を行う可能性のある時間帯と想定される就労時間を自由記載させることで対応することになろう。

2　遵守事項
(1)　貴社所定の勤務時間中には副業を行いません。

　次に，労働者が副業を行うに当たり遵守すべき事項（遵守事項）について説明する。

　まず，「貴社所定の勤務時間中には副業を行いません。」と本業の勤務時間中は副業をしないことを誓約させる。通常，どの会社の就業規則にも必ず規定されている内容であり，当然の内容ではあるが，副業が忙しくなってくると本業の勤務時間中に副業や副業に関する行為を行いたくなるだろうし，労働者が優秀であれば副業において多忙を極める可能性があり，実際に労働者がそのような衝動に駆られる可能性はないとはいえない。副業許可に当たっての一丁目一番地として，専念義務の確認を行う意味は少なくない。

---

(2)　貴社の勤務時間と副業の勤務時間は合計して1日◎時間内，月間では◎時間内と致します。また，必ず貴社の就業時間開始前に◎時間の休息時間を設けます。
(3)　自己管理に努め，副業により心身に異常が生じ，貴社における執務に支障をきたすおそれがある場合は，副業を中止・終了致します。
(4)　副業の勤務実績を，1カ月分まとめて，翌月第5営業日までに報告致します。

---

　(2)から(4)は労務管理の観点からの遵守事項である。

　副業を行うと労働時間は副業分だけ加算され，その分労働者の心身に負荷が

かかることになる。過労や精神的な疲弊によって心身の健康を害し本業に影響
を及ぼす事態は，労働者にとってはもちろんのこと，会社としても回避しなけ
ればならない。それゆえ，副業によって心身の異常が生じ本業に支障をきたす
おそれがある場合は，（心身の異常がみられる場合はすでに本業に支障は生じてし
まっているのであろうが）心身の異常が悪化し本業に大きな支障が生じること
がないように速やかに副業を中止・終了してもらわなければならない。(3)はそ
のような意味で置かれる遵守事項である。

　副業によって心身の異常が生じてしまった後では遅いことから，心身の異常
が生じないように時間的な制約を定めたものが(2)の遵守事項である。副業と合
算して自社で定める 36 協定を超えるような残業は原則として認められないと
考えるべきであろう。上記案では，フレックス制度導入の有無を考慮していな
いが，フレックス制度を導入している企業の場合は 1 日単位での勤務時間管理
をする必要性が高くないことから「貴社の勤務時間と副業の勤務時間は合計し
て月間◎時間内と致します。」と修正してもよいのではないかと思われる。な
お，「また，必ず貴社の就業時間開始前に◎時間の休息時間を設けます。」との
文言は勤務間インターバル制度を意識したものである。勤務間インターバル制
度とは，勤務終了後，一定時間以上の休息時間を設けることで，労働者の生活
時間や睡眠時間を確保する制度である。前日の終業時刻から翌日の始業時刻の
間に一定時間の休息を確保することが事業主の努力義務として課せられており
（2019 年 4 月 1 日施行，改正労働時間等設定改善法），本法を踏まえ勤務間イン
ターバル制度を導入している会社はもちろん，これを導入していない会社につ
いても，副業により労働者が睡眠不足や疲労の蓄積が起こりやすくなることに
配慮し，睡眠不足や疲労の蓄積が過度にならないよう勤務間インターバル制度
を意識した遵守事項を置くべきであろう。

　(4)は会社として労働者の心身の異常が生じないように，労働者の総労働時間
を管理するため，また，自社における残業代の支出の要否を含めた残業管理を
行うために副業における労働時間を報告させるための遵守事項である。なお，
報告サイクルについてはさまざまな考え方がある。会社側にとって労働管理の
観点から最も理想的なのは，労働者が副業に従事した時間をリアルタイムに
（≒翌営業日に）報告させることであろうが，このように頻繁に報告させるよう
にすると，労働者側に負担が大きいばかりか，報告書を受け付ける人事担当に

も負担が重い。事務負荷と労務管理のバランスを見つつ，1週間ごと，1カ月ごと等，報告サイクルは各社ごとに検討すべきであろう。

---

(5)　貴社内において自らの副業を積極的に宣伝致しません。

---

(5)は，副業を自社内で積極的に宣伝することを禁止するものである。

　副業を効率的に行うため販路拡大を身近なところから始めようとする者も出てくるものと思われるが，そもそも副業の営業行為を就業時間内に行うことは上記(1)にも反する上，自社内で本業と関係のないビジネスを展開することを無制限に許すと労働者同士の無用なトラブルを招く可能性もある。

　もっとも，単に副業を行っていることやその内容について労働者同士が休憩時間に話すこと自体は上記のような危険を生じさせる蓋然性が高いとまではいえない。また，会社のほうから本業の周辺領域を副業の内容としている労働者とコラボレーションしたいという動きを行うことも十分あり得る。社内で副業に関する発言を行うことや一見宣伝に見えるような言動を社内で行うことを一律に禁止するのは労働者に対する過度な制約ではないかと思われる。そこで，(5)では積極的な宣伝活動を禁止するにとどめている。

---

(6)　貴社が有するノウハウ，情報，データ，財産等を会社に許可なく副業に利用致しません。

---

(6)は自社の情報資産やその他の財産を無許可で副業に利用することを禁止するものである。

　ここでは就業規則で課せられている守秘義務に反する行為を防止するだけでなく，自社の無形・有形の財産を無許可で利用すること一般を禁止し，労働者自身に本業と副業の区別を明確につける必要があることを示すものである（特に事業主型であれば，個人でさまざまなインフラを整備する必要があるところ，初めのうちは設備に充てる資金も不足していることが多く，不足している設備について本業元の設備を無断借用する可能性があり得よう）。

　なお，前述のとおり，守秘義務保持に関する誓約書にて情報資産の漏洩等を防止するための条項を詳細に盛り込んでいる。

---

(7)　副業において法令違反や倫理上問題となる行為は行いません。副業は，暴力団のフロント企業，半ぐれ等の反社会的勢力，マルチ商法・詐欺まがい商法等の公序良俗に反する事業又は会社の指定する風俗営業ではありません。

---

(7)は，副業において労働者が法令違反や倫理上問題となる行為を行わないよう注意を促し，加えて，副業内容が暴力団のフロント企業，半ぐれ等の反社会的勢力，マルチ商法・詐欺まがい商法等の公序良俗に反する事業または会社の指定する風俗営業ではないことを誓約させ，レピュテーションリスクを発生させないよう防止する趣旨の条項である。

　労働者が違法行為や倫理に反する行為を行えば，たとえそれが副業先での行為であっても，自社の労働者としての属性を有している以上，自社のレピュテーションの問題になり得る。たとえば，自社の労働者が副業において条例で禁止されている場所で風俗のキャッチセールスをし，それを理由に逮捕された場合，テレビニュースや週刊誌で「〇〇社員，新宿で違法な客引きを行い逮捕」などと報道される可能性は容易に想像できる。

---

(8)　貴社名や貴社における職位を利用致しません。

---

(8)は労働者が副業のために自社の信用力を明示的に利用することを禁止するものである。

　副業開始時において当該労働者の信用力が高いということは少ないだろうし，副業における販路拡大のために本業の信用力を利用したいという動機は働きやすい。たとえば，本業において調達部門の部長をしている労働者が，本業の取引先に対し，その地位を利用して副業の取引を依頼することは可能性としてあり得るだろう。しかし，当然ながら本業と副業は区別せねばならないし，本業の信用力にフリーライドし自己の利益を得る行為は不当である。また，後々副業に関してクレームが生じた場合，本業元に悪影響がないとは言い切れない。

　なお，本章1(2)④で述べたとおり，当該労働者が副業先でプロフィールとし

て所属する会社名や職位を表示する場合（たとえば，副業として大学の講師をする場合に，大学の講師プロフィールに所属企業名・肩書を表示する場合等）は，副業における販路拡大のために本業元の信用力を利用するものではなく，単に職歴として社名や職位を表記しているにすぎないから，社名や職位の利用には当たらないと考えるべきであろう。

> (9)　上記(1)記載の内容に変更がある場合は速やかに会社に届け出ます。

(9)は，副業内容の変更があった場合に速やかに届け出る義務を課するものである。

申請の当初から副業内容が変化する場合，変化した後の副業内容が本業元として許容できない内容となることも十分あり得る。

たとえば，副業先として勤務していた会社が本業元の競合企業に買収されてしまった場合，本業元としては競合先へ勤務することを許さないのが通常であろうから，即時副業許可を取り消す事情になり得るだろう。また，副業が順調に拡大し，当初想定していた労働時間を大幅に超えるような状況になっていれば，心身の負担が生じないように措置を講じるよう促す必要があろう。

このように，副業内容等が本業元として許容できるものであることを会社として随時把握しておくために，副業内容等に変化がある際には速やかに報告させる必要がある。

> ⑽　副業によって得た所得を正確に申告し，所定の所得税を納付致します。私が税務調査の告知を受けた場合は速やかに会社に報告致します。

⑽は，副業を行う労働者が不正な税務申告を行わないように注意を促すものである。副業の開始により確定申告をしないといけないのに（もっとも，雇用型で所得が少ない場合は副業先からの給与は源泉徴収されるはずであり，確定申告を必要としないことも多い），適切な申告を行わなければ労働者個人がサンクションを負うだけでなく，その労働者を雇用している自社のレピュテーションリスクが生じる危険性もある。

また，税務調査の告知がある場合，本業元にも関係先として調査が入る可能性がある。適切に申告をしていても税務当局が調査の必要があると認める場合

には調査対応のために数日間程度当該労働者が本業を休む必要があり，会社として
してもその予定をしておかねばならないし，当該労働者の関係先として調査に
協力する必要がある可能性もあるから，税務調査の告知があった場合は事前に
会社に報告させておくほうがよい。

⑾　貴社が私の副業に関し調査の必要があると認める場合，副業先に適宜問い
　　合わせ，副業先と労務管理（労働時間等）に関する情報の交換を行うこと
　　に予め同意します。

⑾は，自社が副業先との間で労務時間管理のために情報交換を行う必要が生
じた場合に備える事前同意条項である。

　労働者は上記(4)により副業で行った労働時間を本業元である自社に報告する
義務があるが，労働者が副業時間の過少申告を行ったり，そもそも報告自体を
懈怠する可能性は十分あり得る。

　たとえば，副業を許可している労働者が本業の就業時間中に居眠りをした
り，顔色が悪く体調があまりすぐれない様子であったりと副業が多忙で本業に
影響を及ぼしているのではないかとの疑いが生じたとしよう。他方で，労働者
本人から報告を受けている労働時間は大したことはなく，プライベートで悩み
を抱えているとか，大きな病気を抱えている等の要因はなさそうだと思われる
場合に，副業先との間で当該労働者に関する情報交換を行いたくともなんら自
社で措置を講じていなければ，個人情報保護の観点から副業先からの情報開示
は期待できない。

　このような場合に備え，あらかじめ労働者から副業先との情報交換に関する
同意を取得しておけば，副業先との情報交換を行うことが可能になりやすい
（もっとも，このような事前同意を得ていたとしても，副業先が当該労働者の情報を
開示しないことはあり得る）。

　なお，副業先との情報交換を行う情報は，当該労働者のプライバシーに対し
十分な配意が必要であること，副業先から情報を引き出しやすくするため必要
最低限の情報範囲に情報交換を留めるほうがよいのではないかと思われる。
よって，情報交換の対象を無限定にすべきではなく，たとえば，労務管理に資
する労務時間（実績）に交換する情報を絞るなど工夫が必要である。

> (12)　貴社において重大な事故やトラブル処理の必要が生じた場合など切迫した
> 事情があり，私に対する残業を命じる必要性があるときは，私は貴社にお
> ける業務を副業に優先します。

　副業を開始した後は，本業元として当該労働者に対し残業（時間外労働）を
命令することが現実的には厳しくなる。もっとも，会社としては真に必要な場
合には労働者に残業をしてもらわないといけないこともある。この点をどのよ
うに整理するかは悩ましい問題である。

　第6章3でも触れるとおり，あらかじめ副業先での所定労働日・所定労働時
間を把握した上で労働者に副業を認める以上，本業元の都合で一方的に副業の
遂行を困難にする残業命令が無制限に認められるわけではない。しかし，重大
な事故やトラブル処理の必要が生じた場合など切迫した事情がある場合は，労
働者の自由（副業）に対する配慮を超越する高度の必要性が認められる余地が
あるといえる。

　そこで，副業を許可する前提として，「重大な事故やトラブル処理の必要が
生じた場合など切迫した事情」がある場合は本業を優先するよう労働者に認識
させるべく，本項のような条項を置いたほうがよいだろう。さらに，副業先と
労働者との間で後日争いが生じないように，可能な限り労働者から副業開始前
に副業先に対し「本業において切迫した事情がある場合は副業を行うことがで
きないことがある」ことを説明させたほうが望ましいのではないかと思われる。

(ii)　守秘義務保持に関する誓約書

　企業が有するさまざまな情報は，顧客に関する情報，取引内容や取引履歴に
関する情報，ビジネスモデルやノウハウに関する情報など多様であるが，情報
自体が財貨的価値を有する場合もあれば，財貨的価値は認められなくとも直接
的または間接的に企業活動の価値や効率性を高める効用を持つこともある。情
報「資産」と言われることが多いのは，情報自体に企業が重要な価値を見出し
ているからにほかならない。そして情報資産をどのように保護していくかとい
うことが，企業にとって最重要課題であることには疑いがない。

　それゆえ，労働者の副業開始を契機に，社内の情報が外部に漏れ，または労

働者によって社内の情報が副業に不正利用されることを防がねばならない。情報資産管理という観点から，情報の漏洩を主眼に置きがちだが，特に副業においては自社の情報を不正に利用されることで自社に損害を生じるおそれについて意識しておく必要がある。

　また，副業許可手続においては，守秘義務に関する事項を副業許可申請書に記載しておくだけでなく，より一歩進めて情報管理に対する意識を労働者に徹底させ，守秘義務保持に関する誓約書に詳細な条項を置き，別途誓約内容を確認させるほうが望ましいのではないかと考えられる。

　それでは，提出を受ける守秘義務保持に関する誓約書に記載すべき条項について，本書登載のサンプル（**第3章**に掲載）を基に解説する。

第1条（秘密保持の誓約）

(1)　私は，次に示される情報（ただし，公表済みの情報は除く。以下，「秘密情報」という。）が貴社の重要な情報資産であることを認識し，貴社の書面による事前の許可なく，私自身や第三者が行う事業のために開示，漏洩もしくは使用しないことを誓約致します。

　　1　貴社顧客の住所，氏名等の顧客情報

　　2　貴社顧客と貴社との取引・提携に関する情報

　　3　貴社で実施されている営業上のノウハウ・技術に関する情報

　　4　貴社内部の財務，人事等に関する情報

　　5　貴社が特に秘密保持対象として指定した情報

(2)　前項の義務は，私が貴社を退職した後も引き続き存続することを確認します。

　秘密保持を遵守する対象を明示する，自社の秘密情報の対象範囲・内容を明確にすることは，労働者自身が，どのような情報は利用できてどのような情報は利用できないのかを判断しやすくなり，労働者の行動可能性が担保されやすくなることから，可能な限り列挙し示すほうが望ましい。

　通常は，顧客に関する属性情報，取引に関する情報，自社のノウハウ・技術に関する情報，自社の財務，人事等に関する情報をカバーしておけば十分であろう。もっとも，会社によって，情報資産の重要性をきちんと分析し，上記以外の情報であっても，特に秘密保持対象として保護すべき情報がある場合は，特に指定して守秘の対象に含めるべきであろう。

　また，労働者が退職した場合，不正競争防止法その他の法令上の定めや個別の合意がない限り，労働者が把握している自社情報資産の利用は自由に行えると受け止められる危険がある。厳密には，これは副業許可における問題ではないが，副業許可に当たって，退職後においても会社との関係で秘密保持義務が残余するようにしておくことは会社にとって重要であると考えられる。

第2条（情報へのアクセス，設備の私的利用の禁止）
　(1)　私は，貴社の業務上の目的以外で，貴社の通信ネットワークにアクセスし，ネットワーク上の情報を閲覧致しません。
　(2)　私は，貴社の什器・備品を貴社の業務上の目的以外で使用致しません。

　副業を開始した後，副業のために資する情報に不正にアクセスしようとする可能性は十分にあり得る。そこで，当然のこととしても，本業の担当業務に必要のない情報にアクセスすることを禁止する条項を置き，本業の業務執行に不必要なアクセスをさせないように意識づけさせる必要がある。

　他方，労働者の情報へのアクセス権限を必要最小限に制限して，そもそも不正なアクセスをすることができないようにすることも重要であろう。情報資産を保護する目的で情報へのアクセス権限を細かく定めたり，システム上の制約をかけている会社は大企業を除きまだ多くないのではないかと思われるが，副業解禁に合わせてシステム・情報アクセスのルールや物理的制限を設けておくほうが望ましいだろう。

　(2)は，副業を行う労働者が自社の什器・備品を本業の業務上の目的以外で使用しないことを誓約させるものである。労働者は副業開始時にインフラ面が充実しているとは限らないから，コピー機，裁断機などの高額な設備については無断借用してしまう可能性もある。この点，労働者に本業と副業の区別をきちんとつけさせ，モラルを保たせる必要がある。

第3条（調査・検査）
　私は，貴社が必要と認める場合，所持品検査や調査に進んで協力致します。私が第1条第1項各号に定める情報を貴社の書面による事前の許可なく社外へ持ち出した疑いがある場合，貴社又は貴社の委託した第三者が私の居所，持ち

物等に対する調査を行うことに予め同意します。

第4条（情報資産の返還）
　　私は，貴社が私に対し第1条第1項各号に定める情報が記載されている書類
　や電子記録媒体等（以下，「情報資産」という。）の返還を求めたときは，貴社
　による事前許可の有無にかかわらず，速やかに私及び第三者の占有する情報資
　産の一切を貴社に返還致します。

　昨今ではテレワークが当たり前に行われるようになり，労働者が自宅や会社
以外のスペースで仕事を行うために会社の情報を持ち出すことがあるが，副業
を開始した労働者により不正に自社の情報が利用されている可能性が認められ
た場合や情報漏洩が発生したときなどは，速やかに被害の拡大を抑える必要が
あることから，速やかに社外にある情報資産を可能な限り回収できるようにし
ておく必要がある。

　たとえば，副業で自社の顧客リストを不正に持ち出して利用しているような
場合は，労働者が不正利用している情報の回収を行うことで被害の拡大を軽減
することができる。

　労働者に情報資産の返還を求めようとしても，そもそもどのような情報資産
を持ち出しているか判然としないこともある。実際に問題となる局面では，不
正に利用された情報媒体は労働者のパーソナルスペースに所在する可能性が高
いが，プライバシーの問題があることから会社が勝手にパーソナルスペースに
立ち入ることはできず，労働者が調査に協力しなければ情報資産の回収は困難
である。そこで，労働者が自社の情報を事前許可なく社外へ持ち出した疑いが
ある場合には，労働者の居所や持ち物等に対する調査を行うことにあらかじめ
同意させておくほうが望ましい。

　また，そもそも許可なく情報媒体の持ち出しを行うことがないように不定期
に所持品を検査することを周知し，検査に協力することを事前に同意させて牽
制を図るとよいのではないかと思われる。少なくとも，このような調査が行わ
れる可能性を労働者が知ることで，情報資産の不正利用や情報漏洩を防止する
効果はあるのではないかと考えられる。

第5条（損害賠償）
　私が本誓約書の各条項に違反したときは，これにより貴社が被った一切の損害を遅滞なく賠償いたします。

　副業を開始した労働者の情報漏洩等に起因し自社に損害が生じた場合は，当該労働者に対し損害賠償を請求することを選択肢に含めておくべきであろう。労働者の違反行為に関し損害賠償を求めることは現在のところ一般的とまではいえず抵抗感を生じるかもしれない。たしかに，本業において不注意（過失）により情報漏洩した場合は，よほど悪質なケースでない限りその労働者個人に損害賠償請求を行うべきではないけれども，副業における情報漏洩や情報の不正利用の場合は，故意または重過失により情報を漏洩した可能性が高く，悪質性が高い場合が多いのであって，賠償請求により損害の填補が完全に図れるかはともかくとして，経済的な制裁の意味からも賠償請求を検討する必要があろう。

②　審査
　労働者から副業許可申請が提出されると，会社は許可すべきかどうかの審査を行うことになる。審査に当たっては，副業が原則として自由に行われるべきことを踏まえると，特段の事情がない限り申請を許可することが求められる。
　審査の結果，副業が競業避止義務違反に当たる等の特段の事情があると認められる場合は，その理由を明示した上で当該労働者に対し申請を受けた副業を不許可とする通知を行う必要がある（仮に不許可の理由を明示しなければ，労働者は不服を申し立てることもできず，ルールに適応した副業となるように改めて検討することもできないのである）。
　また，期限を設けず許可してしまうと，副業内容の変化，自社を取り巻く環境の変化等会社側の事情の変動に対応することが困難になるおそれもある。副業内容等の変化がある場合に労働者から報告するよう義務付けたとしても，その報告が適切に行われるという担保もない。
　そこで，許可に当たっては，許可の有効期間を許可日から1年間に区切り，毎年許可申請を提出させることが望ましい。このように副業を行う労働者に対し定期的に許可申請を義務付けることで，副業内容の変化や会社側の事情が変

動している場合に適宜対応することができる効果が期待でき，定例の審査を通じて，異常の端緒を発見することも可能となる。

⑷　許可条件履行管理
①　基本的なスタンス

許可条件の設定も重要であるが，その許可条件をどのように守らせ，遵守状況をどのように管理するかをおざなりにしていては許可条件設定の意味がない。それではどのように許可条件を履行しているかを管理していけばいいのだろうか。

会社として副業を行っている労働者をどのように管理するかを考えるとき，大きく分けると以下の2つのスタンスが考えられる。

A）労働者からの報告に基づき報告内容の確認を行うが，報告内容が明らかに不合理である場合を除き特に積極的に検証を行わない。

B）労働者からの報告に基づき報告内容の確認を行い，報告以外にも可能な限り積極的に情報を収集し，報告内容が不合理な場合のみならず，自主的に収集した情報を基に検証・管理を行う。

上記AまたはBいずれのスタンスを取るかは，自社のリソースやリスク環境により決定すべきことである。人的リソースも資金的な余裕もない場合に，Bのスタンスを徹底しようとしても現実的ではないだろう。ただし，やむを得ずAのスタンスを取る場合であっても，報告内容が不合理であることが明らかに判別できるのに積極的に検証を行わないということは企業統治の観点からもリスクマネジメントの観点からも許されない。

また，AのスタンスとBのスタンスの中庸的なスタンスを取ることも考えられる。原則としてはAのスタンスを取りつつも，企業として絶対に許容できないリスク（重要な営業上の秘密の漏洩など）を生じさせないように，各許可条件が不履行となった場合の欠陥の重大さ，発生頻度，検出可能性を検討し，管理の軽重をつける方法（リスクベースアプローチ）を採用することもあり得るのではないかと思われる。そして，人的リソースの問題だけで資金的余裕がある場合は，調査等に外部の力（アウトソーシング）を取り入れることも検討すべきである。

② 管理主体

許可条件をどのように管理するかという検討とともに，どの部署が管理の責任を負うかという観点も検討しておく必要がある。副業の管理は原則として人事部が所管すべき事柄といえるが，労働者が数万人を超える大企業などにおいて，人事部のみでその管理を精緻に行うことは極めて困難であろう。このような場合は，人事部の部・次長を責任者としつつ，副業を行う労働者が所属する部署の長等を補助責任者として定め，条件不履行の端緒を発見することや簡易なモニタリングについては副業を行う労働者が所属する部署において行うことも考えられる。また，社内において常時モニタリングを専門とし，モニタリングの知見と経験が豊富な部署（例：監査部や検査部）が存在する場合は，不正調査の前段階であるモニタリングから協力を仰ぐこともあり得る。

③ **管理手法**

(ⅰ) **報告受領**

管理の基本は，許可条件で設定したとおりに労働者からの適切な報告を適宜徴求することである。報告を受けた場合，単に報告を受領しておしまいとせず，適宜労働者に返信を行うなどし，労働者に対し内容確認を行っている姿勢を見せておくことが大切である。

(ⅱ) **オフサイトモニタリング**

人事部が労働者から受領した報告書やその他の手段で許可条件の履行状況に疑義があると判断した場合，効率性の観点からまずはオフサイトでモニタリングを実施するべきである（許可条件の不履行が明らかな場合は，速やかに許可の取消しや懲戒処分を行うべきであろう）。

たとえば，人事部から労働者に対し住民税決定通知を交付する際，その内容を確認すれば，当初報告を受けていた副業内容からして不自然なほど多くの副業収入が発生していることに気がつくことも可能である。

このように，人事部や所属長において，労働者が本来会社に対し報告すべきイベントが発生した可能性があることに気がつけるよう，「気づきのケース」を事前に洗い出しておき，オフサイトでモニタリングを継続実施し，その都度労働者に注意喚起を行うことも必要であろう。

(ⅲ)　オンサイトモニタリング

　自社に監査部や検査部のような内部監査を担当する部署がある場合，個別監査の調査事項に副業に関する許可条件の履行についての確認を含め，各現場において許可条件が履行されているかを可能な限り検証するべきである。もちろん，副業先でどのような事業に従事しているかを詳細に把握することは困難であろうが，労働者への詳細なインタビューや周囲の労働者へのヒアリングを通じ不審な点をあぶりだしたり，防犯ビデオの映像などから会社の什器が副業のために不正に利用されていないかなどを確認することはできる。

　自社にそのような部署がない場合，人事部員や所属長に許可条件の履行状況を可能な限り確認させておくほうがよいだろう（どのようなことに注目して検証すべきかを検証者が迷わないようにチェックリストをつくっておくことも有益である）。

(ⅳ)　**許可条件履行状況についての経営陣への報告**

　副業を許可した後，自社にどのようなリスクが生じるのかについてはすでに述べたが，経営陣としては副業にまつわるリスクがきちんと人事部によりコントロールされているかを確認すべき責務がある。この点，取締役としての善管注意義務（会社法 330 条，民法 644 条）の一内容とまではいえないかもしれないが，少なくとも時代の変化に応じ，副業が当然のように行われるようになったことによるリスクの内容をきちんと理解し，自社のリスク状況を把握することは取締役としての責務である。

　そこで，人事部としては，人事部担当役員に対し，副業に関する許可条件の履行状況について確認した結果を取りまとめ，定期的に報告を行うべきである。もちろん，リスクが顕在化した場合は，定期的な報告を待たず速やかに報告を行う必要があり，人事部担当役員は必要に応じ取締役会にその内容を報告すべきであろう。

コラム 第5話——「どういう人が副業をするの？」

　おなじみ，とある会社の人事部部員の楓美子と羽佐間瞬の会話をお送りします。

楓「副業って，本当のところ管理職と平社員と，どっちがやりやすいんだろ？」

羽佐間「一概に二分はでけへんけど，それぞれのプラマイがあるわな。めっちゃ一般論やけど，平社員やと，今この瞬間こいつがおらんとビジネスが進められへん！　てことになる可能性は，管理職に比べれば低いやろ。偉くなればなるほど，社長から急ぎの電話がかかってくるのに出られへんていうのでは，社長が決断でけへんでビジネスが進められへんてことがあるかもしらんで。ただ，時間のマネジメントでいうと，平社員は上司の指示に従いながら仕事することになるやろから，いつどの仕事をやってどこに時間を空けられるか，自分で全部決められへんかもな。偉くなればなるほど，自分でいろんなことの時間を決められるようになるから，そういう意味では副業を入れやすいかもな」

楓「そう言われると，私も，フレックスタイムだからって，完全に自分で働く時間を決められてるわけじゃないわ。桐原部長と相談してる。でも，うちの会社では，管理職で副業申請してる人はあまりいないわよね」

羽佐間「そうやな。完全に俺の個人的な推理やけど，年功序列で考えると管理職になってる人らはそれなりに年いってることになるし，本業以外にも働くのはしんどいとか，給料に満足してるとか，今から新しいこと始めるのは大変やとか，サラリーマンは24時間働くもんやからよそで仕事してる暇はないはずやって世代やとか，いろいろあるのかもな。でも，有名企業の役員やったりすると，よその会社から社外取締役になって経営にアドバイスください，みたいな誘いもあったりするみたいやで」

楓「え～，それってちゃんと会社に申請して許可取ってるのかな？　でもそういうのって，会社での経験を利用するわけよね？　この間ちょうどそういう質問を受けたの」

羽佐間「そのへんは会社の考え方次第やけど，マーケティングの人間が経験を活かしてコンサルみたいなことやりたいとかいうのは実際あるわな。1人の人間をいっぱしのマーケターに育てるには，会社は多大なコストをかけてきてるわけやからなあ，強く推奨してるとこやないと簡単には認められんかもな。うちは副業を推奨してるし，新しい環境でさらにマーケティングのスキルが養われる可能性

もあるし，OK なんちゃうか」

楓「そうよね！　そんな感じで答えたような気がする」

羽佐間「（おいおい大丈夫か）部署によっては，結構な秘密にかかわるから，それを利用されるのはまずいってことで，会社としては副業を認めづらいということもあるかもな。もちろん副業の内容によるけど」

楓「うん。副業で農業をやるのに，M&A の情報を持ってたって使わないわよね，絶対！（あれ，どや顔したけど微妙なたとえかも）」

羽佐間「（微妙なたとえやなあ。逆にわかりにくくなったんちゃうか）」

第5章　本業／副業の労働時間管理に関する考え方

1　労働時間管理の原則

(1)　労働時間管理・把握義務

①　1日8時間，1週40時間

　労働基準法では，労働時間は1日8時間，1週40時間と定められおり（「法定労働時間」労働基準法32条1項），完全週休2日制を想定している。労働時間が長すぎる，休息を十分にとれないといった事態は，労働者の過労をもたらすことになるからである。就業規則において法定労働時間を超える所定労働時間を定めた場合，超えた部分は無効となり，法定労働時間に修正される（労働契約法13条）。

　なお，1週間とは，就業規則その他に別段の定めがない限り，日曜日から土曜日までのいわゆる暦週をいう。また，1日とは，午前0時から午後12時までのいわゆる暦日をいうものであり，継続勤務が2暦日にわたる場合には，たとえ暦日を異にする場合でも一勤務として取り扱い，当該勤務は始業時刻の属する日の労働として，当該日の「1日」の労働とする（昭和63年1月1日基発第1号）。

　労働時間は，使用者の指揮命令下に置かれている時間を厳密に算定する必要があり，それを超える労働については，労働基準法36条・37条の手続が必要となる。労働者が，法定労働時間を超えて労働した場合，使用者は，労働者に対し，割増賃金を支払う必要がある。割増賃金の支払いが，法定労働時間を超えて労働させる長時間労働に対して抑制機能を果たしている。

②　労働時間管理・把握に関する法律の考え方

　使用者による長時間労働の放置，黙認などが起こらないよう，厚労省では，

「労働時間の適正な把握のために使用者が講ずべき措置に関するガイドライン」（平成 29 年 1 月 20 日）を公表している。同ガイドラインでは，労働時間管理・把握は，使用者の義務であり，タイムカードや ID カード，PC ログといった客観的な手法で把握することが求められている（労働時間の適正把握義務）。労働時間を労働者本人による自己申告制とする運用方法も，具体的な申告ルールを定めることで例外的に認められているが，この場合であっても，使用者は労働時間を適正に把握する必要がある。

(2) 労働時間の通算制（副業を行う際の労働時間の通算）──法律の考え方
副業に関しては，労働基準法 38 条に従う必要がある。

① 本業＋副業の場合の法律上の労働時間規制
(i) 労働基準法 38 条「事業場を異にする場合」の解釈

労働時間に関する規定は，前述のとおり長時間労働から労働者を保護するためのものであるから，同一使用者の複数の事業所で就労する場合，「事業場を異にする場合」に該当し，労働時間を通算する必要がある（労働基準法 38 条）。さらに，昭和 23 年 5 月 14 日基発 769 号，令和 2 年 9 月 1 日基発 0901 第 3 号「副業・兼業の場合における労働時間に係る労働基準法第 38 条第 1 項の解釈等について」では，「事業場を異にする場合」には，事業主を異にする場合も含むと記載されている。

そこで，行政解釈に従えば，副業解禁に当たり，本業＋副業が「事業場を異にする場合」に該当するとして，使用者としては，双方の労働時間の通算を行う必要の有無を確認しておく必要が生じる。業務委託を受けて副業を行う場合など，副業先での働き方によっては「労働時間」に該当しないこともあるため，いかなる場合に，「事業場を異にする場合」に当たるのか，以下，令和 2 年 9 月 1 日基発 0901 第 3 号および第 4 号別添「副業・兼業の促進に関するガイドライン」（以下「厚労省ガイドライン」という）を踏まえて解説する。

また，実際に労働時間を「通算」する必要がある場合においても，使用者が副業先の労働時間を正確に把握することは困難を伴う。前述の労働時間の適正把握義務との関係では，使用者は，副業する労働者に対し，誠実に副業先での労働時間を申告させることにより，適正に把握する必要がある。

（ⅱ）「事業場を異にする場合」に当たらない場合──雇用以外

　労働基準法が適用されるのは同法の「労働者」に該当することが前提であるため，「労働者」に該当しないフリーランス，独立，起業，共同経営，アドバイザー，コンサルタント，顧問，理事，監事等を副業として行う場合については，「事業場を異にする場合」に該当せず，使用者は副業先の労働時間を通算する必要はない。

　ただし，フリーランスの場合，請負契約，委任契約，業務委託契約等に基づく場合であっても，契約の内容，労務提供の形態，報酬その他の要素から個別の事案ごとに総合的に判断した結果，実質的には相手方の指揮命令下に置かれていたと評価され，労働基準法上「労働者」に該当することもあるので注意が必要である（令和3年3月26日内閣官房・公正取引委員会・中小企業庁・厚生労働省「フリーランスとして安心して働ける環境を整備するためのガイドライン」）。

（ⅲ）「事業場を異にする場合」に当たらない場合──労働基準法41条

　農業・畜産業・養蚕業・水産業，管理監督者・機密事務取扱者，監視・断続的労働者は，労働者の従事する業務の性質上，労働時間の規制を適用することが適当でないため，労働基準法38条1項の適用を受けない（同法41条）。また，高度プロフェッショナル制度においても同様である。

・管理監督者

　経営者と一体的な立場にあり，一般労働者と同様の労働時間規制になじまず，勤務や出退者について自由裁量をもつため，厳格な労働時間規制がなくても保護に欠けることはないと考えられている。「管理監督者」に該当するか否かは，部長・課長といった役職の名称だけに捉われず，実態に即して，雇用管理・処遇・責任の面で，明確に一般労働者とは区別されているといえるか判断する必要がある（昭和22年9月13日基発17号，昭和63年3月14日基発150号）。いわゆる名ばかり管理職の問題で，未払い残業代請求が認められたケースもある（東京高判平成30年11月22日コナミスポーツクラブ事件など）。

・機密事務取扱者

　秘書その他職務が経営者または監督もしくは管理の地位にある者の活動と一体不可分であって，出社退社等についての厳格な制限を受けない者をいう（昭和22年9月13日基発第17号）。

・監視・断続的労働者

　原則として，監視労働者とは一定部署にあって監視するのを本来の業務とし，常態として身体または精神的緊張の少ない者をいう。交通関係の監視，車両誘導を行う駐車場等の監視等精神的緊張の高い業務やプラント等における計器類を常態として監視する業務，危険または有害な場所における業務は該当しない。

　また，断続的労働者とは，休憩時間は少ないが手待時間が多い者の意であり，修繕係等通常は業務閑散であるが，事故発生に備えて待機する者，寄宿舎の賄人等については，その者の勤務時間を基礎として作業時間と手待時間折半の程度までかつ実労働時間の合計が8時間の者をいい，これも危険な業務は該当しない（昭和63年3月14日基発第150号）。

・高度プロフェッショナル制度

　高度の専門的知識等を有し，職務の範囲が明確で一定の年収要件を満たす労働者を対象とし，労使委員会の決議および労働者本人の同意を前提として，年間104日以上の休日確保措置や健康管理時間の状況に応じた健康・福祉確保措置等を講ずることにより，労働基準法に定められた労働時間，休憩，休日および深夜の割増賃金に関する規定を適用しない制度をいう（労働基準法41条の2，厚生労働省・都道府県労働局・労働基準監督署「高度プロフェッショナル制度わかりやすい解説」。本書**第1章**参照）。

(iv) 「事業場を異にする場合」に当たり，労働時間が通算された場合に適用される規制の内容

　厚労省ガイドラインによれば，労働時間を通算した結果，労働基準法上の義務を負うのは，当該労働者を使用することにより，法定労働時間を超えて当該労働者を労働させるに至った（すなわち，それぞれの法定外労働時間を発生させた）使用者となる。厚労省ガイドラインは，主に，後から労働契約を締結した使用者において，法定外労働時間が発生することを前提とした内容が記載されている。

　使用者の労働基準法上の義務は，自社が法定労働時間を超える場合に負うものと同じで，時間外労働を命じるには36協定の締結・届出および割増賃金の支払い（同法36条，37条）が必要となる。また，時間外労働と休日労働の合計

で単月 100 時間未満，複数月平均 80 時間以内の要件（同法 36 条 6 項 2 号，3 号）については，労働者個人の実労働時間に着目し，当該個人を使用する使用者を規制するものであり，その適用において自らの事業場における労働時間および他の使用者の事業場における労働時間が通算されるため，使用者としては，副業先の労働時間を適正に把握する必要がある。

　もっとも，36 協定により延長できる時間の限度時間（同条 4 項），36 協定に特別条項を設ける場合の 1 年についての延長時間の上限（同条 5 項）については，それぞれの事業場における時間外労働が 36 協定に定めた延長時間の範囲内であるか否かについて確認するため，副業先の労働時間と通算されない。

⒱　副業形態に応じた考え方

　以上を整理すると，使用者は，労働者が副業先で非管理監督者として労働契約を締結する場合は労働時間を通算して管理する必要が生じるが，副業先での立場が管理監督者，雇用型執行役員，委任型執行役員，取締役等，自営業である場合，労働時間を通算して管理する必要はない。このことは，副業先から本業元を見た場合も同じである。したがって，本業元・副業先双方の使用者は，自社と労働者が，副業先・本業元の労働者で，かつ，非管理監督者であるかどうか確認する必要がある。

　もっとも，適正把握義務との関係では，過労等により業務に支障をきたさないよう，労働者からの申告等により就業時間を把握すること等を通じて，就業時間が長時間にならないように配慮することが望ましい。

　また，労働者は，労働契約上，使用者に対し，職務専念義務，誠実労働義務を負うため，副業により本業の労務提供上の支障がある場合，業務上の秘密漏洩のおそれがある場合，本業の競業先である場合，本業元の名誉・信用が損なわれる場合は，副業が禁止される合理的理由がある。したがって，使用者が，労働者に対し，副業の期間，副業先の就労形態や業務内容がわかる程度の書類を要請することは合理的な措置といえる（詳細は本書**第 4 章**等）。

2　労働時間の通算方法

⑴　実例（厚労省ガイドラインＱ＆Ａより）

⒤　Ａ社と「所定労働時間８時間」を内容とする労働契約を締結している労働者
　が，Ａ社における所定労働日と同一の日について，Ｂ社と新たに「所定労働時
　間５時間」を内容とする労働契約を締結し，それぞれの労働契約のとおりに労
　働した場合

　Ａ社の所定労働時間は８時間であり，法定労働時間内の労働であるため，Ａ
社には割増賃金の支払義務がない。Ｂ社での労働時間はすべて８時間を超える
ため，Ｂ社において36協定の締結・届出が必要となるほか，Ｂ社は当該社員
に割増賃金を支払う必要がある。

⒥　Ａ社と「所定労働日は月曜日から金曜日，所定労働時間８時間」を内容とす
　る労働契約を締結している労働者が，Ｂ社と新たに「所定労働日は土曜日，所
　定労働時間５時間」を内容とする労働契約を締結し，それぞれの労働契約のと
　おりに労働した場合

　Ａ社での１日の労働時間は８時間，１週間の労働時間は40時間となり，法
定労働時間内の労働であるため，Ａ社には割増賃金の支払義務がない。日曜
日から土曜日の暦週で考えると，土曜の労働はすべて法定時間外労働となるた
め，Ｂ社において36協定の締結・届出が必要となるほか，Ｂ社は当該社員に
割増賃金を支払う必要がある。

⒦　Ａ社と「所定労働時間４時間」という労働契約を締結している労働者が，新
　たにＢ社と，Ａ社における所定労働日と同一の日について，「所定労働時間４時
　間」という労働契約を締結し，Ａ社で５時間労働して，その後Ｂ社で４時間労
　働した場合

　Ａ社での１日の所定労働時間は４時間，Ｂ社での１日の所定労働時間も４時
間であり，通算すると１日の所定労働時間は８時間で，このとおりの労働であ
れば法定労働時間内の労働となる。しかし，これを超えてＡ社が当該社員を
さらに１時間働かせるためには，Ａ社において36協定の締結・届出が必要と
なるほか，通算して８時間を超えて労働させたＡ社は，超えた１時間分につ

き割増賃金を支払う必要がある。

(ⅳ)　A社と「所定労働時間3時間」という労働契約を締結している労働者が，新
　　たにB社と，A社における所定労働日と同一の日について，「所定労働時間3時
　　間」という労働契約を締結し，A社で5時間労働して，その後B社で4時間労
　　働した場合

　A社での1日の所定労働時間は3時間，B社での1日の所定労働時間も3時
間であり，通算すると1日の所定労働時間は6時間で，このとおりの労働であ
れば法定労働時間内の労働となる。また，A社での労働が2時間延長したと
しても，通算すると1日の労働時間は8時間で，法定労働時間内の労働とな
り，A社は36協定の締結，割増賃金の支払いともに不要となる。一方で，こ
れを超えてB社が当該社員をさらに1時間働かせるためには，B社において
36協定の締結・届出が必要となるほか，通算して8時間を超えて労働させた
B社は，超えた1時間分につき割増賃金を支払う必要がある。

(2)　実例の考え方

　このように，労働時間を通算した結果，本業元，副業先とも法定労働時間を
超えて当該労働者を労働させるに至れば，それぞれ36協定の締結・届出およ
び割増賃金の支払いが必要になる。これは，本業元，副業先が正社員，非正規
の社員（契約社員，アルバイト等）であっても同じであり，後から労働契約を締
結する副業先の使用者のみならず，副業先の労働時間を知った上で時間外労働
を命じる本業元の使用者も注意が必要となる。

　また，前述のとおり，通算しない場合であっても，過労等により業務に支障
をきたさないよう，対象者からの申告等により就業時間を把握すること等を通
じて，就業時間が長時間にならないように配慮することが望ましい。

　そして，本業元・副業先，いずれも他方の労働時間を自社が直接把握するこ
とは現実的でないため，他方の労働時間については，労働者からの自己申告に
委ねることになる。たとえば月に1回，1日単位の労働時間の報告を義務付け
るといった方法がある。労働者は使用者に対し誠実義務を負うこととの関係で
このような申告義務があるとしても，本業元・副業先の使用者が他方で労働者
が得た収入を知るきっかけにもなるため，労働者から正しい申告があるとは到

底期待できない。

　厚労省ガイドラインでは，このような問題に対処するため，新たに管理モデルという労働時間の管理方法を取り上げている（詳細は**第7章**）。

　また，厚生労働省では，すべての事業主のために47都道府県に「働き方改革推進支援センター」を設けている。ここでは，具体的な労働時間の通算方法について，相談することができる。

【豆知識】本業と副業

　一言で副業といっても，収入を補填するために副業・兼業をせざるを得ないといった場合もあれば，高い能力を活かして本業元以外でも活躍するといった場合もあり，さまざまな事態が想定される。また最近では，特に専門的な職種の場合，使用者側が，労働者に対し，副業でもよいから自社で働いてほしいとアプローチすることもある。この場合，労働者にとっての副業は，当初は後から締結する当該使用者との労働契約となるかもしれないが，次第に当該使用者の職場で働く割合が増える可能性も高く，副業先が本業元に変わっていくこともあり得る。

＜参考文献＞

・紺屋博昭「特集2　副業・兼業推進と労働法の課題―あるいは新たな法領域における規制見通し―」労働調査（2019年4月号）
・副業・兼業の場合の労働時間管理の在り方に関する検討会「副業・兼業の場合の労働時間管理の在り方に関する検討会報告」（2019年8月8日）
　https://www.mhlw.go.jp/content/11201250/000536311.pdf
・國武英生「新たな働き方と労働時間管理――副業・兼業，テレワークを中心に」ジュリスト1553号（2021年1月号）

第6章　副業と労働時間，残業，休日，休暇，休業に関する法的問題点

　本章では，一般的に柔軟な働き方といわれるフレックスタイム，裁量労働，在宅勤務などの制度をとる場合の労働時間管理のほか，副業する労働者と使用者の利害が対立した場面を想定した法的問題点について述べる。

1　通常／フレックス／裁量労働制と時間管理

(1)　通常勤務と副業時間通算
　第5章で述べたとおり，本業元・副業先ともに通常勤務の場合，1日8時間，1週40時間の原則となるため，**第5章1(1)**の考え方に従い，労働時間を通算すればよい。

(2)　フレックスタイム制と副業時間通算
　フレックスタイム制とは，労働者が日々の始業・終業時刻，労働時間を自ら決めることによって，生活と業務との調和を図りながら効率的に働くことができる制度のことをいう。

　フレックスタイム制の下では，1日8時間，1週40時間の原則の考え方は用いず，清算期間（上限3カ月間）における総労働時間と同期間中の実労働時間を比べて，後者のほうが上回る場合に初めて，超過分に対する割増賃金が発生するという扱いをする。すなわち，1日8時間を超えて働いたとしても，その超過分は直ちに時間外労働とならないのである。

　厚生労働省「副業・兼業の促進に関するガイドライン」（以下「厚労省ガイドライン」という）等では特に示されていないが，労働時間の通算制を定めた労働基準法38条1項の趣旨は，長時間労働の抑制である。1日の労働時間を基準に通算しなければ長時間労働の抑制にはつながらない。したがって，本業元がフレックスタイム制であっても，労働基準法38条1項との関係では，1日

の実労働時間を通算すべきである。たとえば，本業元のフレックスタイム制で
9時～18時まで働く労働者が，その日のうちに副業先で1日3時間働く場合，
本業元の勤務が清算期間中の初旬であっても終盤であっても，副業先の労働は
常に時間外労働として扱われると考えることになる。

　一般的に，フレックスタイム制は副業になじむといわれている。それは，た
とえば，労働者自らが，「この日は本業元で6時間働き，残りの時間を副業先
で働く」というように柔軟に調整できるからである。本業元の1日の所定労働
時間が8時間だとすると，6時間しか働かなかった場合であっても，それだけ
でその日が早退扱いで賃金控除の対象となることはない。労働者は，本業元で
賃金控除が行われないままその日の残りの2時間を自由に使い，副業に充てる
ことができる。

　このように，労働者にとっては柔軟な対応ができるものの，労働時間の申告
義務との関係での負担は変わらないし，使用者側からすれば，前述のとおり，
後から労働契約を締結する副業先において「労働時間の適正把握」の負担が大
きくなってしまう。

(3)　裁量労働制と副業時間通算

　裁量労働制とは，業務の性質上，業務遂行の手段や方法，時間配分等を大幅
に労働者の裁量に委ねる必要がある業務として厚生労働省令および厚生労働大
臣告示によって定められた業務の中から，対象となる業務を労使で定め，労働
者を実際にその業務に就かせた場合，労使であらかじめ定めた時間働いたもの
とみなす制度をいう。この制度を使い，あらかじめ定めた労働時間が9時間だ
とした場合，実際に働く時間が1日3時間であっても10時間であっても，1
日の労働時間は9時間となる。

　裁量労働制には，請負的性格が強く労働時間よりも成果で評価されるべき性
質を持つ19の業務（①新製品，新技術の研究開発，人文・自然科学の研究，②情
報処理システムの分析・設計，③新聞・出版の記事の取材・編集，放送番組制作の
ための取材・制作，④衣服・室内装飾・工業製品・広告等のデザインの考案，⑤放
送番組・映画等のプロデューサー・ディレクター，⑥コピーライター，⑦システム
コンサルタント，⑧インテリアコーディネーター，⑨ゲーム用ソフトウェアの創
作，⑩証券アナリスト，⑪金融商品開発，⑫大学における教授研究，⑬公認会計

士，⑭弁護士，⑮建築士（一級建築士，二級建築士および木造建築士），⑯不動産鑑
定士，⑰弁理士，⑱税理士，⑲中小企業診断士）を対象とした専門業務型裁量労
働制（労働基準法38条の3）と，事業運営上の重要な決定が行われる企業の本
社などにおいて企画，立案，調査および分析を行う労働者を対象とした企画業
務型裁量労働制（同法38条の4）がある。

　本業元または副業先，本業元および副業先が裁量労働制を採用している場
合，1日の労働時間をあらかじめ定めた労働時間として通算してもよいとする
見解もある。しかし，フレックスタイム制と同じで，労働基準法38条1項の
趣旨は長時間労働の防止にあるので，あらかじめ定めた労働時間ではなく，実
労働時間を基準に労働時間の通算をする必要がある。それゆえ，本業元や副業
先から見れば，労働時間通算の事務負担が煩雑になる。

(4)　本業元が在宅勤務である場合における副業労働時間の法的考え方

　在宅勤務は，労働者が自宅で業務を行うことをいい，就労場所が使用者の事
業所でないだけであり，労働時間に関する規制とは別で考える必要がある。

　在宅勤務とする場合，その中でさらに通常の労働時間とするか，フレックス
タイム制や裁量労働制といった例外的な労働時間の制度を採用するか，使用者
側でメリット・デメリットを比較検討し，いずれの方法で労働時間を管理する
か検討する必要がある。

①　在宅勤務における労働時間の適正把握義務──始業・終業時刻

　在宅勤務は出社しないため，使用者は，IDカードやタイムカードでの打刻
ではなく，Eメール，チャット，勤怠管理システム，電話などで始業・終業時
刻を把握することになる。中でも，Eメールやチャットは一斉送信により報告
を行うことができ，手間がかからない。さらに，「オンライン表示」等常時通
信可能な状態にしておけば，その報告すら不要とすることができる場合もある。

　通勤時間が不要となる分，通常より早く業務を開始することも考えられる
が，所定の始業時刻が決まっている場合，始業時刻を早めることにつき，あら
かじめ運用ルールを定めておく必要がある。

②　在宅勤務における労働時間の適正把握義務——中抜け時間

在宅勤務の場合，自宅で育児・介護等の用事をすることもあり，中抜けの時間が生じる可能性があるため，一時的な業務の中断を認める場合，中断についても事前・事後に報告させることなど，あらかじめ運用ルールを定めておく必要がある。

③　在宅勤務における業務遂行状況の把握

前述のようなやむを得ない事由による中抜けではなく，所定労働時間中に適正に業務に従事しているかどうか，簡単にいえば，仕事をさぼっていないかどうか確認が必要な場面も生じる。ただし，これは出社していても同じであり，労働時間との関係でいえば，所定労働時間中である以上，通常は労働時間とせざるを得ない。業務遂行状況を把握するための方法として，労働時間（在席）中は常に電話連絡ができる状態とすること，テレワークのパソコン作業の画面が閲覧できる状態にするなどが挙げられる。これも運用ルールとして定めておくほうがよい。

最近は，パソコンを使用しているときであれば「オンライン表示」となるようなシステムを利用する会社も増えてきており，このようなツールであれば，労働時間の把握のみならず，業務遂行状況の把握も実施しやすい。

⑸　各制度の導入方法

フレックスタイム制度，裁量労働制度，在宅勤務制度は，いずれも労働者にとっては柔軟な働き方を認めることになるため，副業を解禁するために，これらの制度を採用することも考えられる。その上で，前述した労働時間の管理の煩雑さについては，「管理モデル」という手法で対処することが考えられる（本書**第7章**）。

なお，厚生労働省が公表する「令和2年就労条件総合調査」では，フレックスタイム制度を採用する企業は6.1％にとどまっている。また，裁量労働制度については，専門業務型裁量労働制度を採用する企業が1.8％，企画業務型裁量労働制度が0.8％となっており，いずれも柔軟な働き方として話題になっているものの，採用企業割合は少ない。

①　フレックスタイム制度

　フレックスタイム制を導入する際には，就業規則その他これに準ずるものにより，始業および終業の時刻を労働者の決定に委ねる旨を定める（労働基準法32条の3第1項）ほか，労使協定で，①対象となる労働者の範囲，②清算期間（1カ月を超える清算期間を設定した場合は有効期間も含む），③清算期間における総労働時間（清算期間における所定労働時間），④標準となる1日の労働時間を定める必要がある。さらに，⑤必ず勤務を要する時間帯（コアタイム）と⑥そうでない時間帯（フレキシブルタイム）を定める場合，これも労使協定で定める必要がある。労使協定は，各事業場単位で事業場に労働者の過半数が加入する労働組合があれば当該労働組合と，当該労働組合がなければ，労働者の過半数を代表する者との間で締結することになる（同法32条の3）。1カ月を超える清算期間を設定した場合，労働基準監督署長への労使協定の届出が必要となる（同法32条の3第4項，同法32条の2第2項）。

　以上がフレックスタイム制の導入手順であるが，労使協定の締結・届出はフレックスタイム制度を労働基準法上適法とする効果しか有さず，同制度に基づく労働を労働者に命じ，割増賃金を支払うようにするには，労使協定で定めた事項について，労働協約・就業規則に記載し，労働契約の内容としておく必要がある（労働者の個別同意までは不要である）。

②　裁量労働制度

　専門業務型裁量労働制は，原則として，①制度の対象とする業務，②対象となる業務遂行の手段や方法，時間配分等に関し労働者に具体的な指示をしないこと，③労働時間としてみなす時間，④対象となる労働者の労働時間の状況に応じて実施する健康・福祉を確保するための措置の具体的内容，⑤対象となる労働者からの苦情の処理のため実施する措置の具体的内容，⑥協定の有効期間（※3年以内とすることが望ましい），⑦④および⑤に関し労働者ごとに講じた措置の記録を協定の有効期間およびその期間満了後3年間保存することを労使協定により定め，所轄労働基準監督署長に届け出る必要がある（労働基準法38条の3第1項，第2項）。

　労使協定の締結・届出は専門業務型裁量労働制度を同法に基づき適法とする効果しか有さず，同制度に基づく労働を労働者に命じ，割増賃金を支払うよう

にするには，労使協定で定めた事項について，労働協約・就業規則に記載し，労働契約の内容としておく必要がある。法律上は，対象労働者の個別の同意は不要であるものの，実際には，適用に当たって本人から意見聴取を行い（昭和63年1月1日基発1号），本人の同意を得るようにすることが多い。

　次に，企画業務型裁量労働制は，①対象となる業務の具体的な範囲（「経営状態・経営環境等について調査及び分析を行い，経営に関する計画を策定する業務」などであり，すべてのホワイトカラーの業務が該当するわけではない），②対象労働者の具体的な範囲（「大学の学部を卒業して5年以上の職務経験，主任（職能資格○級）以上の労働者」など），③労働したものとみなす時間，④使用者が対象となる労働者の勤務状況に応じて実施する健康および福祉を確保するための措置の具体的内容（「代償休日又は特別な休暇を付与すること」など），⑤使用者が対象となる労働者の勤務状況を把握する際，健康状態を把握すること，⑥使用者が把握した対象労働者の勤務状況およびその健康状態に応じて，対象労働者への企画業務型裁量労働制の適用について必要な見直しを行うこと，⑦使用者が対象となる労働者の自己啓発のための特別の休暇の付与等能力開発を促進する措置を講ずること，⑧苦情の処理のため措置の具体的内容（「対象となる労働者からの苦情の申出の窓口及び担当者，取扱う苦情の範囲」など），⑨本制度の適用について労働者本人の同意を得なければならないことおよび不同意の労働者に対し不利益取扱いをしてはならないこと，⑩企画業務型裁量労働制の制度の概要，企画業務型裁量労働制の適用を受けることに同意した場合に適用される評価制度およびこれに対応する賃金制度の内容並びに同意しなかった場合の配置および処遇について，使用者が労働者に対して明示して当該労働者の同意を得ることとすること，⑪企画業務型裁量労働制の適用を受けることについての労働者の同意の手続（書面によることなど），⑫対象となる労働者から同意を撤回することを認めることとする場合には，その要件および手続，⑬決議の有効期間（3年以内とすることが望ましい），⑭委員の半数以上から決議の変更等のための労使委員会の開催の申出があった場合は，決議の有効期間の中途であっても決議の変更等のための調査審議を行うものとすること，⑮企画業務型裁量労働制の実施状況に係る記録を保存すること（決議の有効期間中およびその満了後3年間），⑯使用者が，対象となる労働者に適用される評価制度およびこれに対応する賃金制度を変更しようとする場合にあっては，労使委員会に対し

　事前に変更内容の説明をするものとすることを労使協定により定め，所轄労働
基準監督署長に届け出る必要がある（労働基準法38条の4）。
　労使協定の締結・届出は企画業務型裁量労働制度を同法に基づき適法とする
効果しか有さず，同制度に基づく労働を労働者に命じるようにするには，労使
協定で定めた事項について，労働協約・就業規則に記載し，労働契約の内容と
しておく必要がある。専門業務型裁量労働制度と異なり，労使協定の内容⑨に
おいても対象労働者本人の同意取得を要件としており，就業規則による包括的
な同意では足りず，個別に同意を得る必要がある。また，みなし労働時間を超
える分については，割増賃金を支払う必要がある。
　しかし裁量労働制の下で使用者の指揮命令を行うなど，制度を逸脱するよう
な運用がある場合，制度自体が無効となり，1日8時間の法定労働時間を基準
とした多額の割増賃金が発生することもあるので，注意が必要である。

③　在宅勤務制度の導入

　在宅勤務制度は，前述のとおり労働時間の規制とは別個の制度であるため，
労働基準法上適法とするために労使協定の締結・届出が必要となるわけではな
い。しかし，同制度に基づく労働を労働者に命じるためには，就業規則に定め
る必要があるし，労働組合や従業員代表との合意を行うなど，労働者との合意
形成が求められる。
　就業規則には，対象業務や対象者の範囲，労働時間，休憩時間，所定休日，
時間外および休日労働，欠勤等，業務開始・終了の報告，業務報告，連絡体制
のほか，事業所での勤務と異なる取扱いをする事項（業績評価・人事管理等，通
信費・情報通信機器等の費用負担，在宅勤務制度に関する社内教育の受講など）を
定めておく必要がある。さらに，使用者は労働契約締結に際し，就業場所を明
示しなければならないため（労働基準法施行規則5条2項），労働条件通知書に
就業場所として労働者の自宅を記載する必要がある。
　在宅勤務制度については，厚生労働省から，「情報通信技術を利用した事業
場外勤務の適切な導入及び実施のためのガイドライン（平成30年2月22日基
発0222第1・雇均発0222第1）」や「テレワーク導入のための労務管理Q＆A
集」が公表されている。

2　労働時間の把握方法に関する法律上の問題点

⑴　使用者による副業（本業）内容の把握

　本業元と副業先のいずれも，副業を行う労働者の労働時間が労働時間通算の対象となるか否かを確認する必要があるため，また前述のとおり副業内容が合理的なものかどうか判断するため，いずれにおいても，本業元・副業先との労働契約内容を把握しておく必要がある。

　したがって，副業を許可制・届出制いずれにするかにかかわらず，労働者に対しては本業元または副業先との契約内容を事前に申告させ，さらに労働契約の場合であれば所定労働日，所定労働時間，始業・終業時刻，所定外労働の有無・見込み時間数を報告するよう求めることができると考える。

　もっとも，本業元・副業先と契約書を締結しているケースは少ない（一般的には，採用時に労働条件通知書を交付し，以降は就業規則を適用することが多い）ため，本業元であれば，使用者側で，あらかじめ副業に関する情報を求める申請書または届出書を用意しておくべきである。一方，副業先であれば，通常は就労するに当たり面接などを実施するため，履歴書や職務経歴書を提出させるほか，面接の際に，本業元との契約が雇用契約である場合は，就労形態を質問しておくことが想定される。

　本業元の使用者としては，就業規則において「本業の労務提供上の支障がある場合」は副業を許可しないと定めておき，その上で，「副業は週1日以上の休日が確保されるものであること」「勤務前に○時間の休息時間を設けること」「副業により1日・週の労働時間が○時間以上になる場合は長時間労働により本業の労務提供に支障をきたすおそれがあるため，許可しない」など，社内で副業許可条件に関するハンドブックなどを策定しておく必要がある。

　また，副業が開始されてからも，労働者に対し，副業先における1カ月の労働時間を定期的に報告するよう求めるようにし，本業の労務提供上の支障がみられる以上，本業元としては，労働者に対し，副業先での就労状況を確認しながら，労働者の長時間労働に配慮する必要がある。仮に，ハンドブックに定めた労働時間に満たない場合であっても，本業における労務提供上の支障の原因が副業先での就労だと考えられる状況においては，本業元としては，副業先での就労を制限したほうがいいと考える。副業を許可制にしておけば，後から副

業許可を取り消す対応もスムーズに行える。

(2)　副業先との関係が労働契約ではない場合

　副業先との関係が労働契約ではない場合，労働時間を通算する必要がないため，本業元の使用者としては，業務負担がかからないよう積極的に把握に努めないようにしたいと考えるかもしれないが，使用者が負う安全配慮義務との関係では，長時間労働を防ぐには就労時間を把握する必要があるため，副業先との関係が労働契約ではないことだけをもって，使用者による副業（本業）内容の把握の必要性がなくなるわけではない。

　また，長時間労働により本業元の労務提供に支障が出る可能性があるのは，労働契約ではない場合も同じである。そこで，この場合であっても，就業規則においては「本業の労務提供上の支障がある場合」という許可条件を設定し，その確認のために，副業の期間，本業元の所定労働時間外でどの程度の就労を見込むのか，本業元の使用者において把握することは許容されると考えるべきである。

(3)　副業の労働時間把握と労働者のプライバシー等

　前述のとおり，使用者には副業先（本業元）における労働時間を把握する義務がある（ただし，**第7章**のとおり管理モデルを採用する場合は除く）が，一方で，労働者側の事情として，これをすべて本業元（副業先）に申告するのは躊躇するという実態がある。副業先の給与を会社に知られたくない，本業元の所定労働時間以外の時間が自由に使えなくなりプライバシーが守られなくなると考える労働者が大半であろう。その他，副業内容は副業先における秘密情報に該当するため，これを申告すると，労働者は副業先との関係で処分されるおそれが生じる。

　使用者の労働時間把握義務はこのような労働者側の事情（多くはプライバシーの問題）と対立する。したがって，使用者は，労働時間把握義務との関係では，過度なプライバシー介入とならないよう，本業元・副業先の副業内容を把握するのが望ましいようにも思える。

　しかし，実際，副業・兼業を認める企業は「労務提供上の支障がある場合」以外にも，許可条件として，「業務上の秘密が漏えいする場合」「競業により自

社の利益が害される場合」「自社の名誉や信用を損なう行為や信頼関係を破壊する行為がある場合」を設けている。

　労働者がプライバシーを理由に本業元への申告を拒んだ場合，使用者は「労務提供上の支障がある場合」のみならず，他の許可条件の該当性の判断もできない。したがって，労働者が申告を躊躇しないような工夫（たとえば，ハンドブックに，「申告内容は許可するかどうかを決定するに当たって考慮するにとどまり，許可・不許可決定（取消し含む）以外に人事考課等で考慮することはない」などと説明しておく）をする必要がある。

　許可条件を設定する以上，その把握に必要な範囲で，労働者に真実を報告させる必要がある。就業規則やハンドブックにも，「申請時に許可・不許可決定の判断において追加で質問する場合があり，その質問に回答しない場合は，許可しない」旨の記載があるとよい。

3　残業・休日出勤と時間管理

(1)　副業と本業元の残業（時間外労働）命令

　副業は，本業の所定労働時間が9時〜17時であれば，通常それ以外の時間帯で行われる。たとえば，本業元での業務を終了させた後，副業先で18時〜21時まで就業するといったケースが想定されるが，本業元が繁忙期で17時以降の時間外労働を命じた場合，労働者は副業先で業務に従事することができなくなる。労働者の副業を解禁するに際して，使用者はこのような問題が生じることを想定した上で準備する必要がある。

　法定労働時間を超える時間外労働については，36協定の締結・届出と割増賃金の支払いが必要であるし，また所定労働時間を超える時間外労働を労働者に命じるには，あらかじめ就業規則や労働契約書に「業務上の必要がある場合，時間外労働を命じることができる」旨を定めて労働契約の内容にする必要がある。もっとも，育児・介護・健康上の問題などがある労働者については，業務上の必要性と労働者が被る不利益を比較し，後者のほうが大きい場合は，時間外労働命令を行うこと自体が権利濫用として無効になる可能性があるため，時間外労働命令に際して注意が必要である。

　労働者が副業を望む場合，育児・介護・健康上の問題とは異なり，労働者の自発的な希望に基づくことが多いと思われる。しかし，本業元の使用者は，労

働時間通算管理，長時間労働防止のため，あらかじめ副業先の就労形態，就労時間を把握しておく必要があり，副業を認める以上，労働者が副業に従事する時間帯については当該労働者が本業元で働くことはできないことについて，すでに理解しているはずである。副業が労働者の自発的な希望に基づくものだとしても，本業元としてあらかじめ副業先での所定労働日・所定労働時間を把握した上で労働者に副業を認める以上，本業元の都合で一方的に副業の遂行を困難にする時間外労働命令が無制限に認められるわけではないだろう。時間外労働の業務上の必要性は，個別具体的に検討する必要がある。

　そして，本業元の副業する社員への時間外労働命令は業務上の必要・程度が高い場合のみ認められると考える。業務上の必要・程度が高い場合としては，たとえば，「重大な事故やトラブル処理」といった切迫した事情が考えられる。そのためにも，本業元が所定時間外に副業を行っている労働者に対し時間外労働を命じる場合，業務上の必要性・程度を十分に当該労働者に説明しておいたほうがよい。このような説明をしないで本業元が労働者に対し一方的に時間外労働命令を行った場合，労働者がこれを拒否したとしても使用者は労働者に業務命令違反についての処分をすることは違法となる可能性がある。

　副業を行っていない労働者と副業を行っている労働者が同じ業務に従事している状況で，後者の事情だけを考慮し，時間外労働は副業を行っていない労働者にばかり命じるという運用にしていたとしても，労働時間だけで見れば，当該労働者には割増賃金を支払っているので法的な問題はない。ただし，副業を行っていない労働者から見れば，自分ばかりが時間外労働命令を受けると不公平に感じるかもしれないので，職場に副業を行っている労働者がいる場合，使用者としては，副業を行う労働者のプライバシーに配慮しながら，周囲の理解も得ておくほうが望ましい。

　このような事態に備えるため，あらかじめ，労働者との間で，「副業する場合であっても本業元の時間外労働を優先させる」旨の合意をとることや副業許可条件に入れておくなどの対策が考えられる。しかし，前述のとおり，そもそも所定労働時間以外の時間帯は労働者が自由に使えることを考慮すると，当該合意等は無効となるおそれがあり，また副業を行いたい労働者にとっては過度な制約となり本業元でのモチベーションが下がる可能性もある。そこで，本業元の時間外労働を一律優先させるような合意ではなく，「重大な事故やトラブ

ル処理といった切迫した事情がある場合」に限って「本業元の時間外労働を優
先させる」いう合意をしておくことが望ましい。
　なお，使用者としては，副業を行っていることだけをもって副業を行う労働
者に不利益な取扱いをしてはならない。AさんとBさんがいて，Aさんは副
業を理由に時間外労働命令に従わない，Bさんは副業をしていないので時間外
労働命令に従うという場合，使用者から見れば，Bさんのほうが会社に忠実と
評価しがちであるが，そもそも，人事考課では，所定労働時間内での仕事の成
果を評価すべきなので，Aさんの副業によりAさんの本業元での労務提供に支
障が生じていない限り，時間外労働についてAさんとBさんとで評価に差をつ
けるのは望ましくない。

(2)　副業と休日出勤命令の可否
　休日は，週に1回または4週を通じて4日以上の休日を与える必要がある
（労働基準法35条）。休日出勤命令も，時間外労働と同様，36協定の締結・届
出，割増賃金の支払いに加えて，就業規則等の根拠が必要となるが，終日労働
義務から解放されているため，時間外労働よりもさらに業務上の必要性が認め
られなければならない。

(3)　法定休日の通算の要否と法定休日の把握
①　法定休日の通算の要否
　労働基準法上，本業元と副業先の労働時間が通算されるのは，両社ともに労
働者の就労形態が労働契約である場合だが，通算されるのは「労働時間」で
あって，「法定休日」ではない。
　したがって，本業元，副業先とも，それぞれが週に1回または4週を通じて
4日以上の休日を与えればよい（労働基準法35条）し，本業元・副業先は法定
休日に労働させる場合，それぞれにおいて36協定を締結し，割増賃金を支払
うことになる。

②　法定休日の把握
　労働時間のように通算する必要性がなければ，使用者は副業内容を把握する
際に法定休日を把握する必要はないようにも思われる。しかし，法定休日にお

ける労働も，1日8時間，1週40時間を超えると時間外労働となるため，この場合は労働時間の通算が必要となる。また，法定休日の把握により，労働者が労働から解放されている日を把握することで，労働者の健康管理につなげることができる。

　したがって，所定労働日，所定労働時間，始業・終業時刻，所定外労働の有無・見込み時間数以外に，法定休日も把握しておく必要がある。

4　時短勤務者の副業

　時短勤務とは，1日の所定労働時間を通常よりも短縮した働き方をいう。

　時短勤務中において副業を認めなければならないのか否かは，時短勤務が認められるに至った立法趣旨を踏まえて判断されることになる。

⑴　育児・介護の時短勤務

　使用者は，3歳に満たない子を養育する労働者について，労働者が希望すれば利用できる，所定労働時間を短縮することにより当該労働者が就業しつつ子を養育することを容易にするための措置（短時間勤務制度）を講じなければならない（育児・介護休業法23条1項）。1日の所定労働時間を原則6時間とする使用者が多い。介護の場合も，労務者が就業しつつ要介護状態にある対象家族を介護することを容易にする措置の一つとして，時短勤務が挙げられている（同法23条3項）。

　時短勤務の制度目的は育児・介護であるため，育児・介護のために時短勤務を行っている労働者が所定労働時間外に副業することは制度の趣旨に反しているように思える。また，そもそも，プライベートの時間の多くが育児・介護に費やされていることから，副業することで休む時間がなくなってしまう可能性があるので，副業自体が望ましくないと考えられる。

　しかし，使用者は育児・介護を理由として労働者を不利益に取り扱ってはならない（育児・介護休業法10条）ため，育児・介護による時短勤務を行う労働者に対し，副業を一律禁止することはできない。

　このような時短勤務を行う労働者から副業の申請・届出があった場合は，労働時間と育児・介護の時間調整が可能であるか追加で労働者に確認し，使用者としては，本業元の労務提供上の支障が生じるかどうか，具体的に検討する必

解　　説

要がある。

(2)　私傷病の時短勤務

　育児・介護とは異なり，私傷病を理由とする時短勤務は，労働者本人の私傷病により本業元での労務の提供が困難であることを考慮し，安全配慮義務との関係で実施する措置である。長時間労働は，労働者本人の健康をさらに害するおそれがあるため，この点，明らかにしている文献は見当たらないが，原則，「本業に支障がある」場合に該当するとして，副業を認めないほうがよい。

5　休暇・休職・休業中の労働者の副業

(1)　副業を行うための年次有給休暇取得

　年次有給休暇（以下「年休」という）とは，毎年一定の日数の休暇を保障することにより，労働者に休息をあたえるための制度であり，労働基準法39条の要件を満たすことで労働者が当然に取得する法定休暇をいう。

　なお，同法で本業元と副業先の労働時間が通算されるのは，両社ともに労働者の就労形態が労働契約である場合だが，通算されるのは「労働時間」であって，「年次有給休暇」ではない。

　使用者が負うのは，年休を与える義務ではなく，労働者の年休享受を妨げてはならないという義務である（林野庁白石営林事件，最高裁昭和48年3月2日第二小法廷判決）。労働者が具体的な休暇を時季指定したときは，原則その日が年休となるため，使用者の承認は不要である。また，年休を取得するのに理由はいらないため，労働者は，副業を行うために年休を取得することができる。

　このように使用者は，労働者の年休取得を拒否することはできないが，「事業の正常な運営を妨げる」場合は，例外的に使用者は時季変更権を行使することができる（労働基準法39条5項ただし書）。正常な運営を妨げる場合とは，事業の規模，業務の内容，労働者の担当する職務の内容・性質，職務の繁閑，代替要員確保の難易，同時期に年休を指定しているほかの労働者の数，休暇取得に関する慣行等を考慮して決まる。この場合であっても，使用者は労働者が指定した時季に年休を取得できるよう配慮する必要があるため，代替要員確保が可能な場合は，まずは代替要員の手配をする必要がある。したがって，たとえば，労働者からの長期連続休暇の申出が直近に行われた場合や職場で複数名が

同じ日に年休の申請をした場合，使用者において代替要員が確保できないことが十分あり得，「事業の正常な運営を妨げる場合」として使用者は時季変更権を行使することができる。

　なお，「事業の正常な運営を妨げる場合」とまでいえなくても，業務の都合上，使用者が労働者に対して年休の再考を依頼することもある。また，使用者が，法定休暇に加えて制度上有休を与えることがある。これらは法定の要請ではないため，調整が可能かどうか確認する限度において使用者が年休の理由を聞くことは問題ない。ただし，調整を試みた結果，労働者が年休取得日を変更しなかったとしても，使用者はそのことをもって，労働者を不利益に取り扱ってはならないことに注意する必要がある。

(2)　休職・休業中における副業

　休職・休業とは，労働契約を維持しつつ，労働者の就労を一時的に禁止または免除することをいう（なお，休業は休職と異なり，労働者の権利として位置づけられている）。

　休職・休業中において副業を認めなければならないのか否かは，休職・休業が認められるに至った趣旨や休職・休業が認められることになった個別の事情を踏まえて判断されることになる。

　なお，労働基準法上，本業元と副業先の労働時間が通算されるのは，両社ともに労働者の就労形態が労働契約である場合だが，通算されるのは「労働時間」であって，休職や休業は同法で定められていない。

①　私傷病休職と副業

　私傷病休職とは，労働者の業務外疾病を理由とする休職をいう。期間中に疾病が治癒すれば復職させるが，治癒しないときはそのまま退職または解雇となり，長期雇用を前提とした解雇猶予機能を持つ。法律上義務付けられている制度ではなくその制度設計は使用者の裁量に委ねられる。一般的には，ノーワークノーペイの考え方に基づき無給とすることが多いが，労働者の権利義務にかかわる事項であるので，適用対象者，休職開始要件，休職期間，休職期間中の取扱い，復職時の取扱い，復職しないまま休職期間満了になった場合の取扱い，休職の利用回数・休職期間の通算などの詳細を就業規則で定めておく必要

がある。

　私傷病休職期間中は，労働者は治療に専念する必要があり，使用者は，労働者の健康状態や復職の見込みなどを把握するため，休職期間中の診断書の提出や産業医面談等の実施を求めることができるよう就業規則に定めるのが通常である。副業は治療に専念する義務に違反しているし，労働者の健康状態を悪化させるおそれがある。

　したがって，このようなおそれがある場合，私傷病休職者による副業は「労務提供上の支障がある場合」として禁止するのが休職規程との関係でも適切である。休職中に副業が明らかになった場合は治療に専念するよう注意指導する必要がある。ただし，副業が治療のリハビリとなっている場合，禁止することは適切でないし，違法となる可能性が高い。

②　育児休業と副業

　育児休業とは，職業生活と家庭生活の両立を図るために（育児・介護休業法1条）男女共通に認められた権利である。労働者は，1歳未満の子を養育するため育児休業を申し出ることができ（同法5条1項），使用者は原則その申出を拒むことができない（同法6条1項）。年休と同じ法的性質である。

　「育児休業，介護休業等育児又は家族介護を行う労働者の福祉に関する法律の施行について」（平成28年8月2日職発0802第1号，雇児発0802第3号）では，「育児休業期間中他の事業主の下で就労することについては，本法上育児休業の終了事由として規定してはいないが，育児休業とは子を養育するためにする休業であるとしている本法の趣旨にそぐわないものであると同時に，一般的に信義則に反するものと考えられ，事業主の許可を得ずに育児休業期間中他の事業主の下で就労したことを理由として事業主が労働者を問責することは，許され得るものと解されること。」とあるため，育児休業中の副業について使用者の許可を必要とすることには問題ない。また，そもそも，副業により雇用保険の受給が難しくなる場合もあり，労働者にとって安心して休業することができなくなることもある。

　ただし，育児・介護休業法では，育児休業の申出・取得を契機とする不利益取扱いは原則禁止されているため（育児・介護休業法10条），慎重な対応が必要となる。

③　介護休業と副業

　介護休業は，要介護状態の家族を介護するために，申出により休業すること
ができ（育児・介護休業法 11 条 1 項），使用者は原則としてこれを拒むことがで
きない（同法 12 条）。育児休業，年休と同じ法的性質である。

　前述の「育児休業，介護休業等育児又は家族介護を行う労働者の福祉に関す
る法律の施行について」では，「介護休業期間中の他の事業主の下で就労する
こと及び介護休業期間中における産前休業の請求の考え方等については，育児
休業の場合と同様であること」とあり，介護休業の場合も，育児休業と同様に
考えることができる。

第7章　副業内容・副業時間の把握と管理

1　労働時間通算および副業内容・副業時間の把握に関する厚生労働省の考え方

　労働基準法 38 条 1 項は，労働時間の計算につき，「労働時間は，事業場を異にする場合においても，労働時間に関する規定の適用については通算する。」と規定している。この条項に関して，厚生労働省は，令和 2 年 9 月 1 日基発 0901 第 3 号「副業・兼業の場合における労働時間管理に係る労働基準法第 38 条第 1 項の解釈等について」（以下「厚労省解釈」という）を示し，本業先の労働者が副業を行う場合を想定した場合の考え方を具体化した。

　また，厚生労働省は，「副業・兼業の促進に関するガイドライン」（平成 30 年 1 月策定・令和 2 年 9 月改定）（以下「厚労省ガイドライン」という），および「副業・兼業の促進に関するガイドラインわかりやすい解説」（令和 2 年 11 月）（以下「ガイドライン解説」という）を公表し，副業内容・副業時間の把握に関する考え方を示した。

　以下，「厚労省解釈」，および「厚労省ガイドライン」，「ガイドライン解説」を踏まえ，副業内容・副業時間の把握と管理のあり方につき検討を行うこととする。

2　副業内容の確認

(1)　副業内容の確認に関する考え方

　労働基準法は労働者の労働時間に関する各種規定を設けており，それらに基づき，使用者は労働者の労働時間の把握および適切な管理を行う義務を課されている（労働基準法 32 条以下参照）。また，労働者の安全確保や健康管理を行う義務を負っている（同法 42 条，労働安全衛生法参照）。このような，労働者の労

働時間管理や安全確保・健康管理に関する各種義務は，本業元だけではなく副業先にも課されることから，①本業元は，労働者に対して副業を許可するに際し，副業先の業務内容や労働時間等を把握する必要が生じるとともに，②副業先においても，副業開始前に，本業元の業務内容や労働時間等を把握する必要が生じる。

　これらを踏まえ，「厚労省解釈」および「厚労省ガイドライン」，「ガイドライン解説」は，副業内容・副業時間の確認方法につき，以下のような考え方を示した。

　①　本業元および副業先の使用者は，労働者からの申告等に基づき，副業の有無や内容を確認する必要がある。

　②　本業元の使用者は，副業を届出制にした上で副業を申請する労働者から届出を受けることにより副業の有無や内容を確認し，副業先の使用者は，雇用の際に本業元の有無や内容について届出を受けることにより本業の有無や内容を確認するという方法を採用することが可能である。

　③　届出制など副業・兼業の有無・内容を確認するための仕組みを設けておくことが望ましい。

　「厚労省解釈」および「厚労省ガイドライン」，「ガイドライン解説」を前提とすれば，本業元が副業先の業務内容や労働時間を把握する場合および副業先が本業元の業務内容や労働時間を把握する場合のいずれについても，副業の届出制を就業規則や労働契約に明記した上で，労働者から報告書（**第3章**参照）の提出を受けることにより把握を行うことを基本として副業解禁の準備を行えばよいということになる。

　副業・兼業の内容として確認する事項として申請書や報告書に記載すべき項目としては，たとえば次のものが考えられる。

＜基本的な確認事項＞

①　他の使用者の事業場の事業内容
②　他の使用者の事業場で労働者が従事する業務内容
③　労働時間通算の対象となるか否かの確認

　　※③に関しては，労働者が行う副業・兼業の形態によって，企業は労働者の副業先の労働時間も通算して管理する必要が生じるため，副業の内容を事前に労

使双方でしっかり確認することが重要である旨が指摘されている。

＜労働時間通算の対象となる場合に確認する事項＞

④　副業・兼業先との労働契約の締結日，期間
⑤　副業・兼業先での所定労働日，所定労働時間，始業・終業時刻
⑥　副業・兼業先での所定外労働の有無，見込み時間数，最大時間数
⑦　副業・兼業先における実労働時間等の報告の手続
⑧　これらの事項について確認を行う頻度

※⑤に関しては，労働者の副業先での勤務時間等を確認するに当たっては，短時間やシフト制の副業を行う労働者の状況もわかりやすくなるようカレンダー形式で確認することも有効である旨の指摘がある。

※⑧に関しては，副業・兼業に関する確認事項を確認する頻度につき，たとえば，36協定（労働基準法36条に基づく労使協定）の切り替え時期に合わせるなどにより，定期的に確認することが考えられるとの指摘がなされている。

(2)　労働者から確認する事項

　「厚労省ガイドライン」，「ガイドライン解説」は，「労働者から確認する事項」を明らかにした。具体的には，以下の事項を示した。

①　労働者が副業の内容として確認する事項
　・他の使用者の事業場の事業内容
　・他の使用者の事業場で労働者が従事する業務内容
　・労働時間通算の対象となるか否かの確認

②　労働時間通算の対象となる場合には，併せて次の事項について確認し，各々の使用者と労働者との間で合意しておくことが望ましいとされている。
　・他の使用者との労働契約の締結日，期間
　・他の使用者の事業場での所定労働日，所定労働時間，始業・終業時刻
　・他の使用者の事業場での所定外労働の有無，見込み時間数，最大時間数
　・他の使用者の事業場における実労働時間等の報告の手続
　・これらの事項について確認を行う頻度

⑶　所定外労働時間（実労働時間）の把握に関する考え方

「厚労省解釈」および「厚労省ガイドライン」,「ガイドライン解説」は，下記のとおり，所定外労働時間（実労働時間）の把握に関する考え方も示した。

- ・他の使用者の事業場における実労働時間は，労働者からの申告等により把握する。
- ・他の使用者の事業場における実労働時間は，労働基準法を遵守するために把握する必要があるが，把握の方法としては，必ずしも日々把握する必要はなく，労働基準法を遵守するために必要な頻度で把握すれば足りる。
- ・時間外労働の上限規制の遵守等に支障がない限りにおいて，下記の方法をとり得るとしている。
  - →一定の日数分をまとめて申告等させる(例：1週間分を週末に申告する等)
  - →所定労働時間どおり労働した場合には申告等は求めず，実労働時間が所定労働時間どおりではなかった場合のみ申告等させる（例：所定外労働があった場合等)
  - →時間外労働の上限規制の水準に近づいてきた場合に申告等させる

3　労働時間の通算方法（「原則的方法」と「管理モデルを用いた方法」）

⑴　「原則的方法」による労働時間の通算

　副業を解禁する際には，本業元の使用者も副業先の使用者もともに副業を行う労働者の労働時間を通算した上で管理する義務を負うことになる。労働時間を管理する際には，本業と副業の労働時間通算につき自社で取り入れやすい方法を事前に検討し，副業が開始された際には本業と副業双方の労働時間を確実に把握した上で通算する必要がある。

　まず，原則的な労働時間管理の方法（以下「原則的方法」という）に基づき労働時間を管理する際の考え方を紹介する。

①　「原則的方法」における副業開始前の検討

　副業開始前の所定労働時間の通算については，下記のプロセスで検討を行う。

○まず，確認した副業の内容に基づき，本業元である自社の所定労働時間と副業

　　先の所定労働時間を通算し，時間外労働となる部分があるかを確認する。
〇双方の所定労働時間を通算した結果，本業元である自社の労働時間制度における法定労働時間を超える部分がある場合には，その超過部分が時間外労働となる。
〇そして，時間的に後から労働契約を締結した企業が自社の36協定で定めるところによってその時間外労働を行わせることになる。

　上記プロセスを「ガイドライン解説」15頁に示された事例に適用すると，以下のようになる。
＜例1＞
企業A：時間的に先に労働契約を締結，所定労働時間1日5時間（7:00～12:00）
企業B：時間的に後に労働契約を締結，所定労働時間1日4時間（14:00～18:00）
→企業Bに法定時間外労働が1時間発生する（5時間＋4時間－8時間＝1時間）

＜例2＞
企業A：時間的に先に労働契約を締結，所定労働時間1日5時間（14:00～19:00）
企業B：時間的に後に労働契約を締結，所定労働時間1日4時間（8:00～12:00）
→企業Bに法定時間外労働が1時間発生する（5時間＋4時間－8時間＝1時間）

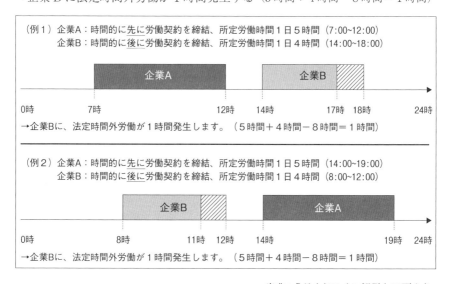

出典：「ガイドライン解説」15頁より

②　「原則的方法」における副業開始後の検討

副業開始後の所定外労働時間の通算については，下記のプロセスで検討を行う。

○本業元と副業先のいずれかで所定外労働が発生した場合の取扱い
・本業元である自社の所定外労働時間と副業先における所定外労働時間とを当該所定外労働が行われる順に通算する。

　　→副業開始前の所定労働時間の通算は，労働契約締結の先後の順となっている。所定労働時間と所定外労働時間で通算の順序に関する考え方が異なる点に注意が必要である。

○本業元と副業先のいずれにおいても所定外労働が発生しない場合の取扱い
・本業元である自社で所定外労働がない場合，所定外労働時間の通算は不要
・本業元である自社で所定外労働があるが，副業先で所定外労働がない場合は，自社の所定外労働時間のみ通算する。

○通算した結果，本業元である自社の労働時間制度における法定労働時間の超過部分がある場合
・超過部分が時間外労働となり，そのうち自ら労働させた時間について，自社の36協定の延長時間の範囲内とする必要があるとともに，割増賃金を支払う必要がある。

上記プロセスを「ガイドライン解説」19頁に示された事例に適用すると，以下のようになる。

＜例1＞

企業A：時間的に先に労働契約を締結

　　　　所定労働時間1日3時間（7:00〜10:00）－①

　　　　当日発生した所定外労働2時間（10:00〜12:00）－③

企業B：時間的に後に労働契約を締結

　　　　所定労働時間1日3時間（15:00〜18:00）－②

　　　　当日発生した所定外労働1時間（18:00〜19:00）－④

　→①＋②＋③で法定労働時間に達するので，企業Bで行う1時間の所定外労働（18:00〜19:00）は法定時間外労働となり，企業Bにおける36協定で定めるところにより行うこととなる。

　　企業Bはその1時間について割増賃金を支払う必要がある。

＜例2＞

企業A：時間的に先に労働契約を締結

　　　　所定労働時間1日3時間（14:00〜17:00）　－①

　　　　当日発生した所定外労働2時間（17:00〜19:00）　－④

企業B：時間的に後に労働契約を締結

　　　　所定労働時間1日3時間（7:00〜10:00）　－②

　　　　当日発生した所定外労働1時間（10:00〜11:00）　－③

　→①＋②＋③＋（④のうち1時間）で法定労働時間に達するので，企業Aで行う1時間の所定外労働（18:00〜19:00）は法定時間外労働となり，企業Aにおける36協定で定めるところにより行うこととなる。

　　企業Aはその1時間について割増賃金を支払う必要がある。

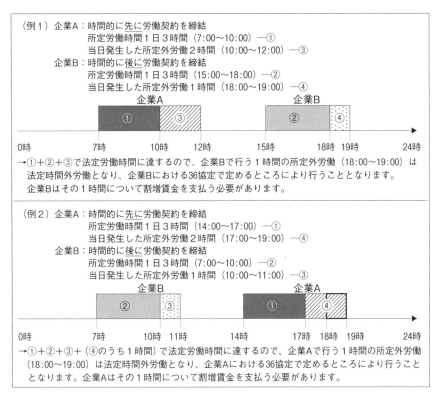

出典：「ガイドライン解説」19頁より

(2)　「管理モデルを用いた方法」による労働時間の通算

　「厚労省解釈」および「厚労省ガイドライン」,「ガイドライン解説」は,労働時間の通算につき,「原則的方法」のほか,「簡便な労働時間管理の方法」として管理モデルを用いた時間管理の方法（以下「管理モデルを用いた方法」とう）を紹介している。

　ここでは,「管理モデルを用いた方法」により労働時間を管理する際の考え方を紹介する（なお,「管理モデルを用いた方法」の詳細は,次節で紹介する）。

①　「管理モデルを用いた方法」における副業開始前の検討

　副業開始前の所定労働時間の通算については,下記のプロセスで検討を行う。

○この方法は,副業を申請した労働者に対して「管理モデルを用いた方法」に従い副業を行うことを求めるとともに,労働者自身および（労働者を通じて「管理モデルを用いた方法」に基づいて時間管理を行うことを要請された）副業先が,「管理モデルを用いた方法」によることに応じることにより導入されることが想定されている。
○「管理モデル」に基づき,自社と副業先の労働時間を通算する。
○通算した労働時間につき,法定労働時間を超えた時間数が時間外労働の上限規制である単月100時間未満,複数月平均80時間以内となる範囲内において,各々の事業場における労働時間の上限を設定する。

②　「管理モデルを用いた方法」における副業開始後の検討

　副業開始後の所定外労働時間の通算については,下記のプロセスで検討を行う。

○本業元と副業先の各々事業上において設定した労働時間の上限の範囲内で労働させる。
○使用者Aはその法定外労働時間について,使用者Bはその労働時間について,それぞれ割増賃金を支払う。

※使用者Aが,法定外労働時間に加え,所定外労働時間についても割増賃金を支払うこととしている場合には,使用者Aは所定外労働時間の労働について割増賃金を支払うことになる。

4　労働時間の通算に関する「管理モデル」

(1)　「管理モデル」の趣旨

　「厚労省解釈」および「厚労省ガイドライン」,「ガイドライン解説」は,本業と副業の労働時間を管理するに際に用いることができる,「簡便な労働時間管理の方法」を示した。

　副業を解禁した場合,「副業・兼業の日数が多い場合」や「自らの事業場及び他の使用者の事業場の双方において所定外労働がある場合」などにおいては,労働時間の申告等や労働時間の通算管理において,労使双方の手続上の負荷が高くなり,適切な労働時間管理に支障をきたす懸念が生じる。

　そこで,副業を解禁する場合における労働時間管理のあり方について,労働時間の申告等や通算管理における労使双方の手続上の負担を軽減しつつ,法に定める最低労働条件の遵守を容易にするため,「厚労省解釈」および「厚労省ガイドライン」,「ガイドライン解説」により示されたのが,簡便な労働時間管理の方法(以下「管理モデル」という)である。以下,「管理モデル」の内容を検討する。

(2)　「管理モデル」の枠組み

　「管理モデル」によれば,本業元の使用者Aと副業先の使用者Bは,副業開始後において,それぞれが副業開始前に設定した労働時間の上限範囲内で労働者を労働させる限り,他の使用者の事業場における実労働時間の把握を要することなく法を遵守することが可能となる。

①　副業開始前における労働時間の上限設定

当該副業を行う労働者と時間的に先に労働契約を締結していた使用者Aの事業場における法定外労働時間

　と

時間的に後から労働契約を締結した使用者Bの事業場における労働時間（所定労働時間および所定外労働時間）

　を

> 合計した時間数が単月 100 時間未満，複数月平均 80 時間以内となる範囲内

において，各々の使用者の事業場における労働時間の上限をそれぞれ設定する。

なお，時間外労働の上限は月 45 時間，年 360 時間が原則とされ，臨時的な特別事情がある場合であっても，年 720 時間，単月 100 時間未満（休日労働含む），複数月平均 80 時間（休日労働含む）を限度とされている。

②　副業開始後における労働時間管理

副業開始前に各々の使用者が設定した労働時間の上限の範囲内で，各々の使用者は労働者を労働させる。

③　割増賃金の支払い

> ・使用者Aは自らの事業場における法定外労働時間の労働
> ・使用者Bは自らの事業場における労働時間の労働

について，それぞれ自らの事業場における 36 協定の延長時間の範囲内とし，割増賃金を支払う。

●管理モデルのイメージ

○　Aに所定外労働がある場合（A・Bで所定外労働が発生しうる場合に、互いの影響を受けないようあらかじめ枠を設定）

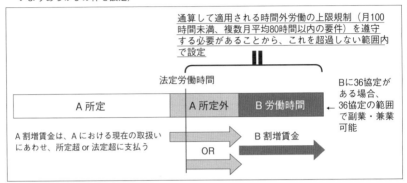

※　上図で示している時間外労働の上限規制（月100時間未満、複数月平均80時間以内）はあくまでも法律上の上限です。実際の副業・兼業によって、労働時間を通算して法定労働時間を超える場合には、長時間の時間外労働とならないようにすることが望ましいです。

○　Aに所定外労働がない場合

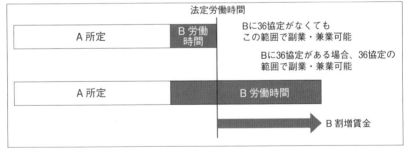

※　上図は、Aに所定外労働がない場合のイメージですが、Aが法定労働時間の範囲内で所定外労働の上限を設定するような場合においても、同様の考え方で対応することが可能です。

出典：「ガイドライン解説」16頁より

(3)　「管理モデル」の実施

①　「管理モデル」の導入手順

　一般に，副業に関する労務管理上の便宜や副業を行う労働者の健康確保等を実現する観点から，(i)副業開始前に，あらかじめ使用者が他の使用者の事業場

における労働時間や通算した労働時間について上限を設定し，(ⅱ)労働者にその範囲内で副業を行うことを求めている事例がみられるようである。

このことを踏まえ，「厚労省解釈」および「厚労省ガイドライン」，「ガイドライン解説」は，副業を行おうとする労働者に対して本業元の使用者Aが「管理モデル」に基づき副業を行うことを求め，労働者および労働者を通じて副業先の使用者Bがこれに応じることによって「管理モデル」が導入されることを想定している。

すなわち，本業元と副業先のいずれもが「管理モデル」に基づいて副業解禁の実務を行うことによってはじめて，「管理モデル」が有効に機能することになる。

②　労働時間の上限の設定

「管理モデル」によれば，労働時間の上限は下記のように設定される。

（ⅰ）　本業元である使用者Aの事業場における1カ月の法定外労働時間と使用者Bの事業場における1カ月の労働時間とを合計した時間数が単月100時間未満，複数月平均80時間以内となる範囲内において，各々の使用者の事業場における労働時間の上限をそれぞれ設定する。

（ⅱ）　月の労働時間の起算日が，本業元の使用者Aの事業場と副業先の使用者Bの事業場とで異なる場合には，各々の使用者は，各々の事業場の労働時間制度における起算日を基に，そこから起算した1カ月における労働時間の上限をそれぞれ設定することとして差し支えない。

③　時間外労働の割増賃金の取扱い

「管理モデル」によれば，時間外労働の割増賃金の取扱いは下記のとおりとなる。

（ⅰ）　本業元の使用者Aは自らの事業場における法定外労働時間の労働について，副業先の使用者Bは自らの事業場における労働時間の労働について，それぞれ割増賃金を支払う。

（ⅱ）　本業元の使用者Aが，法定外労働時間に加え，所定外労働時間についても割増賃金を支払うこととしている場合には，本業元の使用者Aは，自らの事業場における所定外労働時間の労働について割増賃金を支払うこと

なる。

(iii)　時間外労働の割増賃金の率は，自らの事業場における就業規則等で定められた率（2割5分以上の率。ただし，本業元の使用者Aの事業場における法定外労働時間の上限に副業先の使用者Bの事業場における労働時間を通算して，自らの事業場の労働時間制度における法定労働時間を超える部分が1カ月について60時間を超えた場合には，その超えた時間の労働のうち自らの事業場において労働させた時間については，5割以上の率）とする。

④　その他

「管理モデル」によれば，下記(i)～(iii)の場合についての考え方は下記のようになる。

(i)　管理モデルの導入の際の労働時間の上限の設定において，使用者Aの事業場における1カ月の法定外労働時間と使用者Bの事業場における1カ月の労働時間とを合計した時間数を80時間を超えるものとした場合

→　翌月以降において複数月平均80時間未満となるように労働時間の上限の設定を調整する必要が生じ得ることから，労働時間の申告等や通算管理における労使双方の手続上の負担を軽減し，法に定める最低労働条件が遵守されやすくするという管理モデルの趣旨に鑑み，そのような労働時間を調整する必要が生じないように，各々の使用者と労働者との合意により労働時間の上限を設定することが望ましい。

(ii)　管理モデルの導入後に，使用者Aにおいて導入時に設定した労働時間の上限を変更する必要が生じた場合

→　あらかじめ労働者を通じて副業先の使用者Bに通知し，必要に応じて副業先の使用者Bにおいて設定した労働時間の上限を変更し，これを変更することは可能である。

→　なお，変更を円滑に行うことができるよう，あらかじめ，変更があり得る旨を留保しておくことが望ましい。

(iii) 労働者が事業主を異にする３以上の事業場で労働する場合
　　→　本業元の使用者Ａの事業場における法定外労働時間，副業先の使用者
　　　Ｂの事業場における労働時間，さらに時間的に後から労働契約を締結し
　　　た更なる副業先の使用者Ｃ等の事業場における労働時間について，各々
　　　の使用者の事業場における労働時間の上限をそれぞれ設定する。
　　→　その上で，各々の使用者がそれぞれその範囲内で労働させ，本業元の
　　　使用者Ａは自らの事業場における法定外労働時間の労働について，副業
　　　先の使用者Ｂおよび更なる副業先の使用者Ｃ等は自らの事業場における
　　　労働時間の労働について，それぞれ割増賃金を支払うことにより，管理
　　　モデルの導入が可能である。

(iv) 管理モデルを導入した使用者が，あらかじめ設定した労働時間の範囲を逸脱
　　して労働させたことによって，時間外労働の上限規制を超える等の法に抵触し
　　た状態が発生した場合
　　→　当該逸脱して労働させた使用者が，労働時間通算に関する法違反を問
　　　われ得ることとなる。

第8章　副業と賃金

1　時間外労働における割増賃金の取扱いに関する法律の考え方

　時間外，休日および深夜の割増賃金について定める労働基準法37条1項は，「使用者が，第33条又は前条第1項の規定により労働時間を延長し，又は休日に労働させた場合においては，その時間又はその日の労働については，通常の労働時間又は労働日の賃金の計算額の2割5分以上5割以下の範囲内でそれぞれ政令で定める率以上の率で計算した割増賃金を支払わなければならない。ただし，当該延長して労働させた時間が1箇月について60時間を超えた場合においては，その超えた時間の労働については，通常の労働時間の賃金の計算額の5割以上の率で計算した割増賃金を支払わなければならない。」と定めている。

　また，同条4項は，「使用者が，午後10時から午前5時まで（厚生労働大臣が必要であると認める場合においては，その定める地域又は期間については午後11時から午前6時まで）の間において労働させた場合においては，その時間の労働については，通常の労働時間の賃金の計算額の2割5分以上の率で計算した割増賃金を支払わなければならない。」と定めている。

2　副業解禁時の時間外労働における割増賃金の取扱い

　「厚労省解釈」および「厚労省ガイドライン」，「ガイドライン解説」は，副業解禁時の時間外労働の割増賃金の取扱い（割増賃金率の支払義務，および割増賃金率）についての考え方を示した。

(1)　割増賃金の支払義務
　本業元および副業先の各々の使用者は，自らの事業場における労働時間制度

を基に，労働者からの申告等により把握した他の使用者の事業場における所定
労働時間・所定外労働時間を踏まえて，以下のように考える。
- ・まず，労働契約の締結の先後の順に所定労働時間を通算する。
- ・次に，所定外労働の発生順に所定外労働時間を通算する。
- ・これにより，それぞれの事業場での所定労働時間・所定外労働時間を通算
  した労働時間を把握する。
- ・通算した労働時間について，自らの事業場の労働時間制度における法定労
  働時間を超える部分のうち，自ら労働させた時間について，時間外労働の
  割増賃金（労働基準法 37 条 1 項）を支払う義務が生じる。

(2) 割増賃金率

時間外労働の割増賃金率については，以下のように考える。
- ・自らの事業場における就業規則等で定められた率（2 割 5 分以上の率。ただ
  し，所定外労働の発生順によって所定外労働時間を通算して，自らの事業場 の
  労働時間制度における法定労働時間を超える部分が 1 カ月について 60 時間を超
  えた場合には，その超えた時間の労働のうち自ら労働させた時間については，5
  割以上の率）となる（労働基準法 37 条 1 項）。

> **コラム**　第6話──「これって副業にも使える？」

　さらに引き続きの，とある会社の人事部での部員の楓美子，羽佐間瞬と桐原雄平人事部長の会話。

楓「副業の申請をしたいのですが，上長の意見を書いてもらうことになるみたいで，事前に相談しておくほうがいいかなと思って，相談に参りました」

桐原「それはいいんだけど，相談って何？（面倒臭いの来たなあ）」

楓「私，実は美大を出ていまして，製品とかロゴとかのグラフィックデザイナーをやろうかと」

桐原「（それなら問題なさそうだな。よかった）へえ，そうなの。まあ会社としては副業を解禁しているわけだし，いいんじゃないの」

楓「ありがとうございます！　実は，デザインは夜とか仕事が終わってからでもできるんですが，お客さんとのやり取りとかって，やっぱ日中になることが多いんです。うちはフレックスタイムですし，昼間にたまに抜けても大丈夫ですか？」

桐原「（そういうこともあるのか！　フレックスだなんて言っても，みんな大体9時5時の定時に働いてるのに，楓君だけ必要なときにいないのは上司としては困るな。でも間違ったことを言ってるわけでもないし……）そ，そうだな。業務に影響を及ぼすようなことは認められないが，そうでなければ仕方がないな」

楓「（仕方がないって何よ！　副業やってるからって悪い評価したら内部通報窓口に通報してやる！）ですよね〜。ありがとうございます！」

桐原「ただ，会社支給のスマホとかパソコンとかは副業には使うなよ」

楓「（げっ，そうか。じゃあデザインできるぐらいの性能のいいパソコン買わないといけないのか。このケチ上司め）も，もちろんですよ」

桐原「（"ケチ上司め"，って目で見るな。俺がケチなんじゃなくて，会社の決まりだ！）会社が支給してる定期も社内のコンセントも電気代がかかるんだから使うなよ！」

羽佐間「（横で聞いてたら，部長だいぶ無茶言うてるなあ）部長，うちの会社はちょっと前に社長が言うてたとおり，副業を単に解禁するじゃなくて推奨してますし，パソコンやコンセントの電気を使うのはOKになってたんちゃいますか？」

桐原「（しまった！　そうなのか！）そ，そうだったな。それは使っていいが，

会社で培った人脈を利用するのはダメだよな（羽佐間君，君に聞いてるよ？）」

羽佐間「そこは難しいところですわ。会社の顧問税理士に，社員やからいうてついでに会社の負担で確定申告してもろたりしたらアウトやし，自分に仕事頼んでくれたら会社がおたくに注文するでみたいなのもアウトやけど，うちは副業を結構推奨してるとこあるから，会社でも繋がりがあるというだけで全部アウトいうのは難しいんちゃいますか。副業をできるだけ勧めたくない会社やと，全部あかんてことになる場合もあるかもしれんけど。細かいところはルールにも定めきれへんから，会社と本人とで，気になるところはあらかじめ確認しとくのがええと思いますわ（副業かてルール違反やったら懲戒処分もあり得るんやし，会社も社員も気いつけとかんとあかんのやけどなあ）」

第9章　副業と労働者の安全・健康の確保

副業許可基準

> ・労働者は，心身の健康を害するおそれのある副業に従事することはできない。
> ・会社は，労働者が副業に従事することによって，心身の健康を害するおそれが
> あると認めた場合には，当該副業への従事状況の報告を求め，また，副業への
> 従事の停止等を含む必要な措置を講じることができる。

1　総論——労働者の安全・健康に対する副業の影響

　労働は，身体的，精神的な一定の負荷を生じさせるものであり，労働者が労務を提供する上で，心身の安全や健康が害される場面も想定される。労働者の生命・身体・健康は何よりも尊重されるものであり，労務の提供によって利益を享受する使用者がその保護に対する責任を負うべきである。そのため，法令（労働契約法5条，労働安全衛生法66条等）は，使用者に対し，労働者の安全および健康を確保することを求めている（安全（健康）配慮義務）。

　そして，この安全および健康に対する配慮義務は，副業を行っている労働者に対しても同様に負っており，自社の労働者が副業をしていたことをもって，直ちに，使用者が安全（健康）配慮義務を免れることにはならない。副業の開始によって，個々の労働者の心身の負荷が増大することが想定され，使用者としては，この点を踏まえた安全・健康管理を講じる必要がある。

　副業を解禁するに当たっては，使用者として負う安全・健康配慮義務にも十分に留意した上で，承認の判断やその後の管理を行う必要がある。

2　労働者の安全・健康が害された場合の補償

　労働者が労務を提供する上で負った災害に対しては，補償・賠償がなされるべきであるが，そのやり方としては，損害賠償および労災補償制度による補償

が中心となる。

(1)　損害賠償（安全配慮義務）

　使用者は，労働契約に伴い，労働者がその生命，身体等の安全を確保しつ
つ，労働することができるよう，必要な配慮をすることが求められている（労
働契約法 5 条・安全配慮義務。なお，最三小判昭 50・2・25 民集 29 巻 2 号 143 頁
等）。ただし，安全配慮義務の内容は，労働者を労働上発生するいかなる災害
からも保護するという結果に対する義務ではなく，その回避・防止に向けて適
切な措置を講じるにとどまると考えられている（菅野和夫『労働法〔第 12 版〕』
（弘文堂・2019），672 頁）。

　この安全配慮義務違反により損害賠償を請求する際には，一般不法行為（民
法 709 条）に基づくこととなる。したがって，労働者（原告）は，使用者の故
意または過失や損害の発生，およびそれらの因果関係等を立証する必要があ
り，労働者と企業という関係性を見た場合，情報格差等によりこの立証が補償
のハードルとなる面もある。この点で，実際の補償としては，次で述べる労災
保険制度が活用されている。ただし，労災保険制度があるからといって，安全
配慮義務を免れるものではなく，労働者を雇用する企業としては，安全配慮義
務の履行として，労災の発生を防止する措置を講ずることは最優先で取り組む
べき事項である。

(2)　労災保険制度

　安全配慮義務違反による損害賠償を請求するためには請求する側が立証責任
を負うが，企業の営利活動に伴う労働災害に対しては，当然に使用者に補償を
行わせ，労働者を保護する必要があるという観点から，労災補償制度が整備さ
れている（労働基準法 75 条以下）。労災補償制度は，使用者の過失の有無を問
わず，補償がなされること（無過失責任），および補償額の算出が定められてい
ること（賠償額の定率化）が特徴といえる。

　また，使用者による労災補償を担保するものとして，労災保険法に基づく労
災保険制度がある。これは，国により運営される保険制度であり，使用者がこ
の制度に加入し，保険料を納める一方，労働者に対して負う労災補償責任を保
険制度上の給付により補填するというものである。労働実務においては，労災

保険法に基づく労災認定や保険給付が中心であり，企業としても，労災発生時には，この労災保険制度に基づく補償を検討することが想定される。

　労災保険制度が適用されるのは，「業務災害」または「通勤災害」である（労災保険法7条1項）。

| 業務災害 | その労働者が従事する業務に内在・付随する危険が現実化したと認められる災害 |
| 通勤災害 | 就業場所と住居や他の就業場所等との往復・移動に通常伴う危険が具体化したと認められる災害 |

　このような「業務災害」「通勤災害」が発生した場合，療養補償給付，休業補償給付，傷害補償給付，遺族補償給付等が支給される。それぞれの支給額は，給付基礎日額（平均賃金相当額）の「100分の◎」や「◎日分」という定率により算出されることとなる。

3　副業解禁による影響

(1)　安全配慮義務

　1つの企業で働くことを想定した雇用環境においては，自社での業務負荷や労働時間等を管理しておけば，会社が相応の安全配慮措置を講じることができた。しかし，副業解禁によって，当該労働者にとっての（通算される）労働時間が増え，それに伴う肉体的・精神的な業務負荷も当然に積み重なる。使用者たる会社にとって，自身の管理が及ばない副業によるこれらの負担に対して，どのような措置を講じることが，安全配慮義務として求められるのかは大きな関心事であろう。

①　安全配慮義務の負担者

　安全配慮義務の負担者は，各使用者である。副業を行っている労働者にとっては，本業先・副業先双方の使用者が安全配慮義務を負っている。個人事業主としての副業の場合に，安全配慮義務を負うのは本業先のみであり，この点で，副業が雇用型である場合といわゆる個人事業主の場合とで違いが生じる。ただし，次項で述べるように，本業先としての安全配慮義務は結局，副業の活

動状況を把握するということであり，労働時間の通算というほか，大きな違い
が生じるわけではない。

②　副業先での就業状況の把握義務

　副業をしている場合に，本業先が負う安全配慮義務の内容としては，副業先
での労働時間や業務負荷等を踏まえ，それが過大である場合には，副業先での
労働時間の削減や負荷の軽減等を支持・指導することで足りるとされている
（石﨑由希子「副業・兼業者の労働時間管理と健康確保」季刊労働法269号11頁
（2020））。そのためには，本業先として，副業の活動内容やその従事時間（費
やす時間，その時間帯，頻度等）を把握しておく必要があるが，これらについて
は労働者からの自己申告をもって把握することで足り，それ以上に，たとえば
副業先との契約書等の確認までが求められるものではないであろう。したがっ
て，労働者から適正な申告がなかったがために，本業先として把握していな
かった場合には，予見可能性がなかったことになり，他に健康状態の悪化や極
度の疲労の蓄積等が明らかであったという事情がない限り，安全配慮義務を問
われることにはならないと考えられる。

　なお，本業先にとって，副業先での業務は労働時間外の活動であり（その意
味で，たとえば，自主的な資格取得に向けた勉強時間や趣味でのバンド活動等と同
様の位置づけ），安全配慮義務の議論において考慮されるものではないとの見解
もあり得る。しかし，安全配慮義務は，結果発生を予見し，それを回避できた
にもかかわらず，適切な措置を講じなかったことを内容とするものであり，副
業等による負荷が健康状態に影響していることを認識しながら，それまでの業
務を継続させた場合には，安全配慮義務違反を問われることも十分に考えられ
る（石﨑・10頁参照）。

③　損害賠償の範囲

　会社は，安全配慮義務に違反した場合，損害賠償責任を負う。その範囲は，
安全配慮義務違反との間に相当因果関係が認められる損害である。副業を行っ
ている場合には，この相当因果関係の認定が争点となることが想定される。こ
の点について，以下3つのケースをもとに検討する（以下の分類は，石﨑・11
頁を参考にしている）。

解　説

＜ケース１：過重とはいえないパートタイム・アルバイトの掛け持ち＞

> 労働者が複数の就業先と雇用関係にあり，そのいずれも，個々で見れば過重と
> はいえない労働であったが，その積み重ねにより疾病等が発生した場合（パート
> タイム・アルバイトを掛け持ちしている場合等）

　この場合，結論としては，たとえそれぞれの就業先が掛け持ちの事実を認識
していたとしても，発生した疾病等との関係で相当因果関係は基本的に認めら
れないと解される（石﨑・11頁）。安全配慮義務の趣旨は，使用者が当該労働
者に課している業務を遂行する上で発生する危険に対して補償する点にあると
ころ，このケースでは，いずれの業務に内在する危険も現実化したとはいえな
い。

　ただし，このケースでも，疲労の蓄積が明らかであり，それを使用者が認識
していたにもかかわらず，何らの措置も講じなかったような場合には，相当因
果関係が認められる余地もある。ここでは，異変を認識しながら何らの措置を
講じずに，業務を遂行させている点が安全配慮義務違反と評価され，そこに内
在する疾病発生の危険が高まっていると評価できるためである。

　使用者としては，自己申告による副業先での労働時間等のみならず，日常か
ら体調面や業務遂行面等での変化を察知できる態勢を整備し，異変を認知した
際には，休暇の取得推奨や副業の停止等の適切な指導を行うことが肝要である。

＜ケース２：本業先での労働が過重労働＞

> 労働者と雇用関係にある複数の就業先のうち，本業先での労働が過重労働であ
> り，それにより疾病等が発生した場合

　この場合，本業先は安全配慮義務違反の責を免れず，それと疾病との間にも
相当因果関係が認められる。そもそも本業先での労働負荷が大きいため，副業
先での負荷によって相当因果関係が否定されることはなく，副業先での負荷
は，労働者本人の一事情として，過失相殺において考慮されるにとどまる。な
お，このような過失相殺は，副業のケースに限定されるものではない。たとえ
ば会社の業務とは別に，研究活動や資格取得に向けた勉強等を行っていた場合

等にも，その負担が相応にあり，疾病の発生を促したと認められるような事情
が存する場合には，相当因果関係が認められる余地がある。

＜ケース３：副業先での労働が過重労働＞

> 労働者と雇用関係にある複数の就業先のうち，本業先での労働は過重労働には
> 至っていなかったが，副業先での負担が重く，それにより疾病等が発生した場合

　この場合，基本的に，本業先の使用者が安全配慮義務違反に問われることは
ないと考えてよい。本業先での負担は適切な範囲にとどまっており，疾病等の
発生は，労働時間外の事象である副業に起因しているからである。
　ただし，本業先の使用者から見ても，疲労の蓄積が明らかであった等の事情
がある場合には，本業先に予見可能性があったとして安全配慮義務違反が認定
され，その点と疾病等との相当因果関係が認められる余地もある。
　本業先として，副業を解禁する場合には，適切に副業先における負担を把握
できるよう，労働者に対して申告を求めるとともに，副業の負担が大きい場合
には，その縮減や停止を含む指導ができる根拠規定を定めておくことが必要で
ある。また，同様に，副業の承認基準として心身に過度な負担が生じるような
副業は禁ずることを含めるべきである。

(2)　労災保険制度

　労災保険制度としての補償は，１対１の個別の雇用関係に基づき，使用者が
労働者に対して負う責任を想定しており，１人の労働者が複数の就業先の業務
に従事することや，自社の業務に起因しない労災についてまで責任が及ぶこと
は想定していなかった（小畑史子「副業・兼業と労災保険・雇用保険」ジュリスト
1553号50頁（2021））。しかし，副業が広まる中，個々の雇用関係における業
務の負担は軽減される一方，複数の雇用関係を持つことで，労働者の総合的な
負担は増すことも想定される。前項で見たように，そのような場合には，基本
的に安全配慮義務違反が認められることもなく，総合的な「業務」に起因する
災害であるにもかかわらず，一切の給付・補償がなされない事態となりかねな
い。
　この点について，副業を解禁する方向でのモデル就業規則の改定等を踏まえ

た令和2年の労災保険法改正により，複数の事業における業務上の負荷を総合的に評価し，一定の給付を行う「複数業務要因災害に関する保険給付」の制度が創設され，この点について一定の解決が図られた。以下では，労災認定における労働時間の考え方を整理した上で，令和2年労災保険法改正の内容を概観する。

①　労災認定における業務負荷および労働時間の考え方

労働時間は，心身の健康状態に対して，大きな影響を持つ。労働時間の長期化によって，睡眠や休息の時間が削られることが多く，その蓄積により，注意力が散漫となったり，脳や心臓の疾患につながったりするリスクが増大する。この意味において，労災が認定される上で，労働時間は大きな要素に位置づけられる。

厚労省の「脳・心臓疾患の認定基準」は，過重な業務負荷を脳・心臓疾患が業務上疾病と認定される要素と位置付け，時間外労働と発症との関係を以下のとおり整理している。なお，長期間（発症前おおむね6カ月）の過重業務については，労働時間のほか，不規則な勤務，拘束時間の長い勤務，出張の多い業務，交替制勤務・深夜勤務，作業環境（温度環境・騒音・時差），精神的緊張を伴う業務等も考慮される。

期間および時間外労働	【発症前1カ月〜6カ月】おおむね月間45時間を超える時間外労働が認められない場合	おおむね月間45時間を超えて，時間外労働が長期化	【発症前1カ月】おおむね100時間を超える時間外労働【発症前2カ月〜6カ月】おおむね80時間を超える時間外労働
業務と発症との関連性	弱	徐々に強まる	強

②　令和2年労災保険法改正：複数業務要因災害（改正労災保険法7条1項2号）

従来の労災保険制度では，前述のとおり，複数の就業先における業務の負荷が相俟って業務上災害が発生した場合であっても，使用者が共同してその災害に対して責任を負うことはない。これは，労災保険制度も，安全配慮義務と同様，個々の業務に伴う危険の現実化に対して補償するものであり，それを超え

脳・心臓疾患の業務起因性の判断のフローチャート

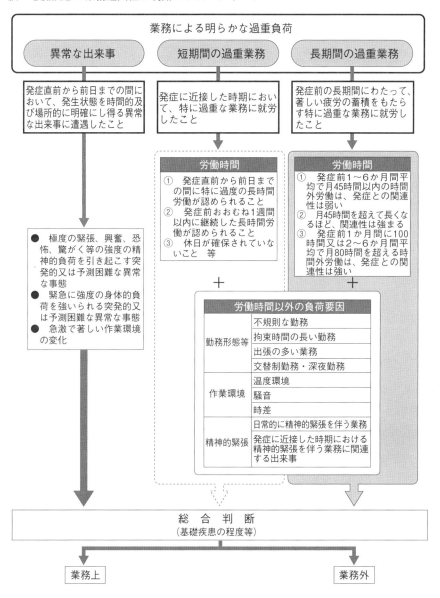

厚生労働省・都道府県労働局・労働基準監督署「脳・心臓疾患の労災認定」より

た責任を使用者に課すことは困難であるためと考えられる。裁判例において
も，個々の雇用先の業務上の負荷を基にした判断を行っていた（小畑・50頁）。

　しかし，令和2年の労災保険法改正では，この考え方が大きく転換された。
この改正は，副業を推進する中において，各使用者における業務上の負荷のみ
を考慮した判断では，労働者の稼得能力や遺族の被扶養利益の損失に対する補
填として不十分であるとの価値判断によるものである（令和2年8月21日基発
821第1号）。

　具体的には，複数の就業先における業務上の負荷を総合的に評価し，それに
よって発生したと認められる災害（令和2年8月21日基発821第1号において，
現時点では，脳・心臓疾患・精神障害が想定されている）に対しては，「複数業務
要因災害」として，新たな保険給付がなされることとなった（労災保険法7条
1項2号）。ここで，複数業務要因災害とは，二以上の事業の業務を総合的に
評価した結果，当該業務との間に相当因果関係が認められる負傷，疾病等であ
る。

　なお，この複数業務要因災害による給付の対象となるのは，同一人でない二
以上の事業に使用される労働者（複数事業労働者）である（労災保険法7条1項
2号・1条）。二以上の事業への使用は，傷病等の要因となる事由が発生した
時点において，同時になされていたことをいい（令和2年8月21日基発821第
1号），これは，要因となる事由の発生時期と傷病等の発症時期とが必ずしも
一致しないことを踏まえたものである。したがって，副業先との関係が労働関
係でない場合は，複数事業労働者に該当せず，この制度の対象とはならない。

　複数業務要因災害に対する給付は，以下のとおりである。

・複数事業労働者療養給付　　　　・複数事業労働者休業給付
・複数事業労働者障害給付　　　　・複数事業労働者遺族給付
・複数事業労働者葬祭給付　　　　・複数事業労働者傷病年金
・複数事業労働者介護給付

　これらは，従来の業務災害または通勤災害に対する給付と同一内容であり，
給付基礎日額に基づいてその給付額が定まる。

　なお，複数業務要因災害は，それぞれの就業先の業務との間では因果関係が

認められるものではなく，いずれの使用者も労働基準法上の災害補償責任は負わない。給付の名称として「補償」という表現が使用されていないのは，業務上災害に対する「休業補償給付」とは異なることを明確にする趣旨である（小畑・50頁）。

③　給付基礎日額の算定

労災保険給付の金額は，給付基礎日額をベースに算出される。この給付基礎日額についても令和2年労災保険法改正において，大きな見直しがなされた。すなわち，複数事業労働者の業務上災害，複数業務要因災害および通勤災害に対しては，当該労働者を使用する事業ごとに算定した給付基礎日額に相当する額を合算した金額を基礎として，給付額が算出されることとなった（改正労災保険法8条3項）。

この改正により，労災給付の金額が疾病等の発生前の所得水準に近づき，複数の就業先での仕事を掛け持ちすることにより生計を維持してきた労働者やその遺族の補償は，確実に手厚いものとなった。

なお，複数業務要因災害に係る使用者からの費用徴収は，複数業務要因災害を業務災害とみなした場合の災害補償の価額（当該複数事業労働者を使用する事業ごとに算定した額に限る）の限度で行うこととされている（改正労災保険法31条）。

(3)　安全配慮義務・労災防止の観点から，副業を制限できるか

労働者の健康への配慮として，それを害するような副業を禁止・制限することは当然に認められる。使用者としては，労働者に対して安全配慮義務を負っているのであり，副業を許可するに当たって，それによって心身の健康を害することがないよう，適切な指導を行うことは，労働者を保護することに加え，使用者自身の義務を履行するという点でも不可欠である。

厚労省ガイドラインも，同様の整理のもと，使用者としては以下の対応が考えられるとされている。

①	就業規則等において，長時間労働等によって労務提供上の支障がある場合には，副業を禁止又は制限できるようにしておくこと
②	副業の届出等にあたり，副業の内容について労働者の安全や健康に支障をもたらさないか確認するとともに，副業の状況の報告等について労働者と話し合っておくこと
③	副業の開始後に，副業の状況について労働者からの報告等により把握し，労働者の健康状態に問題が認められた場合には適切な措置を講ずること

　副業を解禁する使用者としては，許可基準として定めるとともに，副業開始後も継続的にモニタリングを行い，危険を認知した場合には，速やかに適切な措置を講じられるよう，就業規則等にその根拠を定めておくことが強く推奨される。

【豆知識】　副業を行う労働者自身による健康管理

　使用者は安全配慮義務を負っており，また，業務上災害と認定される場合には，労災保険制度が適用される。したがって，使用者は，副業を行っている労働者に対しても，十分な健康配慮措置を講じることが欠かせない。そのため，労働者に対して，副業の活動状況や健康状態等に対しても，相応の意識を投じ，観察していく必要がある。

　ただし，自身の心身の健康状態を把握すべきは労働者本人であり，副業の開始に当たっては，労働者自身が健康に十分留意することが求められる。本業先，副業先いずれの使用者も安全配慮義務を負っているとはいえ，それぞれの就業状況を総合的に踏まえた判断をするには限界もある。副業を行う理由は，経済的理由のほか，自身の能力開発，人脈作り，趣味の共有等，実に多岐に及び，それぞれへの軸足の置き方やモチベーションの持ち方等も多様であるが，健康状態を含め，あくまで自身でコントロールできる範囲での副業にとどめる意識が労働者には求められる。

第10章　副業と社会保険の関係

副業許可基準

・労働者は，他の使用者との労働契約による副業に従事することはできない。

1　総論——副業・兼業と雇用保険等との関係性

　副業の解禁は，労災保険，雇用保険，健康保険，厚生年金保険にも影響する。これらの社会保険は，従来，基本的に１つの事業場で労働することが想定された制度であった。労災保険については前述（**第９章**）のとおりだが，雇用保険も，単体の事業場における労働時間等をもとに算定する仕組みであった。これは，伝統的な日本型雇用である終身雇用において，複数の事業場に労働者として属するということが想定されにくいということが背景にあったといえる。

　しかし，政府が副業・兼業を推進し，企業が副業・兼業を「解禁」するにつれ，複数の事業場での労働が増加すると，この前提も当然に見直しが迫られる。令和２年の「雇用保険法等の一部を改正する法律」は，その１つの結実として位置づけられる。

　本稿では，副業・兼業を解禁するに当たり，雇用保険制度および社会保険制度の適用における考え方や留意点を整理する（なお，労災補償保険制度については**第９章**を参照）。

2　副業・兼業と雇用保険

(1)　雇用保険制度の趣旨

　雇用保険制度は，労働者が失業した場合等に必要な給付（失業等給付）を講じることにより，労働者の生活および雇用の安定を図ることを目的としており

（雇用保険法1条），労働者が雇用される限り，その業種や規模等を問わず，原則としてすべての事業に適用される（同法5条1項。強制保険制度）。

　この雇用保険制度は，雇用保険料によって賄われているところ，この雇用保険料は，事業主（会社）と労働者（ただし，失業等給付金および育児休業給付金にかかる保険料のみ）それぞれが負担することとされている。そして，雇用保険制度も，労働災害と同様に，事業主ごとに適用する仕組みとなっており，複数の使用者に雇用される労働者は，そのうちの1つの使用者（原則として，生計を維持するに必要な主たる賃金を受ける雇用関係にある使用者）との雇用関係に適用されてきた。

　そのため，本業として，フルタイム勤務（あるいはそれに近い形態での勤務）を行いつつ，たとえば週末の数時間，副業としてパートタイム勤務を行うといった場合には，フルタイム勤務者として雇用保険が適用されてきた。これに対し，複数の事業所において，それぞれ比較的短時間の勤務を行うという働き方は，いずれの事業所においても雇用保険の適用とされてこなかった。この点の問題はこれまでも指摘がされてきたところであり，「複数の事業所で雇用される者に対する雇用保険の適用に関する検討会報告書」でも検討がなされた。

(2)　雇用保険制度の概要

　雇用保険制度は，被保険者に失業等の事由が生じた場合に，一定の給付を行うことで，その生活の安定を図るものである。以下，その対象である被保険者および給付の内容につき，概観する。

①　雇用保険制度の対象者（被保険者）

　雇用保険制度は，以下を除き（雇用保険法6条），当該事業に雇用される労働者全員を被保険者として適用される。なお，ここでいう「雇用される労働者」については，労働契約法2条1項における「労働者」（使用されて労働し，賃金を支払われる者）と実質的に重なる。

雇用保険制度の適用除外者	
①	1 週間の所定労働時間が 20 時間未満である者（短時間労働者）
②	同一の事業主の適用事業に 31 日以上雇用されることが見込まれない者
③	季節的に雇用される労働者の一部
④	学生・生徒
⑤	漁船乗組員の一部
⑥	公務員

　このうち，①短時間労働者を雇用保険制度の適用除外としている趣旨は，雇用保険制度が，自らの労働によって賃金を得ることで，生計を立てている労働者が失業した場合の生活の安定等を図る制度であることに鑑み，離職率が高く，フルタイム労働者と比較して，再就職が容易である一方，給付に反映される賃金が比較的低く，給付と負担との不均衡が生じるおそれがあるため，と説明されている（林健太郎「兼業・副業を行う労働者と雇用保険法の課題」季刊労働法 269 号 33 頁（2020 年））。

　副業や兼業を行っている者（以下「マルチジョブホルダー」という）との関係では，特にこの①や②が議論の中心となる。そして，現時点での帰結としては，一般の被保険者に対して適用要件を引き下げる等により，雇用保険の適用範囲を拡大することではなく，複数の事業主に雇用される満 65 歳以上の労働者に対して雇用保険を適用することとしたが，今後，副業の広まり等を受けた見直しの動向に留意する必要がある。

　なお，「複数の事業所で雇用される者に対する雇用保険の適用に関する検討会報告書」3 頁以下は，①に該当する者について，その世帯状況や収入状況を分析し，

　・マルチジョブホルダーとして，自らの労働で生計を立てていると考えられる者は就業者全体に比して多いとはいえない
　・マルチジョブホルダー全体を雇用保険の被保険者として保護するよりも，世帯主である者等の雇用の安定化の必要性が高い者について，求職支援制度や公共職業訓練等により支援していくことが適当

との見解を示している。

②　雇用保険制度における「給付」

　雇用保険の被保険者に失業等の事由が発生した場合，失業等給付がなされる（雇用保険法 10 条 1 項）。この失業等給付は，以下の 4 つからなる。

①求職者給付	基本手当，技能習得手当，寄宿手当，傷病手当
②就職促進給付	就業促進手当，移転費，求職活動支援費
③教育訓練給付	教育訓練給付金
④雇用継続給付	高年齢雇用継続給付，高年齢再就職給付，介護休業給付

　このうち，給付の中心となるのは基本手当であり，その支給金額は，賃金日額に一定の率を乗じて算出される（雇用保険法 16 条）。そして，賃金日額は，被保険者期間の最後 6 カ月間に支払われた賃金総額を 180 日間で割ることで算出される（同法 17 条 1 項）。ここでもやはり，当該被保険者期間が適用される一の雇用関係上の賃金がもとになるのであり，複数の使用者との雇用関係（マルチジョブホルダー）は基本的に想定されていない。

⑶　令和 2 年改正：65 歳以上の複数就業者への雇用保険の特例的適用（令和 4 年 1 月施行）

　令和 2 年の雇用保険法改正（令和 4 年 1 月施行）では，65 歳以上の労働者の特例として，マルチジョブホルダーに対する雇用保険の適用が拡大され（改正雇用保険法 37 条の 5），複数の就業先のうち 1 つを離職した際に，高年齢求職者給付金が支給されることとなった。給付の対象を 65 歳以上に限定しているのは，試行的措置との位置づけであるためである。

　マルチジョブホルダーに対して雇用保険を適用する方法としては，以下の 2 つが考えられる。

合算方式 [改正法で採用]	複数の事業所の週所定労働時間を合算し，合計が 20 時間以上となる場合に適用する
基準引下げ方式	現行の適用基準である週所定労働時間 20 時間そのものを引き下げる

　独立行政法人労働政策研究・研修機構（JILPT）調査によると，このうちの合算方式によれば，9割程度の雇用関係をカバーできることが窺える（「複数の事業所で雇用される者に対する雇用保険の適用に関する検討会報告書」5頁）一方，基準引下げ方式は，マルチジョブホルダーだけでなく，広く一般の労働者の基準も引き下げられることとなり，雇用保険制度そのものの考え方を変える必要があるが，現時点ではその合理的説明が困難である。そのため，改正雇用保険法では，合算方式による適用拡大が採用された。

　ただし，合算方式による場合，他の事業所での労働時間を含む対象労働者の労働時間を継続的に把握できることが前提となる。この点で，支給に当たっての雇用者の負荷が増すことになる。副業が浸透したとはいえない現状では，副業していること自体やその活動内容，時間等を就業先に伝えていないケースが多く想定される中，合算方式による場合でも，労働者自身による申出を起点に，雇用保険を適用せざるを得ない。しかし，自己都合による離職まで含めた「離職」を保険事故とする雇用保険制度において，特に短時間労働者の離職率が一般に高く，申出起点方式とする場合には，いわゆる逆選択も相応に懸念される。

　改正雇用保険法は，このような整理を踏まえ，65歳以上の労働者を対象に雇用保険の適用を拡大することにより，逆選択やモラルハザードが顕在化する程度，雇用保険を適用した人々の行動の変化，財務面への提供，事業主等の事務上の負担等を観察するための「試行」であると位置づけられている。なお，「試行」として65歳以降の労働者を対象とすることについては，一般に，公的年金等の収入源の存在が想定される高齢者を特例的に被保険者とすることで，その狙いに整合するかどうか疑問もあるとの指摘もされている（林・40頁）。

①　特例被保険者の要件
　この特例が適用されるのは，以下の要件を満たした場合である（改正雇用保険法37条の5）。

要件①	2つ以上の事業主の適用事業に雇用される65歳以上の者であること
要件②	1つ事業主の適用事業における週所定労働時間が20時間未満であること

解　　説

要件③	2つの事業主の適用事業における週所定労働時間の合計が20時間以上であること

　これらの要件を満たす労働者は，申出を行うことによって雇用保険の特例被保険者として扱われることになる。

　そして，これらの要件を満たすことについては，他の類型とは異なり，労働者からの申出を起点として，雇用保険の被保険者となることになる（改正雇用保険法37条の5第1項）。

②　給付の内容

　要件①ないし③を満たし，雇用保険の特例適用を受ける場合，離職をした雇用先の賃金を算定基礎として，高年齢求職者給付金が支給される（改正雇用保険法37条の6第2項・37条の4）。

　この高年齢求職者給付金は，勤続年数1年以上の場合は50日分，1年未満の場合は30日分の基本手当日額が一時金で支給されるものである。求職者給付の支給には，基本手当方式と一時金方式とがある中，マルチホルダーが離職した場合に一時金として支給されることになったのは，一部の職のみを離職するケースが多いであろうことが想定されることを踏まえ，失業認定日にハローワークへの出頭を求める基本手当方式がなじみにくい一方，内職減額の仕組みのない一時金方式がなじみやすいとの考慮によるものである。

　また，給付の基礎となる基本手当日額については，離職した雇用先の賃金を算定基礎として計算する賃金非合算方式が採用された（改正雇用保険法37条の6第2項で，同37条の4第1項を「賃金（離職した適用事業において支払われた賃金に限り」と読み替えている）。この合算／非合算についても，検討会において議論がなされたところであるが，

合算方式による場合，継続する雇用関係に基づく賃金も給付の算定基礎となり，離職前の賃金総額よりも，離職後の賃金および給付の合計のほうが大きくなり得る
合算制度のない一般被保険者が副業を行う場合と比べて不公平な結果となる
雇用状況に変動のない事業所にも離職票の提出を求め，ハローワークにおいて，それを含めて賃金日額の合算計算を行う必要が生じる

190

という懸念を踏まえ，非合算方式によることとした（「複数の事業所で雇用される者に対する雇用保険の適用に関する検討会報告書」7 頁）。

3　副業・兼業と健康保険・厚生年金保険

(1)　健康保険・厚生年金保険制度の概要

　労災保険，雇用保険に加えて，雇用主である事業者が加入する必要のある社会保険として，健康保険および厚生年金保険がある。これらはそれぞれ，別個の保険制度であり，その目的も異なるが，被保険者の範囲や手続等において重なり合う部分も多いため，本書では同じ項目において扱う。それぞれの制度の目的および被保険者の範囲は以下のとおりである。このうち，副業との関係においては，特に被保険者の範囲に留意する必要がある。

	健康保険	厚生年金保険
制度の目的	労働者およびその家族の業務災害以外の疾病，負傷，死亡または出産に対して給付を行うことで，生活の安定と福祉の向上を実現（健康保険法1条）	労働者の老齢，障害または死亡について給付を行い，労働者およびその遺族の生活の安定と福祉の向上を実現（厚生年金保険法1条）
被保険者の範囲	・適用事業所に使用される者（同法3条1項） 　ただし，短時間労働者（1週間の所定労働時間が通常の労働者の3／4未満）や，短日数労働者（1カ月の所定労働日数が通常の労働者の3／4未満）で，1週間の所定労働時間が20時間未満である労働者（同項9号）等を除く ・任意継続被保険者（同条4項）	・適用事業所に使用される70歳未満の者（同法9条） 　ただし，短時間労働者（1週間の所定労働時間が通常の労働者の3／4未満）や，短日数労働者（1カ月の所定労働日数が通常の労働者の3／4未満）で，1週間の所定労働時間が20時間未満である労働者（同法12条5号）等を除く
保険給付	・療養給付，入院時食事療養費，入院時生活療養費，保険外併用療養費，療養費，訪問看護療養費，移送費 ・傷病手当金 ・埋葬料 ・出産育児一時金 ・出産手当金 ・家族療養費，家族訪問看護療養費，家族移送費 ・家族埋葬料	・老齢厚生年金 ・障害厚生年金および障害手当金 ・遺族厚生年金（同法32条）

	・家族出産育児一時金 ・高額療養費，高額介護合算療養費 　（同法 52 条）	
保険料の負担	・被保険者および被保険者を使用する 　適用事業主が保険料の 1／2 ずつを 　負担（同法 161 条 1 項） ・事業主がまとめて納付（同条 2 項）	・被保険者および被保険者を使用 　する事業主が保険料の 1／2 ず 　つを負担（同法 82 条 1 項） ・事業主がまとめて納付（同条 2 　項）

(2)　副業・兼業をした場合の健康保険・厚生年金保険制度の適用

　社会保険の適用要件は，事業所ごとに判断される。そして，複数の雇用関係のもとで複数の事業所に勤務しているマルチジョブホルダーは，各事業所での就業が短時間・短日数になる傾向が強いことから，いずれの事業所においても被保険者としての要件を満たさないことが想定される。そのような場合，たとえすべての労働時間を合算すれば適用要件を満たすのであっても，社会保険の適用対象とはならない。

　他方，いずれの事業所でも社会保険の適用者要件を満たす場合，被保険者である当該労働者は，いずれかの事業所を管轄する年金事務所および医療保険者を選択する必要がある。選択された年金事務所および医療保険者において，各事業所の報酬月額が合算された標準報酬月額を算定し，保険料が決定されることとなり，この労働者を雇用する各事業主は，被保険者に支払う報酬の額によって按分された保険料を選択された年金事務所，医療保険者に納付することとなる。

　現時点では，雇用保険制度における 65 歳以上のマルチジョブホルダーのように，健康保険および厚生年金保険の適用対象を拡大する改正は行われていない。

4　副業を認知したときの人事部の対応

　社会保険や税務処理の手続を行う中で，人事部門として，特定の労働者の副業を認知することがある。多くの労働者は，毎月の給与から住民税が徴収されているところ，その金額は，副業を含む総収入をもとに算出される。給与から控除する住民税の金額は各市区町村から会社へ通知されるが，人事部が給与から控除すべき住民税の金額を管理する中，当該会社における給与とのバランス

から見て，住民税の金額が大きい場合などに，副業の発覚につながるのである。

　このようにして，会社が労働者の副業を認知した場合，その副業が社内の所定の手続を経てなされているものであれば，何ら問題視すべき点はなく，粛々と処理を進めることとなる。他方で，当該会社における手続を履践していなかったり，そもそも禁止されている副業を行っていたりした場合等には，会社としての対応を検討する必要がある。

　副業に当たっての承認基準やその手続を定めている会社においては，副業の可能性を認知した以上，認知した副業について，事実確認を行う必要がある。その事実確認の結果次第では，懲戒処分等を検討することになろう（懲戒処分については**第 13 章**を参照）。

　このように，社会保険等の手続を端緒として，社内規程に従っていない副業を行っている労働者を探し出すことは可能である。しかし，社会保険等の場面を捉えて，積極的に社内規程に反する副業を探知することが求められているわけではない。この点は，会社の副業に対するスタンス次第であり，社会保険手続等において，自社での給与と住民税等とを突き合わせて，副業の可能性を見つけ出すことも，極端に給与水準とかけ離れているようなケースのみを個別に調査することも，いずれも合理的な経営のスタンスである。ただし，それをもって懲戒処分等にもつながり得るものであることからすれば，各事案への対応には公平性が求められ，少なくとも担当者間では，そのスタンスを共有しておく必要があろう。

> **コラム**　第7話――「副業するとき，何に気をつける？」
>
> 　とある会社の人事部から……（割愛）。まだまだ喋ってます。
>
> 楓「この間，桐原部長に副業のこと相談したじゃん？　会社は私の副業を許可してくれるかな？」
>
> 羽佐間「そりゃしてくれんちゃうか。せやけど，ほんまに具体的に考えてんのか？」
>
> 楓「いや～，そこを指摘されるとつらい」
>
> 羽佐間「そこ突っ込まんでどこ突っ込むねん。デザインできるんやったら，俺と一緒にウェブデザインの会社でも起こすか？」
>
> 楓「（ツンデレ!?）」
>
> 羽佐間「ツンデレちゃうぞ」
>
> 楓「（心読まれた？）」
>
> 羽佐間「心読んだんちゃうぞ。顔に出すぎや。まあ冗談やけど，仮にほんまにやると考えてみいや。オフィス借りたり大掛かりな機材を用意したりせんのやったら，絶対に仕事を取ってこなあかんわけちゃうから，宣伝する必要はないわな。仕事が入ったときだけやったらええし，それやったら，他の会社とかに雇用されるのとは違って，会社のほうも普段から労働時間管理する必要もないし，まあ気楽に始められるかもな」
>
> 楓「それなら，こっちの仕事にも影響なくやれそうね」
>
> 羽佐間「とはいうても，お客さんに締切り切られたら，締切り前はめっちゃ忙しなるかもしれへんで。会社からしたら，過労で倒れたりせえへんように，厳密な労働時間管理が要らんケースやったとしても，これまで以上に社員の健康状態には気を遣わなあかんわな。社員に万一のことがあってみいや。仮に副業が忙しなってたとしても，『それはその社員が副業をやってたのが悪いのであって，会社は悪くありません』なんて言うたらどうなるかわかるやろ？　会社が責任を追及される可能性かてあんねんから，労働時間管理とか健康管理は重要やわ」
>
> 楓「それ，人事部の私たちの仕事ってことよね……。今は在宅勤務も多いけど，もし，家でこっそり副業やってたらわからなくない？」
>
> 羽佐間「まあ，ばれずにやるのは可能やろうなあ。せやけど，副業やるのに許可もらわなあかんて規則があるのに，許可もらわずにやったら，そりゃ完全な就業

規則違反で懲戒処分の対象やで」

楓「懲戒⁉　そっか，ごめんですむ話じゃないのね」

羽佐間「ほかにも，副業で稼ぎが入ったら，自分で確定申告せなあかんてことも
あるで。社員個人の問題とはいえ，まあないやろけど脱税で刑事責任追及される
ような事態になってみ？　会社としても，社員個人の問題や〜とは言うてられへ
んで。そうならんように，人事としては副業する社員には啓蒙していくほうがえ
えやろな」

楓「まず私が気をつけま〜す」

第11章　副業と秘密保持義務

1　副業に伴う秘密漏洩が問題となる場面とは

　従業員に副業を認める場合に，懸念される場面のひとつとして，企業の保持する秘密等が漏洩するリスクが考えられるところである。自社の従業員が副業をすれば，当該従業員が別の企業の指揮命令下に入る可能性がある以上，自社の秘密をいかに保持するかを考えなければならないのは当然のことである。

　各企業は，それぞれにおいてもちろん，情報セキュリティ等の強化を図っているであろうが，従業員が副業先で行う行動を本業元の企業がコントロールすることには限界がある。そこで秘密漏洩の発生を防止するための取組みを具体的に検討する必要性が出てくることになるが，ここではまず，副業に伴う秘密漏洩が問題となる場面にはどのようなパターンが考えられるかを考察する。なぜなら，対策を考えるに際しては，秘密漏洩の原因や態様を把握する必要があるからである。

(1)　どちら側から漏れた秘密か

　まずは，どこから秘密が漏洩することを想定するか，すなわち「漏洩元」によって場面を分類することが考えられる。

①　副業先で本業元の秘密が漏洩する場合

　副業を許可する本業元としては，最も心配するケースである。本業元が保有する秘密情報が何らかの原因で副業先にて漏洩してしまうことは，真っ先にイメージされる事例であろう。

②　本業元で副業先の秘密が漏洩する場合

　しかし，場面設定としては，逆のパターンも考えられる。副業を行う従業員が副業先の秘密情報を本業元に持ち込んでしまうことで，本業元で副業先の秘密が漏洩してしまう可能性である。実際にこのようなケースがどれほど発生するかは未知数なところではあるが，副業許可の検討を行うに際しては，あらかじめ想定しておく必要があると考えられる。

(2)　漏洩情報の内容・種類による区別

　漏洩元がどこであるかとは別の視点で，漏洩する情報の内容や種類によっても状況が異なることが考えられる。

①　情報の内容：企業自身の情報（機密）か個人情報か

　漏洩し得る情報とは，企業自身に関わる情報，すなわち営業機密や技術情報（製造上のノウハウを含む），インサイダー情報（株価の形成に影響を与え得る未公表の重要事実）等に限られない。厄介なのは，企業が保有する個人情報が代表であろう。企業機密以上に，個人情報が漏洩してしまうと，問題が拡大化・複雑化してしまう懸念があるといえる。当該個人情報の本人への説明・補償だけにとどまらず，対外的な公表も行わなければならないような事態も想定しなければならない。

②　誰の情報か：当該企業の情報か，第三者の情報か

　個人情報以外にも，企業が保持し漏洩が懸念される情報には，第三者から委託され受領した情報や，第三者から取得し守秘義務を負っている情報等の存在も考えられる。

　このような第三者の情報が漏洩してしまうと，第三者に対する責任（第三者からの責任追及）が及んでくる可能性がある。より影響が拡大・深刻化し，財産的な損害だけでなく外部からの信頼毀損・風評被害といった無形的な損害も懸念されかねない。

(3)　漏洩の原因はどこにあるか

　このように秘密漏洩が発生してしまうような具体的な場面を思い描いていく

と，事態の深刻さと影響が実感されよう。ここで，このような漏洩が起きてしまう原因としては，どのようなことが考えられるであろうか。原因が何であるかは，対策を考える上で必要なことである。

　ここでは，故意・悪意による意図的な漏洩，すなわち産業スパイ的な犯行のほか，会社に怨恨のある者による悪意による事態も，もちろん考えられるところではある。しかし，現実的にはうっかりミスや過失，さらにはパソコンやスマートフォンへのウイルス感染による情報漏洩が問題となることが多いと思われる。原因としては，次のようなものが考えられる。

①　同一の通信機器の利用

　副業を行う従業員が，パソコン・USBメモリ・スマートフォンなど同一の通信機器を本業元と副業先の双方で使用することで，双方の情報が混在した結果，漏洩へとつながってしまう可能性が考えられる。

②　メールを介した漏洩

　メールの誤送信により，たとえば本業元の秘密情報が副業先の関係者へと漏洩してしまう可能性。メールアドレスを本業と副業で共用する場合や，本業と副業で同一のメールソフトを使用しているケースでは，予期しない送信ミスによる漏洩が起こり得る。たとえば，メールの送信先選択の際にサジェスチョン機能の選択ミス等によって送信ミスが発生しやすくなるおそれ等が考えられる。

③　在宅勤務の広がり

　新型コロナウイルスの感染拡大に伴い，リモートによる在宅勤務が急速に普及したことで，自宅から会社のシステムへと直接にアクセスできる環境が整うようになった。そうすると，従来であれば勤務先でしか企業情報を扱うことがなかった従業員も，自宅に企業情報を持ち込む機会が増えることが想定される。

　さらに，在宅勤務ではパソコン・情報機器等を会社が支給するのではなく，従業員の私物を業務に使うことも多いものと推測される。在宅勤務では従業員の勤務状況を会社が把握することが難しい面もあり，情報管理を従業員任せにするだけでは，本業元と副業先の情報が混在してしまう危険がある。このような状況で，さらに副業先の情報管理体制において副業先での情報セキュリティ

が甘いと，そこから漏洩していく可能性も否定できない。

　これらは，いずれも本質的に情報管理の問題であると考えられ，ハード面および人の意識の双方につき対策が必要である。

2　情報漏洩時の法律関係

　いったん，秘密情報が漏洩してしまった場合に，法律関係はどのようになるであろうか。副業先が絡む場面であることから，当事者関係が多数に及び，法律関係も必然的に複雑になりかねない問題が考えられる。

(1)　副業先で本業元の秘密が漏洩した場合

①　本業元と副業する従業員との関係

　情報漏洩に関わった従業員との関係では，本業元は就業規則等の社内規則違反を理由とした懲戒処分を行う可能性のほか，会社と従業員間で秘密保持契約を締結ないし誓約書を提出している場合には守秘義務違反等に基づく法的責任として損害賠償請求を行うことが考えられる。また，民法の一般原則として不法行為責任も発生すると考えられる。

②　本業元と副業先との関係

　本業元と副業先の会社同士は，契約関係にはないことが通常であろうから，契約違反を理由とする債務不履行責任は一般的に観念できない。このため，従業員の不法行為を理由とした使用者責任を追及するほか，副業先自身の管理体制の不備を理由とした不法行為責任を追及するとの形で損害賠償請求を行うことが考えられよう。

　しかし，実際にこれら責任を副業先に追及しようとする際には，それぞれの損害賠償請求のための法律上の要件を満たさなければならないが，その立証には困難が予想される。

　また，副業先の会社が本業元の秘密情報を意図的に利用しようとしたり，不正の手段で入手したといった事情があれば，不正競争防止法が適用される可能性も出てくる。ただし，この場合に不正競争防止法の差止請求・損害賠償請求等を行うためには，たとえば営業秘密として保護を受け得る3要件（秘密管理

性／有用性／非公知性）を満たさなければならないなどといったハードルがあり，決して簡単ではない。

③　副業先と副業する従業員との関係

副業先での就業規則等，副業先での管理ルール違反となり，副業先で懲戒処分を受ける可能性がある。

④　情報の主体である第三者からの責任追及

漏洩した情報が，本業元である会社自身の情報ではなく，第三者から受領した情報や個人情報である場合には，その第三者から本業元が管理責任を追及されることが考えられる。

(2)　本業元で副業先の秘密が漏洩する場合

次に，従業員が副業先の秘密を本業元に持ち込んでしまい，本業元で秘密が漏洩する場合であるが，このケースでは，本業元と副業先との関係が(1)とは真逆となるため，本業元が副業先から使用者責任あるいは管理体制不備を理由とした不法行為責任を追及されてしまう可能性がある。

3　本業元で採るべき対策

以上見てきたように，従業員の副業に伴い秘密情報が漏洩してしまうと，法律関係は多面的で複雑なものになることが懸念される。さらに，漏洩による損害が拡大し，その賠償請求もできないまま損失を被らなければならなくなる事態も多く考えられよう。秘密情報の漏洩は，それ自体が避けなければならない事態であることはいうまでもないが，従業員が副業を行うに当たっては，システムや就業環境的に漏洩のリスクが高まる可能性があること，漏洩後の法律関係や対応が複雑化し困難になることを踏まえ，本業元でも十分な対策が講じられなければならない。

そこで，秘密漏洩を防止する対策を，以下，具体的に検討していくが，ここでの検討に際しては，法的な見地での対策や予防策を考えることはもちろん必要なことではある。しかし，それ以上に大切なことは，何より秘密漏洩が発生しないような体制を構築することであり，情報セキュリティや当事者の意識改

革が，まずは必要なことと考えられる。副業を認めるかどうか，そのための体制整備の検討は，人事部門や法務部門が中心に進められることが多いであろうが，それに限らず，情報システム部門や副業する従業員が所属する現場部門との連携が欠かせないであろう。

(1)　リスクの分析（自社および副業しようとする従業員が保有する情報の精査）の必要性

　対策を検討するに当たって，まずは自社で保有している秘密情報にどのようなものがあるかについて，精査とリストアップが必要である。漏洩してはならない情報とは何かを特定することは，何が自社にとってのリスクであるかを把握することと同義である。また，保護すべき情報が何かを特定することにより，保護すべき対象が明確となり，対策も採れることになる。

　もちろん，会社で見聞きするおよそすべての情報が秘密であるとも考えられるところではある。外部に漏洩してよい情報など観念できないではないか，とも考えがちである。しかし，この考え方は副業を行う従業員との関係においての一般論としては当てはまることではあるが，情報漏洩の防止策を考える上では，対策の範囲が無限定で膨大なものとなりかねない。会社にとってリスクの高い情報を洗い出し，特定しておくことは必要と考えられる。

　個人情報を例に取れば，まずは社内でどのような個人情報を保有しているかの実態把握が不可欠であるのと同じである。個人情報が社内のどの部署に，どのような種類のものが，どのような形態で保有されているのかを把握できていなければ，情報管理の体制として不十分であり，対策も採りようがない。それと同様に，普段から機密管理・情報管理として，会社として保護すべき情報の特定が必要であろう。

　このような体制は，金融機関のように高度な義務・管理体制が求められる業界においては，すでに構築されているところもあろう。しかし，一般的な事業会社において，抽象的な管理ルールは設けられてはいても必ずしも秘密情報の特定が十分とはいえないケースもあるものと考えられる。どこまで対応しなければならないかは必ずしも一概にいえるものではないが，会社が従業員に副業を許諾するに際しては，当該従業員がどのような情報を所持またはアクセスすることができるかを個別具体的に把握することが大切である。より重要性・機

密性の高い秘密情報にアクセス可能な従業員の場合には，個別的な対策を採ることを検討する必要があろう。

(2)　ルール整備およびシステム対応の再検討

どんな企業も，一般的な情報管理・機密管理として情報の取扱いに関する社内規程やルールを設けているほか，情報セキュリティの観点からの技術的な対策を施している例が多いであろう。たとえば，ファイルにパスワード設定を義務化する，パスワード設定のない USB メモリの使用を禁止する，社外とのメール送信に対してセキュリティ制限等を設けている，などといった例は多く見られるところである。

しかし，従業員に副業を認めるに際しては，これら従前の対策・対応で十分かどうかを慎重に検討すべきであると思われる。あってはならないことではあるが，秘密漏洩が実際に発生してしまった場合の有事対応を想定すると，本業元である自社の秘密漏洩について事実調査を行おうとしても，さまざまな困難が予想される。

副業先から秘密情報が漏洩した場合には，副業先にどこまで調査協力が得られるかが不透明である。また，当該従業員のプライバシーにも関わる領域については，自ずと調査にも限界がある。このようなことを想定すると，有事の際に漏洩した情報の範囲や対象の特定や，流出先についての把握ができないという事態も考えられる。

副業に伴う秘密漏洩にはこういったリスクも伴うことを認識しながら，改めて自社の体制が十分であるかを検討する必要がある。

検討に当たっては，次のような視点での分析が必要であろう。

①　社内規程・ルール整備

情報管理規程や一般的な就業規則に加え，在宅勤務に関する規程や情報通信機器の取扱いに関する規程を整備し，ルール化しておくことが考えられる。その際に，従業員へ副業を認める場合には，情報・秘密保護の遵守を盛り込むだけでなく，副業先の業務を行うに際して情報通信機器（パソコン・スマホ等）の取扱い方法や具体的な留意事項について明文化しておくことが必要である。

②　自社からの漏洩だけでなく，副業先情報の自社への流入可能性

　従業員の副業に伴うリスクとしては，自社からの情報漏洩だけでなく，副業を行う従業員が副業先の情報を自社に持ち込んでしまう可能性も考えられる。このような場合を想定すれば，情報セキュリティの体制としても，従来のような自社からの流出防止だけでなく，他社の秘密情報が自社のシステムを通じて流入してくることも防止することを検討する必要があるであろう。このことはシステム的な対策だけでなく，社内規程・ルール整備や従業員教育の場面でもこのような場面を想定した注意喚起や啓発を行うことが考えられる。

(3)　秘密保持の契約締結または誓約書提出

　もともと従業員との間で秘密保持契約書の締結ないし秘密保持の誓約書を提出させていない会社の場合は，従業員に副業を許可するに当たって書面を取り交わしておくことは，万が一の情報漏洩が起きた際の責任追及のためには有効であろう。

　一方，従来から従業員との間で秘密保持契約書を締結ないし誓約書を提出させている会社もあるものと考えられる。このような会社が従業員に副業を認める場合に，これらの一般的な秘密保持契約書・誓約書に加え，副業を想定した秘密保持契約の締結または誓約書提出を新たに求める対応は必要であろうか。

　法的な効果の点だけに着目をすれば，たしかに一般的・抽象的な秘密保持義務を定めた契約書ないし誓約書を取り交わしておけば，漏洩時の責任追及は可能であると考える余地はあろう。しかし，副業を行おうとする従業員に情報管理についての自覚を持たせ，その責任を認識させるためにも，秘密保持契約の締結または誓約書提出を新たに求めることにも，十分に意味があると考えることができる。

　その際に，副業しようとする従業員と取り交わす秘密保持契約書ないしは誓約書の内容としては，一般的・抽象的な秘密保持義務だけではなく，従業員が遵守・履践すべきルールや注意事項を列記して記載することが効果的であろう。具体的には，会社の定める情報の取扱い・管理ルール，情報通信機器（パソコン・スマホ等）の使用ルールや使用上の留意点といった事項のほか，当該従業員が会社にとってより重要性・機密性の高い秘密情報にアクセス可能である場合には，当該情報の取扱いについて具体的に記載することも考えられる。

解　　説

⑷　従業員教育

　情報漏洩の原因が，必ずしも故意や悪意によるものばかりではなく，むしろ過失やうっかりミスによるものや，パソコンやスマートフォン等へのウイルス感染や外部からの攻撃による意図せぬ情報漏洩が多いことを踏まえると，秘密漏洩発生の防止のためには普段から従業員への注意喚起と教育が欠かせないといえる。これは，ことさら従業員に副業を認める場面に限ったことではないものとはいえ，副業を行うことに秘密漏洩のリスクがあるとは思い至らない従業員も多いことであろう。秘密漏洩の事案発生を防ぐためには，いかに普段から従業員に対し情報管理や情報セキュリティへの意識を高く持たせるかが大切であると思われる。

　各企業でも，それぞれにおいて取組みの努力がすでに行われているであろうが，従業員教育を効果的に実践するためには，抽象的な注意喚起だけでは足りないものと考えるべきであろう。望ましいのは，従業員が具体的に留意事項を思い描けるよう，漏洩が発生するケース・実例を示すとともに，従業員が採るべき行動を具体的に提示し解説することである。日ごろから研修やeラーニングなどの従業員教育の中に盛り込むほか，副業を行おうとする従業員向けにパンフレットや注意喚起書面を作成して配布することも有益であろう。

⑸　保険の加入の是非

　秘密漏洩の対策として，万が一の漏洩発生に備え，保険に加入し損害を補填するとの考え方もあろう。保険各社ではサイバーリスク保険や個人情報の漏洩事故に関する保険商品が数多く販売されている。ただし，従業員による副業に起因する秘密漏洩の場合に，これらの保険が適用されるかどうかは，それぞれの保険商品の適用条件や契約事項によるので，よく確認することが必要である。たとえば，漏洩のルートが自社ではなく副業先を通じたものである場合に保険適用があるかどうか，といった形で問題とされよう。

4　副業をしようとする従業員が留意すべきこと

　最後に，これまで述べてきた本業元である会社側の取組みについて，副業を行う従業員の立場から留意点を整理したい。

　自身が副業をするに際しては，情報管理に関するリスクを認識する必要があ

る。万が一にも漏洩事故を発生させてしまった場合の責任や影響の大きさはもちろんのことであるが，日ごろから情報管理の重要性を意識し，慎重な行動をとることが求められる。自身がどのような情報に接し，どのように普段取り扱っているかを，副業に当たり今一度確認し，双方の業務の遂行方法に問題がないかどうかをチェック・点検すべきであろう。

　仮に本業元の会社での指導がなく，ルール等が存在しない場合であっても，情報の取扱いには自律的な取り組みが求められる。本業元・副業先双方の情報を峻別し，混在させないようにする方策は，自己の身を守るためにも必要なことである。具体的には，パソコンやスマートフォンといった通信機器については，ウイルス感染対策などに万全を期すのは当然として，できる限り共用を避け，物理的に遮断することが望ましい。費用・コスト等が理由で難しい場合もあろうが，自分の身は自分で守るという姿勢が大切である。

第12章　副業と競業避止義務

1　はじめに

(1)　競業避止義務の類型について

本章では，副業と競業避止義務との関係について述べる。

競業避止義務の意義・定義に関しては，後で詳述するが，副業と競業避止義務との関係を論ずる前提として，まずは，競業避止義務の類型について整理したい。

①　法律上に根拠を有する競業避止義務

まず，法律上に根拠を有する競業避止義務として，会社法は，以下のような定めを置いている。

(ⅰ)　支配人の競業避止義務（会社法 12 条）

(ⅱ)　代理商の競業避止義務（同法 17 条）

(ⅲ)　事業を譲渡した会社の競業避止義務（同法 21 条）

(ⅳ)　取締役の競業避止義務（同法 356 条）

(ⅴ)　執行役の競業避止義務（同法 419 条）

(ⅵ)　持分会社の業務を執行する社員の競業避止義務（同法 594 条）

これらについては，副業との関係を論ずるまでもなく，法律上明示的に課せられた義務である。かかる義務の内容については，「会社の事業の部類に属する取引」や「同一の事業」等の用語の相違や，承認のプロセスの相違はあれど，多くの基本書や裁判例等においてすでに論じられているところであるため，これら法律上に根拠を有する競業避止義務については，本書においては触れない。

②　契約上に根拠を有する競業避止義務

次に，契約上に根拠を有する競業避止義務が考えられる。

そのうちの1類型として，業務提携に関する契約や販売代理店契約等において，競業避止義務が合意されることがある。これらは，独占禁止法に抵触するような，一部の例外的なケースを除き，当然に有効であると解されている。

もう1つの類型として，退職する社員と会社との間で締結される「競業避止義務契約」がある。これは，職業選択の自由との関係で，制限的に解されるべきとの議論はあるが，一定の条件の下で認められている（経済産業省「人材を通じた技術流出に関する調査研究」の「参考資料5　競業避止義務契約の有効性について」（以下「経産省参考資料」という）参照）。

③　従業員に課される競業避止義務

最後に，労働契約の不随義務として課される競業避止義務がある。これは，労働契約を前提とする以上，契約上に根拠を有するものと分類することもできるが，その性質は前目において既述のものとは異なる。

本章では，以下単に「競業避止義務」というときは，従業員について課される競業避止義務を意味するものとし，この点について論じたい。

(2)　競業避止義務に関する議論の変遷

伝統的に，労働契約の不随義務として当然に負うものと理解されており，前掲の経産省参考資料においても，単に「在職中の競業行為が認められないことはもちろんだが」とのみ記載されている。これは，近時に至るまで，企業において副業を認めることが一般的ではなかったため，詳しく研究をする必要性が認められなかったためである。

しかしながら，副業に対する考え方の変遷とともに，在職中の競業避止義務についての研究の重要性が増してきている。

なぜなら，競業避止義務の内容は，その言葉から一義的に導き出されるものではなく，かかる義務が認められる背景によって異なるため，過去の競業避止義務に関する議論がそのまま妥当しないからである。

労働契約に付随するものとして従業員に課される競業避止義務について，これを中心に真っ向から論じた書籍や裁判例はなく，論述がされていても多くは

情報漏洩という観点でのものであるが，これにとどまるものではない。

　本章においては，したがって，既存の議論や裁判例等をまとめるような内容ではなく，今後問題となることが予想される点，つまり，問題が顕在化しないよう留意すべき点，について問題提起をしたい。

　なお，既述のとおり，経産省参考資料においても「競業行為が認められないことはもちろん」とされているため，合理的に解釈すれば，たとえ副業を認めることが原則であるとの前提に立っても，競業行為であることを理由に副業の申請を拒絶することは認められる，と解するのが自然である。

　したがって，本書は，副業に際して競業避止義務を課すことは認められる，との立場を前提として，以下のとおり考察を進める。

2　競業避止義務の定めについて

(1)　信義誠実の原則

　会社との間で労働契約を締結した労働者・従業員は，労働力を提供するという本来の契約義務以外にも，信義誠実の原則（労働契約法3条4項）に基づいてさまざまな義務を負う。これを「付随義務」というが，労働者については，「秘密保持義務」「競業避止義務」および「誠実義務」が認められる。

　本章では，そのうちの競業避止義務について述べるが，かかる義務が，相手方の利益に配慮し，誠実に行動しなければならないという，信義誠実の原則から導かれるものであるということは，その内容を考えるにおいて重要な点である。

(2)　競業避止義務の考え方

　厚生労働省による「副業・兼業の促進に関するガイドライン」（以下「厚労省ガイドライン」という）において，競業避止義務について「労働者は，一般に，在職中，使用者と競合する業務を行わない義務を負っていると解されている。」と定められており，これには，自ら競合する業務を行う場合のほか，競合する業務を行う会社に就職することや請負，委託，準委任契約を締結することも含まれる。

　会社の立場からは，従業員が負う競業避止義務を根拠として，従業員の副業を（一定の条件の下で）制限することが許される，と読むことができる。

　もっとも，厚労省ガイドラインは「競業避止義務は，使用者の正当な利益を不当に侵害してはならないことを内容とする義務」であるとも定めているため，一般的抽象的な議論として，競合する業務を行う会社（以下「競合他社」という）とかかわりをもつという一事だけで，副業を一律禁止してしまってよいというものではない。

　副業における競業避止義務の考え方についてまとめると，「自ら本業元と競合する業務を行うことや競合他社において就労することによって，本業元の正当な利益を不当に侵害してはならない」という義務であるといえる。

(3)　具体的な検討の前に

　次項から，上述の考え方の中身について具体的に検討するが，就業規則において，競業避止義務の内容を具体的に定めているものをみかけることはほとんどない。

　1つには，現実には，副業をすることについて従業員に申請をさせ，会社は競合するか否かも含めてその当否を判断し，承認をするというプロセスを採っていることが多いと考えられるところ，明確にし過ぎると，それに拘束されてしまうという不便・不都合がある。

　もう1つの事情として，ある規則が曖昧である場合，それに基づいて申請を承認しなかった際に，不当な取扱いであると争われるリスクがあるが，競業避止義務に関しては，競合他社の範囲やそれに利することをするのがまずいということは，誰しも感覚的に納得できるところであり，詳しく定めずとも，実質的には，よくわからないから不当だと争われることも，よくわからないから守れないということも，発生しないだろうと考えられるということがある。

　そこで，会社としては，単に理論上の精緻さのみを求めていくのではなく，副業を"推奨"するのか"容認"するのか，果たして可能な限り"拒絶"するのかといった方針を考慮し，かつ，曖昧であるために争われたり違反されたりというリスクと，明確過ぎる規定に拘束されてフレキシブルな対応ができなくなるリスクとを考慮して，どの程度の規定を置くかを決定すべきである。

　なお，厚生労働省が出している「モデル就業規則」には，単に「競業により，企業の利益を害する場合」には副業を「禁止又は制限することができる。」定められており，競業や利益を害する場合についての，具体的な規定は

ない。

3　競業避止義務の定義について

　前節において述べたとおり，競業避止義務について，就業規則に細かな定めを置くことは珍しい。では，その具体的な中身を研究することに意味がないのか，という懸念については，厚労省ガイドラインにおいて「禁止される競業行為の範囲や，自社の正当な利益を害しないことについて注意喚起すること」と，具体的な内容を把握した上で，従業員に対して注意喚起をしておくことが推奨されているため，具体的な研究は必要かつ重要なものである。

⑴　「競合」「競業」について
①　定義
　副業との関係で明確に定義されている裁判例等はないが，一般的には，本業元が「事業目的」として定款等に定めている業務と同一の業務を行っている，いわゆる「同業」を行っている会社について，「競合」関係にあると考えられている。

　まず理論的には，会社法356条の取締役の競業避止義務に関する「事業の部類に属する取引」の定めが，会社が実際に行っている取引と目的物および（地理的・商流的な）市場が競合する取引であると解されていることが参考になる。

　つまり，副業においても，事業目的の記載を形式的に比較するのではなく，ビジネスの実情に照らして，"同じ"業務を行っているか否かが判断されるべきであるということになる。

　同時に，「取引」の内容については，販売のみではなく，購入も含むとされているため，ある物品の製造販売を行っている会社については，製造のための原料を購入することも，競業避止義務の対象となる取引に含まれることになる。つまり，事業目的に直接的な記載がなくとも，競合に該当することもある。

　さらに，現実には，ビジネスの実情に照らして検討するためには，副業を考えている従業員の立場や担当業務等によって，本業元の事業について知り得る範囲が異なるため，これらの要素も加味して検討しなければならず，そう考えると，唯一絶対な「競合」の定義を確定し，完全無欠な就業規則を規定することは非常に難しそうである。

②　競合ということの問題点

　ケースバイケースで考えざるを得ないとしても，その物差しとなるべき判断基準について，どう考えるべきか。この検討のためには，競合他社で働くということが，なぜ問題なのか，その基本に立ち返って考察したい。

　労働時間が長時間化するおそれがあることや，それに伴い本業元の業務への集中を欠くおそれがあること，情報が漏洩するリスクが高まることなどは，競合他社であるか否かにかかわらない要素である。にもかかわらず，競合他社であることが特に問題視されるのは，以下の３点によるものと考えられる。

　１点目は，本業元の売上げにダイレクトに影響すると考えられることである。競合他社と本業元とは，同じパイのピースを取り合っているからこそ競合とされるのであり，すなわち，競合他社のピースが増えれば，理論上その分本業元のピースが減ることになる。従業員が副業先において働くということはつまり，副業先の売上増加に何らかの貢献をしているということになるため，その行為自体が，本業元の利益を損なっているといえる。なお，これは，同業を起業するなど，雇用以外の場合も基本的に同じである。

　余談ではあるが，このロジックは現実には少しややこしく，特に新しいビジネスにおいては，ある１社の台頭で業界全体のパイが何倍，何十倍にも膨れ上がることがあり，仮に従業員が本業元では会社の事情からできなかったことを，競合する副業先で実行（に関与）したところ，パイ全体を増大させ，本業元の売上げも増加するというケースも考えられるだろう。ただし，この場合でも，当該業界におけるマーケットシェアについてみると，当該副業先が伸びることで本業元は下がることになり，マーケットシェアの観点からは，本業元の利益を害しているともいえる。結局のところ，現実に即した判断を突き詰めすぎると，実際の売上げやマーケットシェアの変遷などビジネスの結果までもを考慮すべきということになってしまい，副業の承認をするか否かという時点では判断ができないということになる。そのため，現実には，通常のビジネス状況において，競合他社のピースが増えれば本業元のピースが減る関係にあるか否かという点の検討を行うということにはなるが，仮に，競合他社での副業を理由に行った懲戒処分の是非を争われた場合には，処分時点でのビジネスの結果が，判断において考慮される可能性はある。

　２点目は，構造的な問題である。

　つまり，営業秘密や顧客情報などは，同じ事業を行っているからこそ役に立つものである場合が多く，情報を漏洩させる動機がより強く働く構造になっている。

　さらに，情報については，本業元から出ていく情報だけでなく，従業員が副業先で得た情報が，意識的にも無意識的にも，本業元にもたらされる可能性もある。これは，適切な情報の入手方法ではないため，本業元が情報の違法・不当な取扱いをしたとして責任追及されることのないよう，競合で働く従業員から得られる情報は，本当に使っても構わないものであるか，いちいち吟味をしなければいけないということになり，非常に面倒である。

　また，本業元での経験やノウハウも，競合他社であればそのまま有効に活用できる可能性が高く，副業先によるフリーライドを容認することになってしまうおそれの強い構造になっている。

　最後に3点目として，あまり日本では議論されることのない点であるが，仮に競合関係にある本業元も副業先も納得の上で，ある従業員が双方で職務に従事する場合，同業者間において情報交換がなされる可能性があり，これが独占禁止法上問題があるとされるおそれがある。これを防ぐためには，当該従業員を通じた情報の伝達がされないよう，厳しい規制を施すべきであることになるし，その実効性についても，適宜実態を調査していかなければいけないということになる。

　これは，理論的に見ても小さくないリスクをはらむものであり，実質的に見ても小さくない管理の手間がかかるものであり，実は，この点が，競合他社における副業の一番の問題点であるかもしれない。

③　就業規則または内規での規定方法

　以上の定義および問題点を踏まえ，これをどのように規定すべきか。

　上述のとおり，緻密な検討を行おうとすると，考慮すべき要素は多岐にわたるため，これを就業規則というかたちで適切に表すのは，きわめて困難であるといえる。もっとも，会社として，副業を強く推奨したいという点が最も重要であると判断している場合には，少しでも委縮させるおそれを低減させるため，たとえば「（競合他社である）A社，B社およびC社において就労することにより，企業の利益を害する場合」には禁止できるという規定にするなど，

考慮要素の中に特に重要なものがある場合には，そこにフォーカスするかたちで規定することは可能である。

　もう少し現実的な解決としては，副業の申請があった際の審査基準のようなものを，内規として持っておき，そこに，立場や担当業務別の取扱いを定めたり，特に関与してほしくない事業分野や具体的な競合他社のリストを定めたりすることが考えられる。

　競業行為には問題があることは，感覚的にも共感しやすく，内規であったとしてもわざわざ細かく定めるほどのことはないと考えるかもしれないが，副業が増えていくこととなれば，単純作業のアルバイトでもない限り，本業元での就労により得られた経験等を無視して副業先を選ぶことのほうがまれであると考えられる。

　たとえば，学生時代からの趣味が高じてスポーツのコーチをするとか，実家の農業を手伝うとか，およそ競合を検討する必要がないようなケースばかりではなく，法務部に勤める弁護士が副業として企業も相手として弁護士業を行うとか，人事部門に勤める従業員が副業先でも人事部門に関わるとか，売上げに影響を及ぼす可能性は低くとも，本業元でのノウハウや情報が副業において使われるケースも考えられる。

　このようなケースでは，承認するか否かの各判断の妥当性というよりは，会社としての判断の一貫性という観点から，基準となる内規などは有効であろう。何らかの規定を置く場合，さまざまな考慮要素のすべてにおいて詳細に定める必要はなく，たとえば副業はできれば拒絶したい場合には，競合の範囲を広く「現実に事業を行っているか否かを問わず，事業目的として定款に定めのある事業」に関与することは，自社の利益を不当に害するものであると定めるなど，自社にとって重要な要素についてのみ，自社の方針に応じた内容を定めるべきである。これは，上述のような競業の問題点に鑑みれば，誰の目にも明らかにやり過ぎであるという例外的な場合を除き，「競合」の規定方法を根拠として争われたとしても，過度の副業規制であるとされる可能性は高くないものと考える。

(2)　「正当な利益を不当に害する場合」について

　厚労省ガイドラインにも明記されているとおり，競業を行うことが，直ちに

競業避止義務違反であるとされてはならず，競業によって「使用者の正当な利益を不当に侵害」することとなるか否かが検討されなければならない。

　この点，その具体的な定義や解釈について詳細に論じられたものはないと思えるが，その点に踏み込んでいくよりも，ポイントとなるのは，立証ではなかろうか。

　なぜなら，前項で述べたとおり，競業を行うことは，それ自体が理論上当然に本業元の利益を不当に害する（高い蓋然性が認められる）構造となっている。そのため，副業の承認の判断において，または競業避止義務違反に対する懲戒処分等の判断において，競業であるということが認められれば，利益を不当に害されたということは，当然の帰結として認められるものと考えてよさそうである。その場合，競業を行った従業員側が，自らの競業行為によっても，本業元の利益が不当に害されていないことを説明・立証しなければならないこととなる。

　裁判になったことを想定しても，現に売上げが下がっていることや因果関係が認められることまで立証を求めるのは，あまりに過酷である。たとえば，従業員が本業元の最大のライバル会社において就労したとしても，それだけで本業元の売上げが"下がる"ことは想定し難いし，さまざまな要素に左右されながら行われる経済活動について，一従業員の行動と会社の売上げとの間に因果関係を認めるのは不可能に近い。

　そうなると，本要件の意義は，副業の規模が本業元に比べて著しく小さく，問題視をする必要性が到底認められないような場合や，競業ではあるが禁止すべきでないと考えることが妥当だと思えるような特殊事情がある場合など，従業員側が，侵害の不存在や正当性を立証できる場合に，例外として認める余地を残した点にあるとは考えられないだろうか。

　以上を踏まえ，現実のプロセスについて考えるに，従業員側は，形式的にでも競業に該当する可能性があると考える場合には，それでも問題がないと考える理由をきちんと会社に説明した上で承認を得るべきであるし，会社側も，そのような説明をきちんと聞いた上で判断すべきである。

4　具体的な検討

　本節では，これまでの議論も踏まえて，具体的に，どのようなリスクに対し

てどのような点に注意をしながら，どのような対策を講じていけばよいのか，
いくつか検討したい。

(1)　ライバルがシェア・売上げを拡大
①　リスクの中身
　これは，競業における問題点として真っ先に思い浮かぶものであるため，複
雑怪奇な検討や対応を要するものではないが，挙げておきたい。
　リスクの中身としては，副業先において事業に貢献することで，多かれ少な
かれ，ライバル企業の業績が上がるということであり，ひいては本業元の売上
げ・シェアに影響が生じるおそれがある，というものである。

②　対応策
　本業元の業績に影響を生じるおそれが現実的に認められる競合他社において
は副業されることのないよう，またはそのような事業分野に関与するかたちで
起業も含めて副業されることのないよう，就業規則や内規において，「競合」
の範囲を適切に定めることが考えられる。
　規定として明示するのは容易ではないとはいえ，実際の承認判断において
は，常識的な判断をすれば答えは明らかであろう。
　たとえば，本業元において常にマーケットシェアを確認し競っているライバ
ル会社は，どう考えても競合他社になるであろうし，社運を賭けて開拓してい
る事業と同じ内容で起業することは，やはりどう考えても不当に利益を害する
競業になるであろう。
　したがって，承認判断において注意しなければならないことは，従業員が侵
害の不存在や正当性を合理的に説明しているにもかかわらず，何も考えずに拒
絶してしまうと，原則的に認められるはずの副業の機会を不当に制限すること
となるおそれがあるため，合理的な説明がある場合には，それを聞くことので
きるプロセスを用意すべきである，という点であると考える。

(2)　本業元での情報やノウハウ等の活用
①　リスクの中身
秘密保持義務違反に該当するような，直接的な情報漏洩ではなくとも，本業

元の重要な情報や本業元で得られたノウハウを活かして，副業先に貢献するというものである。たとえば，副業先で新製品としてＡとＢの２種類が検討されている際に，本業元がＡを将来発売することを知っている従業員が，その情報自体を副業先に漏洩することはないが，その情報を前提に（何らかの理由を後付けして）Ｂのみを開発するよう提案することは，状況によっては秘密保持義務違反に問うのは困難であるが，これが副業先の業績に貢献する可能性が低くはない以上，無視はできない。

　直接的な情報漏洩に比べて，覚知することも立証することも困難な場合が多いと考えられ，つまりはばれることなく実行しやすいという問題点もある。

②　対応策

　理論上は，本業元で獲得した情報やノウハウを副業には用いてはならないといった規定を置く，そのような条件を付けて承認するという対応があり得るが，現実には，ある知識が存在しないものとして働くというのは非常に困難な場合が多いし，就労上のある行為が本業元で獲得した経験に基づいて行われている旨の指摘もやはり非常に困難な場合が多い。

　そうすると，情報やノウハウ等が活用されるおそれがあり，それを防止したいと考えるのであれば，そのような副業申請については承認しないこととするほかない。

　次善の策としては，申請時の遵守事項として，ノウハウを利用しない旨を挙げておくことが考えられる。さらに，その違反に対する具体的な罰則を記載しておくことで，効果を強めることも考えられる。しかしながら，結局のところ，契約（遵守事項）違反であると指摘をすること，つまり副業での就労上のある行為が本業元で獲得した経験に基づいて行われている旨の指摘をすること，の困難性は，契約の有無により変わらない。当事者の，ノウハウ等の利用をしてはならないということについての意識が高まるという効果はあり，競合において副業をしようということに対する一定の委縮効果はあるかもしれないが，有効な解決とはならず，やはり，承認しないこととするほかないということになる。

　競業避止義務というトピックからは少し外れるが，情報やノウハウ等は，競合他社において活用できることは明らかであるが，競合しない場合でも活用で

きるような情報やノウハウ等はあり，直接マーケットシェアに影響することがなかったとしても，本業元が一定の資本を投下して従業員に得させた経験から生まれたノウハウにフリーライドされることになる。したがって，この点については，競業でなければ問題ないということではなく，「競合」の範囲を適切に設定する方法では完全に防ぐことはできない。

　そこで，特に重要な情報に触れる従業員や，会社がコストをかけてノウハウ等を獲得させた従業員等については，副業を認めないという規定が考えられる。この点については，秘密保持義務とも密接にかかわるため，併せて検討する必要があるが，重要な情報に触れる従業員について副業を制限しても，情報管理の重要性に鑑みると，不当な制限とは認められないと考える。

　ただし，これを就業規則に落とし込むのは困難である。"重要な情報"を具体的に示すのは困難であるし，それに触れることのできる従業員を，役職や部門である程度示すことはできても，一時的なプロジェクトなども考慮すると，完璧にカバーすることはできない。したがって，内規のようなかたちで考え方を整理しておき，承認判断の際に，情報やノウハウ等の活用という観点からも審査ができる運用を作っておくのがよいと考える。

(3)　本業元の事業活動であるかのような誤解

①　リスクの中身

　本業元の従業員が，本業元の事業と競合する事業を行うことで，当該従業員が本業元とは無関係に行っているはずの事業が，あたかも本業元の事業の一部または本業元の事業と密接な関係があるかのような誤解を周囲に与えるというものである。

　かかる誤解を生じ得るのは，当該従業員が本業元の社員であることを知っている人に限られるし，競合他社における雇用ではなく起業をした場合に限られるなど，限定的であると考えられるものの，何かあった際の本業元のダメージは，小さなものではない可能性がある。

　法的責任に関しては，たとえ本業元が従業員が副業をすることを承認していたとしても，一般的には本業元の指示により行っているものではなく，従業員が自己の責任の下に行っているものであり，通常は，当該従業員が副業として行っている事業における責任について，本業元に使用者責任などの責任が現実

に認められることは，まれであろう。

　しかしながら，レピュテーション・リスクに関しては，法的責任を追及する裁判等のように，誤解を解く機会がないまま，誤った情報に基づいて評判を落としてしまうということも考えられる。たとえば，食品会社の従業員が甚大な食中毒被害を出してしまったり，金融関係の会社の従業員が脱税等の金銭にまつわる不祥事をしてしまったりしたときに，当該従業員の事業が本業元の一部であると誤解されたままだと，本業元の食品会社が食中毒を出したかのように，世の中に伝わってしまうかもしれない。

　誤解に基づくレピュテーション・リスクは，競業以外の場合でも理論上は生じ得るものであって，たとえば自動車会社の従業員が副業中に自動車事故を起こした場合等が考えられるが，競業の場合，きわめて誤解が生じやすい状況が整ってしまっているため，より注意が必要である。

②　対応策

　副業申請者が，本業元の役員である等，本業元の従業員や関係者であることが広く知られている人物のように，誤解を生じさせやすい状況にあると考えられる従業員については，特に審査を厳しく行うとか，そもそもそのような従業員については認めないということを，就業規則や内規等に定めておくことが考えられる。

　また，事業内容についても，副業として行おうとしている事業内容に鑑みると，誤解を生じさせやすい状況にあると考えられるような場合，たとえばブランドこそ違えど販売している製品の種類は同じものであるような場合（本業元が販売していない地域のみで販売するということで，同種の製品を販売する副業を認めるといったような，誤解を生じさせやすい状況であるにもかかわらず副業を承認するという状況はあり得るだろう），本業元と副業先が無関係である旨をあえて明確に示させる等の条件を付しておくことが考えられる。

　大きな問題になりそうではなくても，誤解を生じさせる可能性は比較的高いような場合等，個別のケースに応じて具体的な考察を行い，条件を付したり副業の全部または一部を拒絶をしたりすることも策の1つとして考えられる。たとえば，証券会社の従業員がネット記事を投稿するような場合に，値上がりする銘柄を提案するような内容の記事は書かないことを条件としたり，本業元の

社員であることを秘して匿名やペンネームで活動することを条件としたり，本業元で行っている業務と直結するような金融に関する記事については認めないこととしたりというようなことである。

　以上のとおり，このようなリスクがあるということを把握しておけば，そもそも限定的なものであるし，状況に応じた具体的な対応は難しくないものといえる。

⑷　自社が副業先である場合の責任

①　リスクの中身

　2種類のリスクが考えられる。

　自社が副業先であるということは，多くの場合，本業元を別に持っている人物を，自社において採用する場合であろう。そうすると，自社を本業元とする社員が副業を行う場合には，自社における申請・承認プロセスがあるのと異なり，この場合は，採用したところたまたま副業をしていた，ということになる。

　本業元が，副業に対して自社と同じような考えであれば，競合での副業は認めないであろうことから，競業避止義務は問題にならない。しかしながら，本業元が副業に対してきわめて推奨的な考え方であるような場合，自社の基準に照らすと競合であると考えられる企業を本業元とする人物を採用してしまう，つまり自社においては競業避止義務違反となってしまうケースが，1つ目のリスクである。

　2つ目は，自社において採用した人物が，実は自社と競合する企業を本業元としており，本業元において適切な申請・承認プロセスを経ずに副業をしていた，というケースである。

　この場合，自社が，当該人物が本業元において競業避止義務違反をすることについて，何らかの責任を負わなければならないということになるだろうか。

　この点，理論上は，自社の従業員が他社に損害を被らせたという点からは，自社に使用者としての責任が発生するとも考えられる。しかしながら，感覚的には，むしろ副業先である自社のほうが被害者であるといえそうであり，悪いのは本業元および当該人物であると考えるほうが，自然とも思える。

　また，きわめて形式的であるが，本業元および副業先いずれもが，相手方に対して責任を負うこととなり，それぞれ算定された損害額を対当額で相殺する

ということになるのかもしれない。これは，あらかじめ想定できるような損害
ではなく，万一相手方の損害額のほうが著しく大きく認定されることを考える
と，無視できないリスクといえる。

②　対応策

　1点目については，副業をしていることが判明した時点で，自社のルールに
則り対処すればよいようにもみえる。しかしながら，自社が本業元の場合に
は，副業先を辞職したり起業を取りやめたりするという解決が想定されるが，
これとは異なる。自社が副業先であるということは，当該従業員にとってより
依存度が高いと考えられる本業元を辞めるという選択は，通常はきわめて困難
であろう。では，それができないなら自社を退職させられるだろうか。競業避
止義務違反があるというだけでは，違法な解雇であるとされる可能性がないと
はいえない。もっとも，競業避止義務違反の解決には，競合する企業での就労
を取りやめる以外の方法が考え難く（たとえ，一方での業務がごみ集めのような
単純作業であったとしても，社内にいるだけでも何らかの情報を得られる可能性は
あるし，そうでなくても，競合する企業を利する行為はすなわち本業元を害すると
も考えられる），合理的な理由のある解雇と認められる可能性もあるといえる。
　理想的な対応としては，自社が副業先となるような人物を採用しないという
ことである。たとえば，採用時の確認事項に，別に本業を持っているか否かを
入れておくことが考えられる。
　2点目については，状況こそ異なるものの，とるべき対応策は1点目と同じ
である。感覚的には，1点目も2点目も，競業避止義務違反となってしまって
いる当事者が，それを解消するために，本業元か副業先かいずれかを選びなさ
いというのが妥当なように思えるが，今のところは，雇用であれば，労働関係
法令に従わざるを得ず，解雇（または退職勧奨）となる処理には，まったくリ
スクがないとはいえない。
　今後，副業の普及に伴い，この点に関する判例の蓄積や法改正などによっ
て，いずれは，採用する人物が実は別に本業元を持ってはいないだろうかと心
配する必要はなくなると予想されるが，それはつまり，それまでの間には少な
からぬトラブルが発生し訴訟が提起されるからであり，自社がその一例となる
ことは避けたい。

　そうすると，やはり，採用活動中に，本業元の有無を確認するプロセスを持っておくことが重要である。現時点では，そのような人物に当たる確率は低いかもしれないが，副業は今後増加していくものと考えられ，確率が無視できない程度に高くなってから対応するのでは，または，現実にトラブルに発展してしまってから対応するのでは，遅すぎるといわざるを得ず，そうならないためにも，今のうちからプロセスを見直しておくべきである。

(5)　競合避止義務の特殊性

①　リスクの中身

　リスクという観点から，競業避止義務つまりは競合する2社で勤めるということの特殊性について検討したい。

　まず，情報やノウハウ等漏洩のリスクが，非競合の場合よりも高いと考えるのが自然である。競合（同業）他社への転職はよくあることで，それはつまり，競合他社での情報やノウハウ等が，即戦力として役立てられる場合が多いからである。ということは，競合他社における副業は，従業員からすると情報やノウハウ等を活かして活躍できるということであり，企業からすると競合他社の情報やノウハウ等を得るきわめて貴重な機会ということであり，非競合の場合に比べて，遥かに大きな誘惑である。

　さらに，情報やノウハウ等を活かした活躍が顕著である場合，これが引き抜きに発展することも十分考えられる。

　これらは，非競合でもあり得ることだが，可能性という意味では，競合であるほうが明らかに高いため，より注意が必要である。

②　対応策

　非競合と競合を比較して，競合の場合が可能性が高いという点については，これを解決するには競合での副業を禁止するほかない。

　一定の情報については，前章において述べられているとおり秘密保持義務の範囲で手当てが可能であるが，それには該当しない情報やノウハウ等にも重要なものは含まれており，無視できない。

5　最後に

⑴　競業避止義務に関する検討の必要性

　競業避止義務に関する検討は，ここまで読んでいただいておわかりのとおり，法令や判例に基づいて快刀乱麻を断つような答えを提供するものではない。

　なぜなら，これまでのところ，在職中の競業というものは，検討するまでもなく悪であると考えられてきたからである。そして，退職後の競業避止義務についての議論や前例はあるものの，在職中と退職後では，前提事情があまりに異なるため，退職後の競業避止義務に関する議論や前例が，在職中の競業避止義務の検討にはそのまま転用できない（もしくは，転用できるか否かが不確実である）。

　では，今後，この“検討するまでもなく悪である”という考え方が，変わっていくのか，または変わっていくべきなのか。

　この点，副業が普及すればするほど，変わっていくと考えられる。業種を問わず同じように活躍できる職種ばかりではなく，業種を問わずに実力を発揮できる人材ばかりでもない。労働者も企業も，本章で論じてきたリスクの点をひとまずおけば，副業として容易に受け容れやすいのは，実は競合他社間である。つまり，リスクが対応可能であれば，競業は歓迎したいということになろう。

　そう考えると，副業が普及すれば競業避止義務の問題が取り上げられるようになるのではなく，競業避止義務の問題が取り上げられるようになり，対応策が示されるようになれば副業が普及する，ということもでき，競業避止義務に関する検討は，副業を推進する大きな要素の一つであるといえる。

　なお，競業が検討するまでもなく悪であることを前提としても，例外的に，既述のリスクは妥当せず，また，会社にとって何らの不利益を及ぼさないと明らかに認められるケースもあると考えられるため，そのような場合にまで，競業が悪であるから競業避止義務は常に認められると思考を停止すべきではない。きわめて希少な事態かもしれないが，そのようなケースが存在し得ることは，忘れてはならない。

(2)　結論

　少なくとも現時点においては，在職中において競業避止義務を課すことは当然に許されることであり，余計なリスクを回避するためには，就業規則において，明確に競業避止義務を規定すべきである。

　その場合には，本章で検討したような内容は，そもそも考える必要性は大きくないかもしれない。

　しかしながら，もし，副業を単に「容認」するのではなく「推奨」していきたいと考えているのであれば，その姿勢を示す最も効果的な手段の一つとして，競合他社での副業を認めてはどうだろうか。その場合，どのようなリスクがあるのか，どのように対応すべきなのか，明確な答えが示されていない内容について，知恵を絞る必要がある。そのときには，本章での検討がその一助となれば幸いである。

第13章　副業ルール違反に対する懲戒処分と会社側の対応

1　副業ルール違反に対する懲戒処分の基本的な考え方

(1)　副業禁止規定の合理性

懲戒処分は「企業秩序維持の観点から労働契約関係に基づく使用者の権能として行われるものである」（最判平成18年10月6日・集民221号429頁）が，「企業秩序違反者に対し使用者が労働契約上行いうる通常の手段……とは別個の特別の制裁罰であって，契約関係における特別の根拠を必要とする」（菅野和夫『労働法』660頁（弘文堂，第11版補正版，2017））ものであるから，副業禁止違反を理由とした懲戒処分を行う場合は，就業規則に懲戒処分についての定め，具体的には副業禁止条項に違反した場合に会社が懲戒処分をすることができることをあらかじめ定めておく必要がある。

もっとも，就業規則に副業禁止条項違反を理由にした懲戒処分についての定めを置いたとしても，副業禁止条項そのものに合理性が認められない場合は，懲戒処分の前提を欠くことになる。「労働者は，勤務時間以外の時間については，事業場の外で自由に利用することができるのであり，使用者は，労働者が他の会社で就労（兼業）するために当該時間を利用することを，原則として許され（ママ）なければならない」のであるから，「労働者が兼業することによって，労働者の使用者に対する労務の提供が不能又は不完全になるような事態が生じたり，使用者の企業秘密が漏洩するなど経営秩序を乱す事態が生じることもあり得るから，このような場合においてのみ，例外的に就業規則をもって兼業を禁止することが許される」（京都地判平成24年7月13日・労働判例1058号21頁）。すなわち，就業規則等で副業を無限定に禁止することは，雇用契約の性質や当該企業の性質からして副業をすることがおよそ認められないような特殊な場合を除き合理性を欠くことになるから，当該就業規則等はその限

りにおいて従業員の自由を不当に制限する不合理な定めとして無効になるものと解される。

　他方，前掲京都地判平成24年が示すところによれば，労働者の使用者に対する労務の提供が不能または不完全になるような事態が生じたり，使用者の企業秘密が漏洩するなど経営秩序を乱す事態が生じることを防止する必要がある場合には副業禁止規定の合理性を認めることができると考えることができる。

（参考）小川建設事件（東京地決昭和57年11月19日，労働判例397号30頁）
　毎日6時間にわたるキャバレーでの無断就労を理由とする解雇について，兼業は深夜に及ぶものであって余暇利用のアルバイトの域を超えるものであり，社会通念上，会社への労務の誠実な提供に何らかの支障を来す蓋然性が高いことから，解雇を有効とした事案。

（参考）国際タクシー事件（福岡地判昭和59年1月20日，労働判例429号64頁）
　タクシー運転手が就業時間前に父親が経営していた新聞販売店で2時間新聞配達をしていたことを理由とする懲戒解雇について，タクシー運転手のしていた新聞配達は会社の職場秩序に影響せず，かつ会社に対する労務の提供に格別の支障を生ぜしめるものではないとして，解雇を無効とした事案。

（参考）日通名古屋製鉄作業事件（名古屋地判平成3年7月22日，判タ773号165頁）
　運送・荷役に従事する者が休日にタクシー運転手として就労していたことを理由とする解雇に関して，兼業の時間帯が場合によっては企業の就業時間と重複するおそれもあり，特に深夜にも及ぶためたとえアルバイトであったとしても余暇利用とはいいがたく誠実な労務の提供に支障をきたす蓋然性が高いとして，懲戒解雇を有効とした事案。

　また，労働者は労働契約に基づき使用者の利益を不当に侵害しないように行為すべき信義則上の義務を負っている（労働契約法3条4項参照）のであるから，そのような義務に反する状態が生じる場合にも副業を禁止する合理性を認めることができよう。

　この点，厚生労働省「副業・兼業の促進に関するガイドライン」によれば，以下のような類型の場合に副業を禁止する合理性を肯定している。

> i　労務提供上の支障がある場合
> ii　業務上の秘密が漏洩する場合
> iii　競業により自社の利益が害される場合
> iv　自社の名誉や信用を損なう行為や信頼関係を破壊する行為がある場合

(2)　形式的な規定違反と実質判断

　ところで，会社が副業を事前許可制としているにもかかわらず，従業員が会社の許可を得ないまま副業をしていたことが判明したとき，事前許可なく副業をしていたことを理由に当該従業員を「常に」懲戒処分できるものではない。

　前述のとおり副業禁止規定の合理性が認められるのは，企業秩序維持や労務提供上の支障が生じることを防止するためであり，そのような危険が生じない場合に副業禁止規定で労働者の「働く自由」を奪うことは適当ではない。

　すなわち，副業開始に当たり就業規則に定められた事前許可を得ておらず形式的にはルール違反に当たる場合でも，その実質をみて企業秩序維持や労務の提供に支障がないような場合には，当該ルール違反を理由に懲戒処分をすることはできないのである。

　たとえば，私立大学の教員（外国語学部英語学科教授）が，大学の許可を得ず同時通訳業等や夜間語学学校の講師を務め，同時通訳業のため講義を休講したり代講としたことが，就業規則に定める無許可兼業，職務専念義務違反に該当するなどとして懲戒解雇（諭旨解雇）された事案で，裁判所は「兼職（二重就職）は，本来は使用者の労働契約上の権限の及び得ない労働者の私生活における行為であるから，兼職（二重就職）許可制に形式的には違反する場合であっても，職場秩序に影響せず，かつ，使用者に対する労務提供に格別の支障を生ぜしめない程度・態様の二重就職については，兼職（二重就職）を禁止した就業規則の条項には実質的には違反しないものと解するのが相当である。」と判示している（東京地判平成20年12月5日・判タ1303号158頁）。

(3)　懲戒処分の相当性

①　総論

　使用者が労働者を懲戒処分することができる場合において，当該懲戒処分に係る労働者の行為の性質および態様その他の事情に照らして客観的に合理的な

理由を欠き「社会通念上相当であると認められない場合」には，その権利を濫用したものとして当該懲戒処分は無効となる（労働契約法 15 条参照）。

（参考判例）最判昭和 52 年 12 月 20 日・民集 31 巻 7 号 1101 頁

　懲戒権者は，懲戒事由に該当すると認められる行為の原因，動機，性質，態様，結果，影響等のほか，当該公務員の右行為の前後における態度，懲戒処分等の処分歴，選択する処分が他の公務員及び社会に与える影響等，諸般の事情を考慮して，懲戒処分をすべきかどうか，また，懲戒処分をする場合にいかなる処分を選択すべきか，を決定することができるものと考えられるのであるが，その判断は，右のような広範な事情を総合的に考慮してされるものである以上，平素から庁内の事情に通暁し，都下職員の指揮監督の衝にあたる者の裁量に任せるのでなければ，とうてい適切な結果を期待することができないものといわなければならない。それ故，公務員につき，国公法に定められた懲戒事由がある場合に，懲戒処分を行うかどうか，懲戒処分を行うときにいかなる処分を選ぶかは，懲戒権者の裁量に任されているものと解すべきである。もとより，右の裁量は，恣意にわたることを得ないものであることは当然であるが，懲戒権者が右の裁量権の行使としてした懲戒処分は，それが社会観念上著しく妥当を欠いて裁量権を付与した目的を逸脱し，これを濫用したと認められる場合でない限り，その裁量権の範囲内にあるものとして，違法とならないものというべきである。

　ここで，「社会通念上相当であると認められない場合」とは，たとえば，懲戒処分の対象となる事由の重さと懲戒処分の重さとの均衡が失している場合，過去における自社内の類似事案における懲戒処分例との均衡が失している場合，懲戒処分に至るまでの手続保障が欠けているまたは不十分である場合，懲戒処分が客観的に妥当とはいえない時期になされた場合を意味するものと解される。

　上記の 4 類型を典型とし，懲戒処分が「社会通念上相当であると認められない場合」に該当するかどうかが争点となったいくつかの裁判例を以下で確認していきたい。

②　懲戒処分の対象となる事由の重さと懲戒処分の重さとの均衡

　副業ルール違反を理由に懲戒処分をすることができるとしても，「使用者が当該行為や被処分者に関する情状を適切に酌量しないで重すぎる量刑をした場

合には，社会通念上相当なものと認められないとして，懲戒権を濫用したものとされる（前掲菅野674頁）。

　副業禁止条項の懲戒処分を検討するに当たっては，その違反の類型や行為態様，情状によっては，譴責や戒告など解雇に比して軽い処分を検討する必要がある。

　なお，使用者が労働者を懲戒するには，「懲戒の理由となる事由とこれに対する懲戒の種類・程度が就業規則上明記されていなければならない。」（前掲菅野673頁）。そして，「就業規則が法的規範としての性質を有する……ものとして，拘束力を生ずるためには，その内容を適用を受ける事業場の労働者に周知させる手続が採られていることを要する」（最判平成15年10月10日・集民211号1頁）から，懲戒解雇以外の選択肢も検討し得るように，就業規則において，さまざまな事案を想定しつつ懲戒処分のレベルを幅広に設定し，周知した上で，可能な限り具体的な想定事例をもって研修し，従業員の予測可能性を高めておくほうが望ましい。

懲戒解雇が社会的相当性に欠け権利の濫用として無効とされた事案

（浦和地判平成10年10月2日・判タ1008号145頁）
　そもそも使用者の懲戒権の行使は，当該具体的事情の下において，それが客観的に合理的理由を欠き社会通念上相当として是認することができない場合には権利の濫用として無効となると解するのか相当であるところ，懲戒解雇かその他の処分と比し，労働者に与える不利益がきわめて大きいことを考えれば，その者を直ちに職場から排除するのもやむを得ないほどの事由が認められる場合でなければ，これを社会通念上相当として是認することはできないものというべきである（本件規程同条本文ただし書きが，情状によっては譴責又は減給の処分にとどめることができると定めるのも，右趣旨を表すものといえる）。
　これを本件について見るに，前記認定事実にかかる原告の言動は，概して非協調的であり，本件懲戒解雇に至る経過において11，2名からなる被告事務局に不和を生ぜしめた状況が窺えるものの，他方，右認定事実の個々は，いずれも事案軽微であり，また，これらを総合しても，原告を直ちに職場から排除するのもやむを得ないほどの事由があったものとはいえないから，右認定事実が本件規程第31条1号，2号，4号及び6号のいずれかに該当するとしても，本件懲戒解雇を社会通念上相当として是認することはできない。
　もっとも，右認定事実のうち，地域福祉活動計画の策定会議については，原告

の承諾の下に残業命令が出されていたにもかかわらず，原告はこれにたびたび従わず，明白な残業命令拒否の事実が認められること，しあわせサービスについては，B局長からの指示にもかかわらず，原告が利用会員等と直接の接触を続けた結果，会員らから不満の声があり，被告の事業の性質を考えれば，原告には好ましくない言動があったと認められることなどに関しては，一既に事案軽微として不問に付し難いものがあり，この点原告は十分戒められるべきであるが，他方，原告の右所為は，譴責ないし減給処分といったより軽度の懲戒処分によって是正が可能であると思われるところ，本件懲戒解雇に至るまで，原告に処し先行する懲戒処分が全くなかったこと（争いがない）などの状況に鑑みれば，なお右所為をもって，原告を直ちに職場から排除するのもやむを得ない事由に当たるとするのは，いささか酷であり，本件懲戒解雇を是認することはできないものというべきである。

　そうすると，本件懲戒解雇は，懲戒権の濫用として無効というべきである。

懲戒解雇が有効とされた事案

（仙台地判平成元年2月16日・判タ696号108頁）
　懲戒解雇処分が労働者の生活に与える影響の重大性に鑑みれば，就業規則の懲戒解雇事由に該当する事実があるからといって直ちに懲戒解雇の効力を肯認するのは相当ではなく，右処分を有効とするためには，企業秩序の維持を保つ上で当該解雇処分をしたことが客観的合理性を有し，社会通念上相当として是認することができるものでなければならない。

　そこで判断するに，証人菊地繁義の証言及び被告代表者本人の供述によれば，被告会社の従業員の中には，妻が営んでいる養豚業や，家族が営む農業の手伝として非番の日に養豚作業や農作業をしている者のいることが認められる。これらが，従業員自身の副業に当らないのは明らかであるほか，我国の農家においては，農業経営の名義人如何に拘らず，家族中の手の空いている者が農作業に従事するのは誰しも当然のこととして受け止め，且つそのように予定されていることであり，被告会社でもそのような場合については就業規則上の副業禁止の問題には抵触しないと解していることが右証言等によって認められる。ところが本件の場合は，歴とした原告自身の，しかも先に判示したとおり心身の疲労や悩みの生ずることが十分に考えられる営業内容であるから，これらのことがタクシー運転手の最大の使命である安全運転にとって好ましからざる影響を及ぼすことが懸念されるので，正に先に判示した禁止対象としての副業の典型に該当するということができる。加うるに，既に認定のとおり，原告は入社時から既に被告会社において副業が就業規則上禁止されていることを十分認識しており，また労働組合の

委員長として自ら，副業を懲戒解雇事由として禁止した就業規則の改正案を適正であると回答したにも拘らず，右に判示した内容の営業を敢えて継続していたのであるから，負の情状として軽からざるものがある。

　さらに，本件の懲戒解雇処分の有効性を判断するために本件に顕れた諸事情を検討するに，原告は単に禁止されていた副業を行っていたというだけではなく，就業規則には明示されてはおらずそれ自体は懲戒解雇事由に該当するとは言えないものの，自己が行う副業に関する店舗休業損害を高橋から取得するために，示談交渉を事故係に統一的に行わせるという被告会社内の申合せないし慣行に反して独自に，しかも強引且つ相手方に不信感を与える方法で，加害者と示談交渉をし契約を締結しているのであり，右示談の内容も実際よりも過大な収入額を基礎としたため，原告が休業補償分の二重取りをすることを被告会社も容認していたのではないかとの疑惑を相手方に与えたのである。このような諸事情に徴すれば，社内規律を維持するためにはもはや原告を懲戒解雇処分とせざるを得ないと判断し，懲戒解雇処分とした被告の処置は相当として是認することができる。

譴責処分が有効とされた事案

名古屋地判平成3年7月22日・判タ773号165頁
　いまだかつて同僚間の喧嘩を理由に本件のような不利益を伴う処分がされたことはない，原告と斉藤の間で示談が成立している，などの点を挙げて本件懲戒処分は重きに過ぎ懲戒権の濫用である旨主張する。

　しかしながら，先に認定したとおり，原告は斉藤のした作業指示に逆らって粗暴な行動に出たものであるところ，斉藤の作業指示には多少批判の余地はあるにしても，特に不合理又は恣意的なものであったとはいえないから，右紛争を同僚間の単純な喧嘩とみるのは相当でなく，したがって，被告が，右両名の間に示談が成立しているとしても使用者として企業秩序維持の観点からこれを放置し得ないと考え，本件懲戒処分を行ったことにも相当の理由があるといわざるを得ず，また，右紛争の原告以外の関係者である斉藤健吉，前田徳幸に対する処分との対比においても必ずしも本件処分が均衡を失しているとはいえないこと等の事情に照らすと，本件処分をもって異例な処分あるいは過重な処分ということはできない。

　原告はまた，被告は，確立した労使慣行に反して，懲戒処分を行うに当たり本人に弁明の機会を与えず，組合の意向も確かめなかったと主張するが，先に認定したとおり，本件懲戒処分に先立って組合側委員も参加した懲戒委員会が開かれており，原告は懲戒委員会の席上においてではないが被告から事情聴取を受けているのであるから，弁明の機会は十分に与えられていたと認められる。

　その他，本件懲戒処分は，降格処分を含むとはいえ，情状酌量されて懲戒処分としては最も軽い譴責に留まっていることに照らしても，これを懲戒権の濫用とみることはできず，他にこれを懲戒権の濫用とみるべき事情を認めるに足りる資料はない。

③　過去における自社内の類似事案における懲戒処分例との均衡

　懲戒処分の決定に当たっては，懲戒権を有する会社に一定の裁量があるが，懲戒処分は労働者に対し不利益を課すものであるから，恣意的に行われてはならず，過去の同種事例の処分内容と比べ公平・平等なものでなければならない。

　たとえば，不倫関係が疑われた従業員が，他方は退職金が支払われたのに，他方は懲戒解雇により退職金が不支給になった事案で「懲戒解雇が労働者にとって最も重い不利益処分であり，会社としても最後の手段としてなすべき対応策であることにかんがみると，被告の対応は事実調査による事態の把握の仕方において不十分であり，不利益処分を受ける原告への手続的公正さにおいても疑問があり，処分自体の権衡も失しているものというべきである。それゆえ，原告に懲戒解雇相当の行状があったとする被告の主張は採用できず，懲戒解雇そのものにも合理性が無く，これを理由とする退職金不支給処分にも合理性が認められない」（東京地判平成17年8月12日・労働経済判例速報1916号23頁）とされたケースがある。

　よって，懲戒処分を決定するに当たっては，同種事案がないか，同種事案がある場合はどのような処分とされているかを検索し，その事案と本件との差分を詳細に分析し，解雇以外の選択肢も含めて懲戒処分を検討する必要がある。

④　懲戒処分に至るまでの手続保障

　懲戒処分は従業員に対する不利益処分であり，適正な手続に則って懲戒処分が決定されることが重要である。特に懲戒解雇は重大な不利益を生じるものであり，厳正な手続のもとで慎重に決定される必要がある。事実調査の前後において適正な調査を行うことはもちろんのこと，懲戒処分前に対象となる従業員に対し弁明の機会を付することが求められる。また，就業規則やその他の規定で労働組合との協議などが要求されるときはきちんと協議を履行すべきである。

　懲戒処分に至る手続保障に問題がある場合は，処分の相当性を欠き無効となる可能性がある。もっとも，懲戒処分に係る手続違反が即座に懲戒処分の有効性を覆す事情となるかどうかは裁判例で判断が分かれているところである。

　たとえば，東京高判平成15年2月25日・労働判例849号99頁は，新聞社支局長が従業員としての最低限の業務をも放棄したとして懲戒解雇されたが，懲戒処分を決定する賞罰委員会の手続違反があった事案で，当該手続違反が懲戒処分の有効性に影響を及ぼすかが争点のひとつとなった。裁判所は，賞罰委員会が「使用者である控訴人の懲戒権等の行使を公正ならしめるために設置された内部的な自律的制限機関にすぎないのであるから，単に議事が賞罰委員会の規程に違反して行われたということだけで，直ちに当該懲戒処分の無効を来すものと解することはできず，他には手続上の瑕疵というべき事由も見当たらないのであるから，本件解雇を無効とすることはできない。」とし，賞罰委員会の手続違反を認めつつも懲戒解雇を有効とした。

　他方，東京地判平成24年11月30日・労働判例1069号36頁は，モバイル通信事業を営む会社の従業員が役員からの業務命令に反したとして懲戒解雇されたが，弁明の機会が付与されておらず，これが懲戒処分の有効性に影響を及ぼすかが争点のひとつとなった。裁判所は，「懲戒処分（とりわけ懲戒解雇）は，刑罰に類似する制裁罰としての性格を有するものである以上，使用者は，実質的な弁明が行われるよう，その機会を付与すべきものと解され，その手続に看過し難い瑕疵が認められる場合には，当該懲戒処分は手続的に相当性に欠け，それだけでも無効原因を構成し得るものと解されるところ，上記……における検討を前提とする限り，本件懲戒解雇に当たって，反訴原告会社は，本訴原告Ｉに対し，実質的な弁明を行う機会を付与したものとはいい難く，その手続には看過し難い瑕疵があるものといわざるを得ない。」として，実質的に弁明の機会を付与していないことは看過しがたい手続違反であるとして懲戒解雇を無効とした。

　このように，過去の裁判例では事案によって判断が分かれているが，少なくとも懲戒処分における手続違反が懲戒処分の有効性を否定しうる事情になるのであれば，会社としては手続上の不備により後日懲戒処分の有効性が争われることがないように適正な手続を踏み，対象となる従業員の目線にも配慮し，やるべきことを正確にかつ慎重に履践するべきであろう。

⑤　懲戒処分の時期

　前述のとおり，懲戒処分は「企業秩序維持の観点から労働契約関係に基づく使用者の権能として行われるものである」（最判平成 18 年 10 月 6 日・集民 221 号 429 頁）から，懲戒処分の事由が存在するとき，懲戒権者である会社が懲戒処分をどのような時期に行うかについて，会社に一定の裁量があるというべきである。

　もっとも，会社が従業員を懲戒することができるのは企業秩序維持の観点から認められるものであるとすると，懲戒処分事由が発生した後に相当期間が経過し，企業秩序が徐々に回復した状態となれば，懲戒処分を行う合理性が認められなくなるのではないかと思われる。また，会社が理由もなく懲戒処分の是非を留保すれば，不安定な立場に置かれた労働者に大きな精神的負荷がかかる上，処分を留保することにより企業秩序維持に疑義が生じたまま放置されることはかえって企業秩序に有害であると考えられる。そうだとすると，長期間事案を放置すると，企業秩序維持の観点から懲戒処分の合理性を肯定しづらくなる結果，権利の濫用として無効となり得るものと考えられる。

　したがって，懲戒処分に当たっては，会社として端緒を覚知した以上はなるべく早期に調査を完了させるよう努力し，調査の結果として懲戒処分をすべき事由がある場合は，処分を留保すべき特段の事情がない限り速やかに懲戒処分を行うべきである。

（参考判例：最判平成 18 年 10 月 6 日・集民 221 号 429 頁）
　使用者の懲戒権の行使は，企業秩序維持の観点から労働契約関係に基づく使用者の権能として行われるものであるが，就業規則所定の懲戒事由に該当する事実が存在する場合であっても，当該具体的事情の下において，それが客観的に合理的な理由を欠き，社会通念上相当なものとして是認することができないときには，権利の濫用として無効になると解するのが相当である。
　前記事実関係によれば，本件諭旨退職処分は本件各事件から 7 年以上が経過した後にされたものであるところ，被上告人においては，丙川課長代理が 10 月 26 日事件及び 2 月 10 日事件について警察及び検察庁に被害届や告訴状を提出していたことからこれらの捜査の結果を待って処分を検討することとしたというのである。しかしながら，本件各事件は職場で就業時間中に管理職に対して行われた暴行事件であり，被害者である管理職以外にも目撃者が存在したのであるから，上

記の捜査の結果を待たずとも被上告人において上告人らに対する処分を決めることは十分に可能であったものと考えられ，本件において上記のように長期間にわたって懲戒権の行使を留保する合理的な理由は見いだし難い。しかも，使用者が従業員の非違行為について捜査の結果を待ってその処分を検討することとした場合においてその捜査の結果が不起訴処分となったときには，使用者においても懲戒解雇処分のような重い懲戒処分は行わないこととするのが通常の対応と考えられるところ，上記の捜査の結果が不起訴処分となったにもかかわらず，被上告人が上告人らに対し実質的には懲戒解雇処分に等しい本件論旨退職処分のような重い懲戒処分を行うことは，その対応に一貫性を欠くものといわざるを得ない。

　また，本件論旨退職処分は本件各事件以外の事実も処分理由とされているが，本件各事件以外の事実は，平成 11 年 10 月 12 日の丙川課長代理に対する暴言，業務妨害等の行為を除き，いずれも同 7 年 7 月 24 日以前の行為であり，仮にこれらの事実が存在するとしても，その事実があったとされる日から本件論旨退職処分がされるまでに長期間が経過していることは本件各事件の場合と同様である。……その暴言，業務妨害等の行為があったとされる日から本件論旨退職処分がされるまでには 18 か月以上が経過しているのである。これらのことからすると，本件各事件以降期間の経過とともに職場における秩序は徐々に回復したことがうかがえ，少なくとも本件論旨退職処分がされた時点においては，企業秩序維持の観点から上告人らに対し懲戒解雇処分ないし論旨退職処分のような重い懲戒処分を行うことを必要とするような状況にはなかったものということができる。

　以上の諸点にかんがみると，本件各事件から 7 年以上経過した後にされた本件論旨退職処分は，原審が事実を確定していない本件各事件以外の懲戒解雇事由について被上告人が主張するとおりの事実が存在すると仮定しても，処分時点において企業秩序維持の観点からそのような重い懲戒処分を必要とする客観的に合理的な理由を欠くものといわざるを得ず，社会通念上相当なものとして是認することはできない。そうすると，本件論旨退職処分は権利の濫用として無効というべきであり，本件論旨退職処分による懲戒解雇はその効力を生じないというべきである。

2　類型別・懲戒処分と会社側の対応

　以下では具体的に副業ルール違反が生じ組織的な対応を必要とする代表的な類型（競業避止義務違反型および情報漏洩・情報不正利用型）について懲戒処分の基本的な考え方と懲戒処分以外の対応について検討する。

(1)　競業避止義務違反型

①　基本的な考え方

　競業避止義務違反は，在職中に問題となる場合と退職後に問題となる場合がある。

　在職中において問題となるのは，法令上競業避止義務を課せられている支配人（商法 23 条），取締役（会社法 356 条），執行役（同法 419 条），持分会社の業務執行社員（同法 594 条）等が禁止された競業に及んだ場合（ただし，裁判例では，法令上の競業避止義務違反を正面から問うことなく取締役の会社に対する忠実義務（同法 355 条）・善管注意義務（同法 330 条，民法 644 条）違反を請求原因としているケースが多い）と従業員の雇用契約から生じる付随義務としての誠実義務（労働契約法 3 条 4 項）に違反する場合である。役員等ではない従業員も雇用契約上の信義則に基づいて使用者の正当な利益を不当に侵害してはならないという付随的な義務を負っており（東京地判平成 11 年 5 月 28 日・判時 1727 号 108 頁参照），従業員の雇用契約から生じる付随義務としての誠実義務（労働契約法 3 条 4 項）に反する競業は誠実義務違反を構成する。たとえば，在職中に別会社を設立し本業元と正面から競業する事業を開始し，本業元の既存顧客を奪取する行為は，本業元にとっては機会損失が生じ，会社の正当な利益を不当に害するものとして会社に対する誠実義務違反が認められるものと考えられる。

　他方，退職後については，従業員や取締役等と会社との間には，就業規則で退職後の競業を制限していたり，従業員や取締役等と会社との特段の合意がない限り，契約関係が存在しないことから，退職後に元従業員が会社と同種の競業を行うことは原則として自由である。逆にいえば，就業規則または個別の合意により従業員の退職後の競業を合理的な範囲で制限することは可能であり，元従業員がその制限に反した場合は義務違反が認められることになる。

　なお，窃取，詐欺，強迫その他の不正の手段により営業秘密を取得する行為（以下「営業秘密不正取得行為」という）または営業秘密不正取得行為により取得した営業秘密を使用し，もしくは開示する行為（秘密を保持しつつ特定の者に示すことを含む）は不正競争防止法 2 条 1 項 4 号で不正競争と定義され損害賠償請求等の対象となることから，在職中のみならず退職後においても競合他社において退職前に得た営業秘密を利用した場合は問題となる（この場合は，すでに対象者が退職済みであることから，退職金の返還請求や不正競争防止法 3 条 1

項の差止請求等の問題となる）。

　副業が競業避止義務違反となる事案については，懲戒解雇が有効とされている例が多い。確かに，競業避止義務違反は，会社の利益を直接的・間接的に害する違反類型であり，行為者においても本業元を害し同業他社を利する認識も容易であることなどから，本業元（会社）に対する背信性も高く，懲戒処分として最も重い懲戒解雇をもって臨むこともあり得るものと考えられる。

　もっとも，競業を制限する就業規則や特段の合意を根拠に懲戒処分を行うのであれば，それらについて手続面においても実質面においても瑕疵があってはならない。また，問題となる競業の内容，範囲，程度，会社へのダメージ，情状等によっては，譴責や戒告など解雇に比して軽い処分を検討する必要がある。

②　裁判例

(i)　橋元運輸事件（名古屋地判昭和47年4月28日・判タ280号294頁）

　運送業を営む会社の管理職にある従業員らが会社の事前許可なく競業他社の取締役に就任したことが懲戒解雇事由に該当するとして，懲戒解雇を有効とした事案である。

　当該従業員らは，実際には競合他社の経営には関与していなかったため，会社に対する労務の提供には何ら支障を来さなかったと認められながら，競合他社の取締役に就任したことでその会社の経営に携わる可能性は高かったことや会社の管理職ないしこれに準ずる地位にあったことから会社の経営上の秘密が従業員らにより競合他社にもれる可能性もあったこと等を勘案し，「会社の企業秩序をみだし，又はみだすおそれが大」であるとして，会社による懲戒解雇を有効としている。

　元来就業規則において二重就職が禁止されている趣旨は，従業員が二重就職することによって，会社の企業秩序をみだし，又はみだすおそれが大であり，あるいは従業員の会社に対する労務提供が不能若しくは困難になることを防止するにあると解され，従って右規則にいう二重就職とは，右に述べたような実質を有するものを言い，会社の企業秩序に影響せず，会社に対する労務の提供に格別の支障を生ぜしめない程度のものは含まれないと解するのが相当である。

　これを本件についてみると，原告らは訴外会社の取締役に就任後，取締役とし

て訴外会社の経営に直接関与することなく，被告の従業員として稼働していたというのであるから，原告らの被告に対する労務の提供に何ら支障を来さなかったことは明らかである。

　従って原告らの取締役就任が，被告に対する労務提供を妨げる事由とは認められない。また原告らは前記のとおり訴外会社の経営に直接関与していなかったのであるから，一見すれば，被告の企業秩序に対し影響するところはないとも考えられる。

　しかし，訴外幸平は被告の取締役副社長に在任中に同一業種の別会社を設立することを企て，これを実行したのであり，原告らは訴外幸平の右企てを同人から告げられ，その依頼を受けて訴外会社の取締役に就任することにより右企てに参加したものであること，訴外幸平が別会社設立を理由に解任された後も，これを知りながら，いぜんとして取締役の地位にとどまり辞任手続等は一切しなかったこと，訴外幸平は被告から解任された後は訴外会社の経営に専念していたのであり，訴外幸平と原告らとの前記のような間柄からすれば，原告らは，訴外幸平から訴外会社の経営につき意見を求められるなどして，訴外会社の経営に直接関与する事態が発生する可能性が大であると考えられること，原告らは被告の単なる平従業員ではなく，いわゆる管理職ないしこれに準ずる地位にあったのであるから，被告の経営上の秘密が原告らにより訴外幸平にもれる可能性もあることなどの諸点を考え併せると，原告らが被告の許諾なしに，訴外会社の取締役に就任することは，たとえ本件解雇当時原告らが訴外会社の経営に直接関与していなかったとしても，なお被告の企業秩序をみだし，又はみだすおそれが大であるというべきである。

　してみると，原告らの訴外会社取締役就任の所為は被告就業規則第48条4号または7号に該当するというべきであるから，これを理由としてなされた本件解雇は有効である。

（ⅱ）　東京貨物社事件（東京地判平成12年11月10日・労働判例807号69頁）

　展示会場の賃貸等を営む会社の営業本部営業企画室課長が，個人企業を設立し会社と一部競合する業務を営んだことを理由にした出勤停止およびその後に行われた懲戒解雇を有効とした事案である。

　本判決は，競業行為があったかどうかについての事実認定は行っているが，競業行為を理由とした懲戒解雇の相当性については特に触れていない。

> 　原告は彩工房を設立し，彩工房の銀行預金口座入金にかかる仕事に関して，Ａ
> と共同し又は単独で被告と競合する業務を行いその対価を得ていたものであり，
> 右は出勤停止処分の事由を定める就業規則71条5号，69条1項，45条6号，解
> 雇事由を定める26条7号，72条7号，10号に該当するというべきであるから，
> 本件解雇及び懲戒処分は有効である。

(iii)　東京メデカルサービス事件（東京地判平成3年4月8日・労働判例590号45頁）

　本件は，医療器具販売・卸業を営む会社の経理部長の地位にある労働者が，入社前に設立し代表取締役に就任していた休眠会社に本業元と競合となる事業を行わせたところ，会社が右事実の存在を疑い出し調査等を開始したが，右労働者が出勤しなくなってしまったことから会社がした懲戒解雇を有効とした事案である。

　本件では懲戒解雇の直接的な理由は無断欠勤とされているものの，懲戒解雇に至る背景として競業の事実を重大な事情（重大な義務違反）として懲戒解雇の相当性を判断する考慮要素に組み入れている。

> 　東京メデカルの就業規則（〈証拠略〉）によれば，懲戒解雇ができる場合として
> 66条1号に「正当な理由なく無断欠勤が7日以上におよび出勤の督促に応じな
> かった者」，2号に「職務上，上長の指揮命令に従わず，職場の秩序を乱した者」
> が定められているところ，吉田の前項7で認定した行為は就業規則66条1，2号
> に定める懲戒解雇事由に該当するというべきである。
> 　そこで，本件懲戒解雇に懲戒権の濫用となるべき事由があるかについて判断す
> るに，本件懲戒解雇に至った事情として前項4ないし6で認定したように吉田が
> 東京メデカルの経理部長でありながら，大幸商事の代表取締役となり営業行為を
> したことがあり，これをどう評価するかの問題がある。思うに，吉田は東京メデ
> カルの経理部長であるから，東京メデカルに対してその職務を誠実に履行する職
> 務専念義務ないし忠実義務を負うものであり，許可を得ることなく，他の会社の
> 代表取締役となり，東京メデカルに関連する取引をして利益をあげるということ
> は，重大な義務違反行為であるといわなければならない。本件懲戒解雇の背後に
> あるこの重大な事情をも考慮して，本件懲戒解雇の効力を判断するに，本件懲戒
> 解雇は相当であって，懲戒権の濫用をうかがわせる事情は認められず，本件懲戒
> 解雇は有効であるというべきである。

(iv)　ナショナルシューズ事件（東京地判平成 2 年 3 月 23 日・労働判例 559 号 15 頁）

　靴・鞄の小売販売業者の商品部長が，会社と同業種である靴の小売店を経営したこと，商品納入会社に対しリベートを要求しこれを収受したこと等を理由とする懲戒解雇が有効とされた事案である。

　原告は，被告の商品部長という要職にありながら，昭和 55 年に被告の業種と同種の靴小売店ペペを経営し，被告の取引先から商品を仕入れたのであって，右行為は，これにより被告に実害が生じたことを認めるに足りる証拠はないが，原，被告間の信頼関係を損なう背信的行為であると認めるのが相当であり，被告の就業規則 39 条 5 号，12 号により，他企業に就職した場合に準ずる程度の不都合な行為に該当すると認められる。また，前記認定の原告の正当な由のない金員の要求，収受は，同規則 39 条 9 号に該当するものと認めるのが相当である。

(v)　協立物産事件（東京地判平成 11 年 5 月 28 日・判時 1727 号 108 頁）

　労務者は，使用者との雇用契約上の信義則に基づいて，使用者の正当な利益を不当に侵害してはならないという付随的な義務を負い，原告の就業規則にある従業員の忠実義務もかかる義務を定めたものと解されるとした上で，外国会社から食品原材料等を輸入する代理店契約をしている会社の従業員について，在職中の競業会社設立は，労働契約上の競業避止義務に反するとされた事案である。

　労務者は，使用者との雇傭契約上の信義則に基づいて，使用者の正当な利益を不当に侵害してはならないという付随的な義務を負い，原告の就業規則 3 条もかかる義務を定めたものと解される。そこで，被告 A の行為が雇傭契約上の付随義務に違反したか否かについて検討する。

　まず，原告が平成 7 年 6 月 29 日に被告 A を懲戒解雇したことは前示のとおりであるから，原告と被告 A との雇用契約は同日まで継続し，したがって，被告 A は同日まで雇傭契約上の付随義務を負うというべきである（被告 A は，懲戒解雇の事実を争うが，同年 5 月 16 日に原告に対して同年 6 月 29 日をもって退職する旨届け出ていることから，原告と被告 A との雇用契約が同日まで継続していたことに変わりはない。）。

　そして，前示のとおり，被告 A は，原告においてラクトサン社との取引を担当

していながら同年4月ころから原告と競業関係に立つことになる被告会社の設立を準備し，同年5月24日までにラクトサン社が原告に商品の供給停止を通知することを知りながらこれを原告に告げず，かえって，同年6月には，商品の供給が停止されたことを前提として被告会社の設立手続を進めており，そのような被告Aの行為は，雇傭契約に付随する競業避止義務に違反するというべきである。

③　懲戒処分以外の会社の対応

(i)　調査

従業員が競合他社で働いているまたは会社と同種事業を行っていることに気が付くのはなかなか困難である。

しかし，他の従業員からの情報提供や同一従業員が担当する既存取引先向けの売上げが大きく変動している等の端緒がある場合は，顧客リストが不正に持ち出されていないか等，情報漏洩の観点からの調査（後述）や素行確認などを通じて慎重に調査を行い，後日の法的な措置の検討のため，可能な限り証拠を集めておく必要がある。

(ii)　差止請求

競業は会社の利益を不当に害する行為であり，一刻も早く競業の状態を解消させるべきである。そこで，問題となる従業員が競合他社に雇用されている場合は（少なくとも懲戒解雇にしないのであれば）当該競合他社を辞職するように早期に促す必要があり，自ら事業を営んでいる場合は早急にその行為自体を止めさせる必要がある。

仮に，競業について止めるよう促しても従業員が聞き入れない場合は，競業の差止請求を検討することになる。

もっとも，競業避止を目的とする差止請求は従業員の職業選択の自由，営業の自由を直接制約するものであることに配慮する必要があり（奈良地判昭和45年10月23日・判時624号78頁参照），当該請求が認められるためには，根拠となる競業禁止特約を定めていることはもちろん，その特約が合理的な制限である必要がある。

また，競業の差止請求は，「労働者に与える不利益が大きいことに加え，損害賠償請求のように現実の損害の発生，義務違反と損害との間の因果関係を要

しないため濫用の虞があること」も踏まえ，不正競争防止法3条1項の趣旨を参考にしつつ，「差止請求をするに当たっては，実体上の要件として当該競業行為により使用者が営業上の利益を現に侵害され，又は侵害される具体的なおそれがあることを要し，右の要件を備えているときに限り，競業行為の差止めを請求することができる」とする裁判例（東京地決平成7年10月16日・判タ894号73頁）がある。

　競業の差止請求を検討するに当たっては，競業によって会社のいかなる利益が侵害されることになるのかを分析し，単なる事実上の不利益が生ずるにとどまる場合には，競業の差止めを請求することはできないものと考えられる。

(iii)　損害賠償請求

　競業により会社の利益が害されその程度が看過できない場合は，従業員（および従業員が経営する企業）を相手に損害賠償請求を検討することになる。

　契約上の義務違反を理由にする場合は，損害賠償額の予定を定める条項があればよいのだが，通常はそこまで周到に用意している例は少ないだろう。また，不法行為に基づく損害賠償請求を検討する場合においても，競業と相当因果関係が認められる損害，主たる損害となる逸失利益を会社側がどのように立証するかは大きな問題となる（不正競争防止法違反の場合は同法5条の適用により損害額の立証が相対的に簡易である）。

　この点については，競業により取引が解消または減少した顧客ごとの取引履歴（特に問題となる従業員が担当する顧客についての取引履歴）を参照しつつ，逸失利益を算定し，それを損害とする方法が説得的ではないかと思われる。

(2)　情報漏洩・情報不正利用型
①　基本的な考え方

　秘密保持義務違反は，企業秩序を害するだけでなく，情報漏洩による不可逆なダメージを企業に与えることから，その性質上懲戒事由となることには疑いはない。また，副業に関連して情報漏洩または不正利用を行う場合，通常は自己または第三者の利益のために行うものであり，悪質であるといわざるを得ない。

　漏洩または不正利用した情報の内容・範囲・重要性・頻度も考慮する必要は

あるが，懲戒解雇を含め重い懲戒処分を視野に入れて検討するに値する類型であると思われる。

②　裁判例

古河鉱業事件（東京高判昭和 55 年 2 月 18 日・労働関係民事裁判例集 31 巻 1 号 49 頁）

（副業に係る情報漏洩事案ではないが）従業員が，長期経営計画の基本方針である計画基本案を複製，配布した労働者に対する懲戒解雇を有効と判断した事案である。

> 労働者は労働契約にもとづく附随的義務として，信義則上，使用者の利益をことさらに害するような行為を避けるべき責務を負うが，その一つとして使用者の業務上の秘密を洩らさないとの義務を負うものと解せられる。信義則の支配，従つてこの義務は労働者すべてに共通である。もとより使用者の業務上の秘密といつても，その秘密にかかわり合う程度は労働者各人の職務内容により異るが，管理職でないからといつてこの義務を免れることはなく，又自己の担当する職務外の事項であつても，これを秘密と知りながら洩らすことも許されない。
>
> （中略）
>
> P1 及び P2 の本件計画漏洩は前述のような行為の目的・態様・情状に照らし，極めて重大であつて，両名の関与の方法に若干の差異があり，行為後 2 年を経過したとはいえ，これだけで両名一律に懲戒解雇の措置をとつても敢て不当とはいえない。このことは，別紙 1 のように労協自身業務上重要な秘密を他に洩した者には懲戒解雇をもつて臨み（57 条 3 号），情状酌量の余地ある者又は改悛の情顕著と認められる者につき処分を軽減しうる（61 条）旨定めているところ，両名にとくにかような軽減事由ありとは考えられないことからも明らかである。
>
> のみならず，P1 の業務課副課長 P5 排斥・P8 のさく販出向妨害・離席等，P2 の非能率・離席等・生産票記入指示違反・遅刻・早退・欠勤の各事実を加え，さらに前記認定の各情状をも考慮すれば，会社が労協 60 条を適用して，P1 と P2 とを懲戒するのに解雇を選択したことが，合理的理由を欠くものとはいえず，その意味において懲戒権能の濫用であるとすることはできない。

③　懲戒処分以外の会社の対応

（ⅰ）　調査

（ア）　初動対応

　会社が，副業を行っている従業員について，情報漏洩や情報不正の疑いを持った場合，（仮にそれらの疑いが事実であるならば）漏洩した情報の拡散や不正利用を一刻も早く止める必要がある。漏洩または不正利用されている情報が会社の顧客情報であれば二次被害のおそれもある。

　もっとも，疑いを持った段階でいきなり当該従業員を問い詰めたとしても，真実が明らかになるケースは少ないだろう。むしろ，証拠隠滅を図られる危険もある。

　そこで，上記のように情報漏洩や不正利用の疑いを持った会社としては，隠密かつ迅速に調査を開始する必要がある。

（イ）　調査手法

　調査に当たっては，対象となる情報の内容，範囲，漏洩・不正利用された時期，漏洩・不正利用先の特定を中心に行うこととなる。

　現在では情報は紙媒体のみという会社はほとんどなく，会社が保有する情報はデータ化されていることが多いため，システム部や外部のシステム業者の協力を得ながらシステムログを解析し，関係者と思われる者へのヒアリングやデジタル端末の検証（デジタルフォレンジック）なども実施する必要がある。同時に，監視カメラの映像を確認するなどして動態チェックも行うことが肝要である。

　また，情報漏洩・不正利用に関しては情報のアクセス制限等から副業をしている本人だけでなく，同僚・部下などに協力者がいることも多い。そこで，疑いある従業員の周辺にも関係者がいる可能性があることを意識しながら，調査を行う必要がある。

（ⅱ）　調査結果を踏まえた懲戒処分以外の対応

　調査の結果，情報漏洩や不正利用が明らかになった場合，それが会社以外の第三者についての情報が対象となっていた場合は，速やかに当該第三者に通知し謝罪を行うべきである（必要に応じ金銭的な解決を行う必要もある）。第三者の範囲が膨大な場合は，二次被害を防止する趣旨で対外公表を検討する必要もあ

ろう。

　もちろん，同時に，情報漏洩・不正利用の機会を作出した原因を追及し，再発防止策を策定し，これを社内に周知する必要がある。

(ⅲ)　差止請求

　情報漏洩や不正利用が証拠により確認できる場合は，さらなる情報漏洩や拡散を防止する観点から，速やかに情報媒体の返還や消去を求めるべきである。

　会社が促しても従業員が聞き入れないとき，その情報が不正競争防止法の営業秘密に当たる場合は，不正競争防止法3条1項に基づく差止請求（および同法同条2項の措置）を検討することになる。

(ⅳ)　損害賠償請求

　情報漏洩または不正利用により損害が生じた場合，当該従業員に対し損害賠償請求を検討することはもちろんであるが，当該従業員が副業先と意を通じて情報漏洩等を行っていることが証拠により認められる場合は，副業先に対しても不法行為に基づく損害賠償請求を検討するべきである。

(ⅴ)　刑事手続

　従業員による情報漏洩や不正利用は，窃盗罪（刑法235条），業務上横領罪（同法253条），背任罪（同法247条），個人情報保護法違反（個人情報保護法83条）などの犯罪行為に該当する場合がある。

　被害の程度，行為の悪質性や当該従業員の反省等を勘案し，必要と考える場合は警察に対し被害届を提出し，告訴することとなる。なお，刑事事件化すれば警察からマスコミへの情報提供などで未公表としていた不祥事が一般に明らかになる可能性もあることから，レピュテーションについても考慮要素に含めて被害届の提出や告訴を検討すべきである。

⑹　参考事案

「元日経社員を告訴、社内情報漏洩の疑い」（日本経済新聞 2018.7.3）

> 　営業秘密にあたる社員約 3 千人分の賃金データなどを外部に漏洩させたとして，日本経済新聞社は 3 日までに，東京本社デジタル事業担当付の元社員（53）を不正競争防止法違反容疑で警視庁に告訴した。元社員が社内規定に反して日経の顧客情報を社外に持ち出していたことも判明した。日経は既に元社員を懲戒解雇している。
>
> 　日経は元社員の不正行為について今年 1 月以降，弁護士，デジタルデータを解析・復元するデジタルフォレンジック専門会社と協力し，社内調査を進めてきた。元社員は大量のデータを持ち出していたが，顧客情報を第三者に漏洩させた形跡はなかった。
>
> 　告訴状によると，元社員はデジタル販売局所属だった 2012 年 10 月，日経本社内で総務局員の業務用パソコンを分解してハードディスクを抜き取り，営業秘密にあたる社員約 3 千人分の生年月日，基準内賃金などを記録したデータを私用パソコンに転送。17 年 12 月，同データなどを保存した USB メモリーを月刊紙を発行する団体に郵送した。同団体は 18 年 1 月，運営するブログに一部を掲載した。
>
> 　社内調査では，元社員は 17 年 1 月から 18 年 3 月までの間，業務上アクセス可能だった日経サービス会員情報（日経 ID 情報）や約 3 万 6 千人分の日経ヴェリタス読者情報のデータファイルをコピー。業務用パソコンから私用のメールアドレスに送信したり，クラウド上に複製，保存したりしていたケースも確認した。
>
> 　顧客サービス本部所属だった 14 年 2 月には，約 34 万人分の電子版読者情報をひそかに持ち出して私用の USB メモリーに保存し，社内調査のヒアリング開始直後の 18 年 3 月に全てのデータを削除した痕跡も見つかった。

第14章　職務専念義務の確保方法

1　「副業・兼業」を行う従業員の職務専念義務の確保方法

(1)　副業・兼業と職務専念義務

　本業または副業・兼業の業務内容が必ずしも会社に出社しなくても遂行できるものである場合，本業の就業時間中に副業の業務を行う，あるいは，副業の就業時間中に本業の業務を行う，という事態が発生する可能性がある（以下「内職」という）。

　コロナ禍後に急速に普及したテレワークによる勤務の際には，オフィス勤務の場合よりもさらに「内職」が発生しやすくなる。

　では，企業は「内職」を行っている従業員を職務専念義務違反として人事上の評価への反映，懲戒処分，副業許可の取消しなどを行うことができるか。

(2)　職務専念義務違反を認定できる場合

　判例は職務専念義務について「職員がその勤務時間及び勤務上の注意力のすべてをその職務遂行のために用い職務にのみ従事しなければならないことを意味する」としている（電電公社事件最判昭和52年12月13日・判タ357号116頁）。

　他方，職務専念義務が問題となった別の事件の判例における伊藤正巳裁判官補足意見は「職務専念義務といわれるものも，労働者が労働契約に基づきその職務を誠実に履行しなければならないという義務であつて，この義務と何ら支障なく両立し，使用者の業務を具体的に阻害することのない行動は，必ずしも職務専念義務に違背するものではない」「職務専念義務に違背する行動にあたるかどうかは，使用者の業務や労働者の職務の性質・内容，当該行動の態様など諸般の事情を勘案して判断される」としている（ホテルオークラ事件最判昭和57年4月13日・労判383号19頁）。菅野和夫教授もこの伊藤正巳裁判官補足意

見に賛同されている（菅野和夫『労働法』976 頁（弘文堂，第 12 版，2019））。

　この伊藤正巳裁判官補足意見・菅野教授説の延長上に位置づけられ得る比較的近時の裁判例は，就業時間中の私用メールが明確に禁じられておらず，かつ，1 日当たり 2 通程度の送受信であった事例で，労働者が「職務遂行に支障を来したとか」会社に「過度の経済的負担をかけたとは認められず，社会通念上相当な範囲内にとどまるというべきであるから」「職務専念義務に違反したということはできない」としている（グレイワールドワイド事件東京地判平成 15 年 9 月 22 日・労判 870 号 83 頁）。

　上記電電公社事件判例が 40 年以上前のものであり，その後，労働者保護が進展したこと，上記の比較的近時の裁判例の傾向をふまえると，企業が労働者の職務専念義務を問題とする場合，上記の伊藤正巳裁判官補足意見・菅野教授説に基づいて，一見，労働者が職務専念義務に違反した行動をとっているように見えた場合であっても，その行動が①職務専念義務と支障なく両立するものかどうか，②会社の業務を具体的に阻害するかどうか，などを検討した上で対応を決定する必要がある。

　したがって，副業・兼業を行っている労働者が自社の勤務時間中に他社の業務を行っている場合に，①自社の業務と両立できずに支障が出ており，かつ，②自社の業務が具体的に阻害されているのであれば，職務専念義務違反を認定し，対応した人事評価の引き下げ，懲戒処分の実施，副業許可の取消しが可能となる。

　具体的には，副業・兼業を行っている労働者が他社の業務を遂行することで自社の業務の期限までの完了ができなくなる場合などが考えられる。

　他方，勤務時間中に他社の業務を行った時間が短時間に留まり，自社業務への支障・阻害がない場合についても人事評価の引き下げ，懲戒処分の実施，副業許可の取消しを行った場合，会社の対応が違法とされる可能性がある。

(3)　職務専念義務違反の防止方法

　では，上述のような職務専念義務違反の発生を防止する具体的方法としてはどのようなものが考えられるか。

　防止方法の方向性としては以下の 2 通りが考えられる。

　(A)　社内規程により職務専念義務を課すことを明確化する

(B)　監視する（カメラ監視システムを用いるなど）

　この点，厚生労働省が策定し 2021 年 3 月 25 日に公表した「テレワークの適切な導入及び実施の推進のためのガイドライン」でも，過度な監視については困難かつ労働者が働きにくくなるなどの問題があることから「中抜け」時間の管理までは求めないこととした（同ガイドライン 11 頁）。

　その点から考えると，現在の労働時間管理実務の状況からして(B)のカメラ監視システムなどを用いて監視することは現実的ではない。

　そこで，(A)の方法をとり，社内規程において，下記書式のように，職務専念義務を明記し，かつ，上述の②のように義務違反が認定できた場合は，人事評価の引下げや，懲戒処分を実施することが現実的な対応と考えられる。

【書式】就業規則の規定内容

行為規制「当社の就業時間中に副業先の業務を行ってはならない」
懲戒事由「当社の就業時間中に副業先の業務を行った者は，戒告……」

> **コラム**　第 8 話——「副業と本業がバッティングしちゃったら」

　とある会社の……（割愛）。この前振り，もう要らんやろ（By 羽佐間）。

楓「いざ副業を始めると，今までと全然違うことができて楽しいし，お金は時給計算にするのが怖いわってぐらいしか入ってきてないけど，確かに学べてることはいっぱいある気がする。でも，こっちの本業のほうとの兼ね合いで，どうしようって悩むことが結構ある」

羽佐間「あ〜そう。せやろな」

楓「普通，『それ，なんでねん』とか聞くでしょ！」

羽佐間「はいはい。それ，なんでねん？」

楓「その関西弁，おかしくない？」

羽佐間「おかしいわ！　言え言うから言うんや！　ええから聞きたいことがあるんやったら聞かんかい！」

楓「はいはい。この間，副業のお客さんとのアポが入ってた時間に，こっちの会社のミーティングの依頼があったの。フレックスで，その時間は勤務時間じゃなかったんだけど，副業のために本業のミーティングを欠席しちゃっていいのかな？」

羽佐間「フレックスとか裁量労働とかやと，なかなかに厄介な問題やな。理論的には，勤務時間とちゃうところに，個人的な予定を入れるのは問題ないし，それを，会社の都合で突然変えさせるわけにはいかんわな。せやけど，裁量労働やと勤務時間かどうかがあらかじめ明確に決まってるわけちゃうし，何でもかんでも先約が勝つというわけにもいかん，てなるわな。でも，実は副業じゃなくて遊ぶ予定でも同じ悩みになるんやわ。せやから，上司とのコミュニケーションやと思うわ，重要なんは。たとえば，今かかわってるプロジェクトがある間は，急にミーティングに入ってもらわなあかんから，15:00 までの間は副業の動かされへん予定は入れんように相談しとくとかな。残業がどうしても多くなりそうな時期は，定時の後の時間もできれば空けとくように相談しとくとかな」

楓「そっか。ひとりひとりの状況によって違うもんね。だからそんな細かいとこまでは，ルールでは決めてないのか」

羽佐間「せやな。出張とかも似たような悩みがあるで。出張で福岡へ行くついでに，もちろん仕事はちゃんとやった上でや，副業の客に会うとか，何か仕入れる

とか，アリなんか？　ってな。仕事以外の個人的な買い物ぐらい誰でもするやろ
し，それが問題やと思う会社はないやろけど，それが副業で，本来経費として使
わなあかんもんやとなると，何や話は別という感じがするわな。

　似たようなことは他にもあって，会社のメールアドレス使ってもええんか？
とか，会社のコンセントで自分の携帯を充電することあるやろけど，副業に使う
携帯やったらどうなん？　とか，取引先の人と飲みに行ったときに，実は副業
やってますねんて話をすんのは？　とかやな。こんなんは，状況とか程度とかに
よるから，びしっと線引きするのは無理やから，もめごとにならんように，会社
と社員とがしっかり話すのが大事やと思うで（うん？　前にも似たようなこと
喋った気ぃするけど，『大事なことやから2回言うたんや！』ってことにしとこ
か。……ってか最後やのにオチがないやん！）」

資　料

■資　　料■

副業・兼業の促進に関するガイドライン

平成 30 年 1 月策定
（令和 2 年 9 月改定）
厚生労働省

目次

> 　本ガイドラインは，副業・兼業を希望する者が年々増加傾向にある中，安心して副業・兼業に取り組むことができるよう，副業・兼業の場合における労働時間管理や健康管理等について示したものである。

1　副業・兼業の現状

(1)　副業・兼業を希望する者は年々増加傾向にある。副業・兼業を行う理由は，収入を増やしたい，1つの仕事だけでは生活できない，自分が活躍できる場を広げる，様々な分野の人とつながりができる，時間のゆとりがある，現在の仕事で必要な能力を活用・向上させる等さまざまであり，また，副業・兼業の形態も，正社員，パート・アルバイト，会社役員，起業

による自営業主等さまざまである。

(2) 副業・兼業に関する裁判例では，労働者が労働時間以外の時間をどのように利用するかは，基本的には労働者の自由であり，各企業においてそれを制限することが許されるのは，例えば，

① 労務提供上の支障がある場合

② 業務上の秘密が漏洩する場合

③ 競業により自社の利益が害される場合

④ 自社の名誉や信用を損なう行為や信頼関係を破壊する行為がある場合

に該当する場合と解されている。

(3) 厚生労働省が平成 30 年 1 月に改定したモデル就業規則においても，「労働者は，勤務時間外において，他の会社等の業務に従事することができる。」とされている。

2　副業・兼業の促進の方向性

(1) 副業・兼業は，労働者と企業それぞれにメリットと留意すべき点がある。

【労働者】

メリット：

① 離職せずとも別の仕事に就くことが可能となり，スキルや経験を得ることで，労働者が主体的にキャリアを形成することができる。

② 本業の所得を活かして，自分がやりたいことに挑戦でき，自己実現を追求することができる。

③ 所得が増加する。

④ 本業を続けつつ，よりリスクの小さい形で将来の起業・転職に向けた準備・試行ができる。

留意点：

① 就業時間が長くなる可能性があるため，労働者自身による就業時間や健康の管理も一定程度必要である。

② 職務専念義務，秘密保持義務，競業避止義務を意識することが必要である。

③ 1 週間の所定労働時間が短い業務を複数行う場合には，雇用保険等の適用がない場合があることに留意が必要である。

【企業】

　　メリット：

　　　①　労働者が社内では得られない知識・スキルを獲得することができる。

　　　②　労働者の自律性・自主性を促すことができる。

　　　③　優秀な人材の獲得・流出の防止ができ，競争力が向上する。

　　　④　労働者が社外から新たな知識・情報や人脈を入れることで，事業機会の拡大につながる。

　　留意点：

　　　①　必要な就業時間の把握・管理や健康管理への対応，職務専念義務，秘密保持義務，競業避止義務をどう確保するかという懸念への対応が必要である。

(2)　人生 100 年時代を迎え，若いうちから，自らの希望する働き方を選べる環境を作っていくことが必要である。また，副業・兼業は，社会全体としてみれば，オープンイノベーションや起業の手段としても有効であり，都市部の人材を地方でも活かすという観点から地方創生にも資する面もあると考えられる。

(3)　これらを踏まえると，労働者が副業・兼業を行う理由は，収入を増やしたい，1 つの仕事だけでは生活できない，自分が活躍できる場を広げる等さまざまであり，業種や職種によって仕事の内容，収入等も様々な実情があるが，自身の能力を一企業にとらわれずに幅広く発揮したい，スキルアップを図りたいなどの希望を持つ労働者がいることから，こうした労働者については，長時間労働，企業への労務提供上の支障や業務上の秘密の漏洩等を招かないよう留意しつつ，雇用されない働き方も含め，その希望に応じて幅広く副業・兼業を行える環境を整備することが重要である。

　　また，いずれの形態の副業・兼業においても，労働者の心身の健康の確保，ゆとりある生活の実現の観点から法定労働時間が定められている趣旨にも鑑み，長時間労働にならないよう，以下の 3 ～ 5 に留意して行われることが必要である。

　　なお，労働基準法（以下「労基法」という。）の労働時間規制，労働安全衛生法の安全衛生規制等を潜脱するような形態や，合理的な理由なく労働条件等を労働者の不利益に変更するような形態で行われる副業・兼業

は，認められず，違法な偽装請負の場合や，請負であるかのような契約と
しているが実態は雇用契約だと認められる場合等においては，就労の実態
に応じて，労基法，労働安全衛生法等における使用者責任が問われる。

3　企業の対応

(1)　基本的な考え方

　　裁判例を踏まえれば，原則，副業・兼業を認める方向とすることが適当
である。副業・兼業を禁止，一律許可制にしている企業は，副業・兼業が
自社での業務に支障をもたらすものかどうかを今一度精査したうえで，そ
のような事情がなければ，労働時間以外の時間については，労働者の希望
に応じて，原則，副業・兼業を認める方向で検討することが求められる。

　　実際に副業・兼業を進めるに当たっては，労働者と企業の双方が納得感
を持って進めることができるよう，企業と労働者との間で十分にコミュニ
ケーションをとることが重要である。なお，副業・兼業に係る相談，自己
申告等を行ったことにより不利益な取扱いをすることはできない。

　　また，労働契約法第3条第4項において，「労働者及び使用者は，労働
契約を遵守するとともに，信義に従い誠実に，権利を行使し，及び義務を
履行しなければならない。」とされている（信義誠実の原則）。

　　信義誠実の原則に基づき，使用者及び労働者は，労働契約上の主たる義
務（使用者の賃金支払義務，労働者の労務提供義務）のほかに，多様な付
随義務を負っている。

　　副業・兼業の場合には，以下の点に留意する必要がある。

ア　安全配慮義務

　　労働契約法第5条において，「使用者は，労働契約に伴い，労働者が
その生命，身体等の安全を確保しつつ労働することができるよう，必要
な配慮をするものとする。」とされており（安全配慮義務），副業・兼業
の場合には，副業・兼業を行う労働者を使用する全ての使用者が安全配
慮義務を負っている。

　　副業・兼業に関して問題となり得る場合としては，使用者が，労働者
の全体としての業務量・時間が過重であることを把握しながら，何らの
配慮をしないまま，労働者の健康に支障が生ずるに至った場合等が考え

られる。

このため,

・　就業規則, 労働契約等（以下この(1)において「就業規則等」という。）において, 長時間労働等によって労務提供上の支障がある場合には, 副業・兼業を禁止又は制限することができることとしておくこと

・　副業・兼業の届出等の際に, 副業・兼業の内容について労働者の安全や健康に支障をもたらさないか確認するとともに, 副業・兼業の状況の報告等について労働者と話し合っておくこと

・　副業・兼業の開始後に, 副業・兼業の状況について労働者からの報告等により把握し, 労働者の健康状態に問題が認められた場合には適切な措置を講ずること

等が考えられる。

イ　秘密保持義務

労働者は, 使用者の業務上の秘密を守る義務を負っている（秘密保持義務)。

副業・兼業に関して問題となり得る場合としては, 自ら使用する労働者が業務上の秘密を他の使用者の下で漏洩する場合や, 他の使用者の労働者（自らの労働者が副業・兼業として他の使用者の労働者である場合を含む。）が他の使用者の業務上の秘密を自らの下で漏洩する場合が考えられる。

このため,

・　就業規則等において, 業務上の秘密が漏洩する場合には, 副業・兼業を禁止又は制限することができることとしておくこと

・　副業・兼業を行う労働者に対して, 業務上の秘密となる情報の範囲や, 業務上の秘密を漏洩しないことについて注意喚起すること

等が考えられる。

ウ　競業避止義務

労働者は, 一般に, 在職中, 使用者と競合する業務を行わない義務を負っていると解されている（競業避止義務)。

副業・兼業に関して問題となり得る場合としては, 自ら使用する労働

者が他の使用者の下でも労働することによって，自らに対して当該労働者が負う競業避止義務違反が生ずる場合や，他の使用者の労働者を自らの下でも労働させることによって，他の使用者に対して当該労働者が負う競業避止義務違反が生ずる場合が考えられる。

したがって，使用者は，競業避止の観点から，労働者の副業・兼業を禁止又は制限することができるが，競業避止義務は，使用者の正当な利益を不当に侵害してはならないことを内容とする義務であり，使用者は，労働者の自らの事業場における業務の内容や副業・兼業の内容等に鑑み，その正当な利益が侵害されない場合には，同一の業種・職種であっても，副業・兼業を認めるべき場合も考えられる。

このため，

・　就業規則等において，競業により，自社の正当な利益を害する場合には，副業・兼業を禁止又は制限することができることとしておくこと

・　副業・兼業を行う労働者に対して，禁止される競業行為の範囲や，自社の正当な利益を害しないことについて注意喚起すること

・　他社の労働者を自社でも使用する場合には，当該労働者が当該他社に対して負う競業避止義務に違反しないよう確認や注意喚起を行うこと

等が考えられる。

エ　誠実義務

誠実義務に基づき，労働者は秘密保持義務，競業避止義務を負うほか，使用者の名誉・信用を毀損しないなど誠実に行動することが要請される。

このため，

・　就業規則等において，自社の名誉や信用を損なう行為や，信頼関係を破壊する行為がある場合には，副業・兼業を禁止又は制限することができることとしておくこと

・　副業・兼業の届出等の際に，それらのおそれがないか確認すること

等が考えられる。

オ　副業・兼業の禁止又は制限

資　　料

(ｱ)　副業・兼業に関する裁判例においては，
　　　・　労働者が労働時間以外の時間をどのように利用するかは，基本的には労働者の自由であること
　　　・　例外的に，労働者の副業・兼業を禁止又は制限することができるとされた場合としては
　　　①　労務提供上の支障がある場合
　　　②　業務上の秘密が漏洩する場合
　　　③　競業により自社の利益が害される場合
　　　④　自社の名誉や信用を損なう行為や信頼関係を破壊する行為がある場合
　　が認められている。
　　　このため，就業規則において，
　　　・　原則として，労働者は副業・兼業を行うことができること
　　　・　例外的に，上記①〜④のいずれかに該当する場合には，副業・兼業を禁止又は制限することができることとしておくこと
　　等が考えられる。
(ｲ)　なお，副業・兼業に関する裁判例においては，就業規則において労働者が副業・兼業を行う際に許可等の手続を求め，これへの違反を懲戒事由としている場合において，形式的に就業規則の規定に抵触したとしても，職場秩序に影響せず，使用者に対する労務提供に支障を生ぜしめない程度・態様のものは，禁止違反に当たらないとし，懲戒処分を認めていない。
　　　このため，労働者の副業・兼業が形式的に就業規則の規定に抵触する場合であっても，懲戒処分を行うか否かについては，職場秩序に影響が及んだか否か等の実質的な要素を考慮した上で，あくまでも慎重に判断することが考えられる。
(2)　労働時間管理
　労基法第38条第1項では「労働時間は，事業場を異にする場合においても，労働時間に関する規定の適用については通算する。」と規定されており，「事業場を異にする場合」とは事業主を異にする場合をも含む（労働基準局長通達（昭和23年5月14日付け基発第769号））とされている。

258

　労働者が事業主を異にする複数の事業場で労働する場合における労基法第 38 条第 1 項の規定の解釈・運用については，次のとおりである。

ア　労働時間の通算が必要となる場合

　(ア)　労働時間が通算される場合

　　　労働者が，事業主を異にする複数の事業場において，「労基法に定められた労働時間規制が適用される労働者」に該当する場合に，労基法第 38 条第 1 項の規定により，それらの複数の事業場における労働時間が通算される。

　　　次のいずれかに該当する場合は，その時間は通算されない。

　　・　労基法が適用されない場合（例 フリーランス，独立，起業，共同経営，アドバイザー，コンサルタント，顧問，理事，監事等）

　　・　労基法は適用されるが労働時間規制が適用されない場合（農業・畜産業・養蚕業・水産業，管理監督者・機密事務取扱者，監視・断続的労働者，高度プロフェッショナル制度）

　　　なお，これらの場合においても，過労等により業務に支障を来さないようにする観点から，その者からの申告等により就業時間を把握すること等を通じて，就業時間が長時間にならないよう配慮することが望ましい。

　(イ)　通算して適用される規定

　　　法定労働時間（労基法第 32 条）について，その適用において自らの事業場における労働時間及び他の使用者の事業場における労働時間が通算される。

　　　時間外労働（労基法第 36 条）のうち，時間外労働と休日労働の合計で単月 100 時間未満，複数月平均 80 時間以内の要件（同条第 6 項第 2 号及び第 3 号）については，労働者個人の実労働時間に着目し，当該個人を使用する使用者を規制するものであり，その適用において自らの事業場における労働時間及び他の使用者の事業場における労働時間が通算される。

　　　時間外労働の上限規制（労基法第 36 条第 3 項から第 5 項まで及び第 6 項（第 2 号及び第 3 号に係る部分に限る。））が適用除外（同条第 11 項）又は適用猶予（労基法第 139 条第 2 項，第 140 条第 2 項，第

141条第4項若しくは第142条）される業務・事業についても，法定労働時間（労基法第32条）についてはその適用において自らの事業場における労働時間及び他の使用者の事業場における労働時間が通算される。

　　なお，労働時間を通算して法定労働時間を超える場合には，長時間の時間外労働とならないようにすることが望ましい。

　(ウ)　通算されない規定

　　時間外労働（労基法第36条）のうち，労基法第36条第1項の協定（以下「36協定」という。）により延長できる時間の限度時間（同条第4項），36協定に特別条項を設ける場合の1年についての延長時間の上限（同条第5項）については，個々の事業場における36協定の内容を規制するものであり，それぞれの事業場における延長時間を定めることとなる。

　　また，36協定において定める延長時間が事業場ごとの時間で定められていることから，それぞれの事業場における時間外労働が36協定に定めた延長時間の範囲内であるか否かについては，自らの事業場における労働時間と他の使用者の事業場における労働時間とは通算されない。

　　休憩（労基法第34条），休日（労基法第35条），年次有給休暇（労基法第39条）については，労働時間に関する規定ではなく，その適用において自らの事業場における労働時間及び他の使用者の事業場における労働時間は通算されない。

イ　副業・兼業の確認

　(ア)　副業・兼業の確認方法

　　使用者は，労働者からの申告等により，副業・兼業の有無・内容を確認する。

　　その方法としては，就業規則，労働契約等に副業・兼業に関する届出制を定め，既に雇い入れている労働者が新たに副業・兼業を開始する場合の届出や，新たに労働者を雇い入れる際の労働者からの副業・兼業についての届出に基づくこと等が考えられる。

　　使用者は，副業・兼業に伴う労務管理を適切に行うため，届出制な

ど副業・兼業の有無・内容を確認するための仕組みを設けておくことが望ましい。

(イ) 労働者から確認する事項

　副業・兼業の内容として確認する事項としては，次のものが考えられる。

・　他の使用者の事業場の事業内容
・　他の使用者の事業場で労働者が従事する業務内容
・　労働時間通算の対象となるか否かの確認

　労働時間通算の対象となる場合には，併せて次の事項について確認し，各々の使用者と労働者との間で合意しておくことが望ましい。

・　他の使用者との労働契約の締結日，期間
・　他の使用者の事業場での所定労働日，所定労働時間，始業・終業時刻
・　他の使用者の事業場での所定外労働の有無，見込み時間数，最大時間数
・　他の使用者の事業場における実労働時間等の報告の手続
・　これらの事項について確認を行う頻度

ウ　労働時間の通算

(ア)　基本的事項

a　労働時間を通算管理する使用者

　副業・兼業を行う労働者を使用する全ての使用者（ア(ア)において労働時間が通算されない場合として掲げられている業務等に係るものを除く。）は，労基法第38条第1項の規定により，それぞれ，自らの事業場における労働時間と他の使用者の事業場における労働時間とを通算して管理する必要がある。

b　通算される労働時間

　労基法第38条第1項の規定による労働時間の通算は，自らの事業場における労働時間と労働者からの申告等により把握した他の使用者の事業場における労働時間とを通算することによって行う。

c　基礎となる労働時間制度

　労基法第38条第1項の規定による労働時間の通算は，自らの事

　　業場における労働時間制度を基に，労働者からの申告等により把握
　　した他の使用者の事業場における労働時間と通算することによって
　　行う。
　　　週の労働時間の起算日又は月の労働時間の起算日が，自らの事業
　　場と他の使用者の事業場とで異なる場合についても，自らの事業場
　　の労働時間制度における起算日を基に，そこから起算した各期間に
　　おける労働時間を通算する。
　　d　通算して時間外労働となる部分
　　　自らの事業場における労働時間と他の使用者の事業場における労
　　働時間とを通算して，自らの事業場の労働時間制度における法定労
　　働時間を超える部分が，時間外労働となる。
(イ)　副業・兼業の開始前（所定労働時間の通算）
　　a　所定労働時間の通算
　　　副業・兼業の開始前に，自らの事業場における所定労働時間と他
　　の使用者の事業場における所定労働時間とを通算して，自らの事業
　　場の労働時間制度における法定労働時間を超える部分の有無を確認
　　する。
　　b　通算して時間外労働となる部分
　　　自らの事業場における所定労働時間と他の使用者の事業場におけ
　　る所定労働時間とを通算して，自らの事業場の労働時間制度におけ
　　る法定労働時間を超える部分がある場合は，時間的に後から労働契
　　約を締結した使用者における当該超える部分が時間外労働となり，
　　当該使用者における36協定で定めるところによって行うこととな
　　る。
　　c　所定労働時間の把握
　　　他の使用者の事業場における所定労働時間は，イ(イ)のとおり，副
　　業・兼業の確認の際に把握しておくことが考えられる。
(ウ)　副業・兼業の開始後（所定外労働時間の通算）
　　a　所定外労働時間の通算
　　　(イ)の所定労働時間の通算に加えて，副業・兼業の開始後に，自ら
　　の事業場における所定外労働時間と他の使用者の事業場における所

定外労働時間とを当該所定外労働が行われる順に通算して，自らの事業場の労働時間制度における法定労働時間を超える部分の有無を確認する。

※　自らの事業場で所定外労働がない場合は，所定外労働時間の通算は不要である。

※　自らの事業場で所定外労働があるが，他の使用者の事業場で所定外労働がない場合は，自らの事業場の所定外労働時間を通算すれば足りる。

b　通算して時間外労働となる部分

　所定労働時間の通算に加えて，自らの事業場における所定外労働時間と他の使用者の事業場における所定外労働時間とを当該所定外労働が行われる順に通算して，自らの事業場の労働時間制度における法定労働時間を超える部分がある場合は，当該超える部分が時間外労働となる。

　各々の使用者は，通算して時間外労働となる時間のうち，自らの事業場において労働させる時間については，自らの事業場における36協定の延長時間の範囲内とする必要がある。

　各々の使用者は，通算して時間外労働となる時間（他の使用者の事業場における労働時間を含む。）によって，時間外労働と休日労働の合計で単月100時間未満，複数月平均80時間以内の要件（労基法第36条第6項第2号及び第3号）を遵守するよう，1か月単位で労働時間を通算管理する必要がある。

c　所定外労働時間の把握

　他の使用者の事業場における実労働時間は，ウ(ア)bのとおり，労働者からの申告等により把握する。

　他の使用者の事業場における実労働時間は，労基法を遵守するために把握する必要があるが，把握の方法としては，必ずしも日々把握する必要はなく，労基法を遵守するために必要な頻度で把握すれば足りる。

　例えば，時間外労働の上限規制の遵守等に支障がない限り，

・　一定の日数分をまとめて申告等させる

（例：一週間分を週末に申告する等）

・　所定労働時間どおり労働した場合には申告等は求めず，実労働時間が所定労働時間どおりではなかった場合のみ申告等させる

（例：所定外労働があった場合等）

・　時間外労働の上限規制の水準に近づいてきた場合に申告等させる

などとすることが考えられる。

㈡　その他

労働者が事業主を異にする３以上の事業場で労働する場合についても，上記に記載したところにより，副業・兼業の確認，副業・兼業開始前の所定労働時間の通算，副業・兼業開始後の所定外労働時間の通算を行う。

エ　時間外労働の割増賃金の取扱い

㈠　割増賃金の支払義務

各々の使用者は，自らの事業場における労働時間制度を基に，他の使用者の事業場における所定労働時間・所定外労働時間についての労働者からの申告等により，

・　まず労働契約の締結の先後の順に所定労働時間を通算し，

・　次に所定外労働の発生順に所定外労働時間を通算することによって，

それぞれの事業場での所定労働時間・所定外労働時間を通算した労働時間を把握し，その労働時間について，自らの事業場の労働時間制度における法定労働時間を超える部分のうち，自ら労働させた時間について，時間外労働の割増賃金（労基法第37条第１項）を支払う必要がある。

㈡　割増賃金率

時間外労働の割増賃金の率は，自らの事業場における就業規則等で定められた率（２割５分以上の率。ただし，所定外労働の発生順によって所定外労働時間を通算して，自らの事業場の労働時間制度における法定労働時間を超える部分が１か月について60時間を超えた場合には，その超えた時間の労働のうち自ら労働させた時間について

は，5割以上の率。）となる（労基法第37条第1項）。

オ　簡便な労働時間管理の方法

　　(ｱ)　趣旨

　　　　副業・兼業の場合の労働時間管理の在り方については上記のとおり
　　であるが，例えば，副業・兼業の日数が多い場合や，自らの事業場及
　　び他の使用者の事業場の双方において所定外労働がある場合等におい
　　ては，労働時間の申告等や通算管理において，労使双方に手続上の負
　　担が伴うことが考えられる。

　　　　このため，副業・兼業の場合の労働時間管理の在り方について，上
　　記によることのほかに，労働時間の申告等や通算管理における労使双
　　方の手続上の負担を軽減し，労基法に定める最低労働条件が遵守され
　　やすくなる簡便な労働時間管理の方法（以下「管理モデル」とい
　　う。）として，以下の方法によることが考えられる。

　　(ｲ)　管理モデルの枠組み

　　　　管理モデルは，副業・兼業の開始前に，当該副業・兼業を行う労働
　　者と時間的に先に労働契約を締結していた使用者（以下「使用者A」
　　という。）の事業場における法定外労働時間と時間的に後から労働契
　　約を締結した使用者（以下「使用者B」という。）の事業場における
　　労働時間（所定労働時間及び所定外労働時間）とを合計した時間数が
　　単月100時間未満，複数月平均80時間以内となる範囲内において，
　　各々の使用者の事業場における労働時間の上限をそれぞれ設定し，
　　各々の使用者がそれぞれその範囲内で労働させることとするものであ
　　ること。また，使用者Aは自らの事業場における法定外労働時間の労
　　働について，使用者Bは自らの事業場における労働時間の労働につい
　　て，それぞれ自らの事業場における36協定の延長時間の範囲内と
　　し，割増賃金を支払うこととするものであること。

　　　　これにより，使用者A及び使用者Bは，副業・兼業の開始後におい
　　ては，それぞれあらかじめ設定した労働時間の範囲内で労働させる限
　　り，他の使用者の事業場における実労働時間の把握を要することなく
　　労基法を遵守することが可能となるものであること。

　　(ｳ)　管理モデルの実施

　a　導入手順

　　副業・兼業に関する企業の事例において，労務管理上の便宜や労働者の健康確保等のため，副業・兼業の開始前に，あらかじめ使用者が他の使用者の事業場における労働時間や通算した労働時間について上限を設定し，労働者にその範囲内で副業・兼業を行うことを求めている事例がみられる。

　　管理モデルについても，一般的には，副業・兼業を行おうとする労働者に対して使用者Aが管理モデルにより副業・兼業を行うことを求め，労働者及び労働者を通じて使用者Bがこれに応じることによって導入されることが想定される。

　b　労働時間の上限の設定

　　使用者Aの事業場における1か月の法定外労働時間と使用者Bの事業場における1か月の労働時間とを合計した時間数が単月100時間未満，複数月平均80時間以内となる範囲内において，各々の使用者の事業場における労働時間の上限をそれぞれ設定する。

　　月の労働時間の起算日が，使用者Aの事業場と使用者Bの事業場とで異なる場合には，各々の使用者は，各々の事業場の労働時間制度における起算日を基に，そこから起算した1か月における労働時間の上限をそれぞれ設定することとして差し支えない。

　c　時間外労働の割増賃金の取扱い

　　使用者Aは自らの事業場における法定外労働時間の労働について，使用者Bは自らの事業場における労働時間の労働について，それぞれ割増賃金を支払う。

　　使用者Aが，法定外労働時間に加え，所定外労働時間についても割増賃金を支払うこととしている場合には，使用者Aは，自らの事業場における所定外労働時間の労働について割増賃金を支払うこととなる。

　　時間外労働の割増賃金の率は，自らの事業場における就業規則等で定められた率（2割5分以上の率。ただし，使用者Aの事業場における法定外労働時間の上限に使用者Bの事業場における労働時間を通算して，自らの事業場の労働時間制度における法定労働時間を

超える部分が1か月について60時間を超えた場合には，その超え
た時間の労働のうち自らの事業場において労働させた時間について
は，5割以上の率。）とする。

㈣　その他

a　管理モデルの導入の際の労働時間の上限の設定において，使用者
Aの事業場における1か月の法定外労働時間と使用者Bの事業場に
おける1か月の労働時間とを合計した時間数を80時間を超えるも
のとした場合には，翌月以降において複数月平均80時間未満とな
るように労働時間の上限の設定を調整する必要が生じ得る。

　このため，労働時間の申告等や通算管理における労使双方の手続
上の負担を軽減し，労基法に定める最低労働条件が遵守されやすく
するという管理モデルの趣旨に鑑み，そのような労働時間を調整す
る必要が生じないように，各々の使用者と労働者との合意により労
働時間の上限を設定することが望ましい。

b　管理モデルの導入後に，使用者Aにおいて導入時に設定した労働
時間の上限を変更する必要が生じた場合には，あらかじめ労働者を
通じて使用者Bに通知し，必要に応じて使用者Bにおいて設定した
労働時間の上限を変更し，これを変更することは可能である。な
お，変更を円滑に行うことができるよう，あらかじめ，変更があり
得る旨を留保しておくことが望ましい。

c　労働者が事業主を異にする3以上の事業場で労働する場合につい
ても，使用者Aの事業場における法定外労働時間，使用者Bの事業
場における労働時間，更に時間的に後から労働契約を締結した使用
者C等の事業場における労働時間について，各々の使用者の事業場
における労働時間の上限をそれぞれ設定し，各々の使用者がそれぞ
れその範囲内で労働させ，使用者Aは自らの事業場における法定外
労働時間の労働について，使用者B及び使用者C等は自らの事業場
における労働時間の労働について，それぞれ割増賃金を支払うこと
により，管理モデルの導入が可能である。

d　管理モデルを導入した使用者が，あらかじめ設定した労働時間の
範囲を逸脱して労働させたことによって，時間外労働の上限規制を

超える等の労基法に抵触した状態が発生した場合には，当該逸脱して労働させた使用者が，労働時間通算に関する法違反を問われ得ることとなる。

(3)　健康管理

使用者は，労働者が副業・兼業をしているかにかかわらず，労働安全衛生法第66条等に基づき，健康診断，長時間労働者に対する面接指導，ストレスチェックやこれらの結果に基づく事後措置等（以下「健康確保措置」という。）を実施しなければならない。

また，健康確保の観点からも他の事業場における労働時間と通算して適用される労基法の時間外労働の上限規制を遵守すること，また，それを超えない範囲内で自らの事業場及び他の使用者の事業場のそれぞれにおける労働時間の上限を設定する形で副業・兼業を認めている場合においては，自らの事業場における上限を超えて労働させないこと。

（注）労働安全衛生法第66条に基づく一般健康診断及び第66条の10に基づくストレスチェックは，常時使用する労働者（常時使用する短時間労働者を含む。）が実施対象となる。

この際，常時使用する短時間労働者とは，短時間労働者のうち，以下のいずれの要件をも満たす者である（平成26年7月24日付け基発0724第2号等抜粋）。

・　期間の定めのない労働契約により使用される者（期間の定めのある労働契約により使用される者であって，契約期間が1年以上である者並びに契約更新により1年以上使用されることが予定されている者及び1年以上引き続き使用されている者を含む。）

・　1週間の労働時間数が当該事業場において同種の業務に従事する通常の労働者の1週間の所定労働時間の3／4以上である者

ア　健康確保措置の対象者

健康確保措置の実施対象者の選定に当たって，副業・兼業先における労働時間の通算をすることとはされていない。

ただし，使用者の指示により当該副業・兼業を開始した場合は，当該使用者は，原則として，副業・兼業先の使用者との情報交換により，それが難しい場合は，労働者からの申告により把握し，自らの事

業場における労働時間と通算した労働時間に基づき，健康確保措置を
実施することが適当である。

　イ　健康確保措置等の円滑な実施についての留意点

　　使用者が労働者の副業・兼業を認めている場合は，健康保持のため
自己管理を行うよう指示し，心身の不調があれば都度相談を受けるこ
とを伝えること，副業・兼業の状況も踏まえ必要に応じ法律を超える
健康確保措置を実施することなど，労使の話し合い等を通じ，副業・
兼業を行う者の健康確保に資する措置を実施することが適当である。
また，副業・兼業を行う者の長時間労働や不規則な労働による健康障
害を防止する観点から，働き過ぎにならないよう，例えば，自社での
労務と副業・兼業先での労務との兼ね合いの中で，時間外・休日労働
の免除や抑制等を行うなど，それぞれの事業場において適切な措置を
講じることができるよう，労使で話し合うことが適当である。

　　さらに，使用者の指示により当該副業・兼業を開始した場合は，実
効ある健康確保措置を実施する観点から，他の使用者との間で，労働
の状況等の情報交換を行い，それに応じた健康確保措置の内容に関す
る協議を行うことが適当である。

4　労働者の対応

(1)　労働者は，副業・兼業を希望する場合にも，まず，自身が勤めている企
業の副業・兼業に関するルール（労働契約，就業規則等）を確認し，その
ルールに照らして，業務内容や就業時間等が適切な副業・兼業を選択する
必要がある。例えば労働者が副業・兼業先の求職活動をする場合には，就
業時間，特に時間外労働の有無等の副業・兼業先の情報を集めて適切な就
職先を選択することが重要である。なお，適切な副業・兼業先を選択する
観点からは，ハローワークにおいて求人内容の適法性等の確認作業を経て
受理され，公開されている求人について求職活動を行うこと等も有効であ
る。また，実際に副業・兼業を行うに当たっては，労働者と企業の双方が
納得感を持って進めることができるよう，企業と労働者との間で十分にコ
ミュニケーションをとることが重要である。

(2)　(1)により副業・兼業を行うに当たっては，副業・兼業による過労によっ

て健康を害したり，業務に支障を来したりすることがないよう，労働者
（管理監督者である労働者も含む。）が，自ら各事業場の業務の量やその進
捗状況，それに費やす時間や健康状態を管理する必要がある。

　　また，他の事業場の業務量，自らの健康の状況等について報告すること
は，企業による健康確保措置を実効あるものとする観点から有効である。

(3)　そこで，使用者が提供する健康相談等の機会の活用や，勤務時間や健康
診断の結果等の管理が容易になるようなツールを用いることが望ましい。
始業・終業時刻，休憩時間，勤務時間，健康診断等の記録をつけていくよ
うな民間等のツールを活用して，自己の就業時間や健康の管理に努めるこ
とが考えられる。ツールは，副業・兼業先の就業時間を自己申告により使
用者に伝えるときにも活用できるようなものが望ましい。

(4)　なお，副業・兼業を行い，20 万円を超える副収入がある場合は，企業
による年末調整ではなく，個人による確定申告が必要である。

5　副業・兼業に関わるその他の制度について

(1)　労災保険の給付（休業補償，障害補償，遺族補償等）

　　事業主は，労働者が副業・兼業をしているかにかかわらず，労働者を 1
人でも雇用していれば，労災保険の加入手続を行う必要がある。

　　労災保険制度は労基法における個別の事業主の災害補償責任を担保する
ものであるため，従来その給付額については，災害が発生した就業先の賃
金分のみに基づき算定していたが，複数就業している者が増えている実状
を踏まえ，複数就業者が安心して働くことができるような環境を整備する
ため，「雇用保険法等の一部を改正する法律」（令和 2 年法律第 14 号）に
より，非災害発生事業場の賃金額も合算して労災保険給付を算定すること
としたほか，複数就業者の就業先の業務上の負荷を総合的に評価して労災
認定を行うこととした。

　　なお，労働者が，自社，副業・兼業先の両方で雇用されている場合，一
の就業先から他の就業先への移動時に起こった災害については，通勤災害
として労災保険給付の対象となる。

　　（注）事業場間の移動は，当該移動の終点たる事業場において労務の提供
　　　　を行うために行われる通勤であると考えられ，当該移動の間に起こっ

た災害に関する保険関係の処理については，終点たる事業場の保険関係で行うものとしている。（労働基準局長通達（平成 18 年 3 月 31 日付け基発第 0331042 号））

(2) 雇用保険，厚生年金保険，健康保険

　雇用保険制度において，労働者が雇用される事業は，その業種，規模等を問わず，全て適用事業（農林水産の個人事業のうち常時 5 人以上の労働者を雇用する事業以外の事業については，暫定任意適用事業）である。このため，適用事業所の事業主は，雇用する労働者について雇用保険の加入手続きを行わなければならない。ただし，同一の事業主の下で，①1 週間の所定労働時間が 20 時間未満である者，②継続して 31 日以上雇用されることが見込まれない者については被保険者とならない（適用除外）。また，同時に複数の事業主に雇用されている者が，それぞれの雇用関係において被保険者要件を満たす場合，その者が生計を維持するに必要な主たる賃金を受ける雇用関係についてのみ被保険者となるが，「雇用保険法等の一部を改正する法律」（令和 2 年法律第 14 号）により，令和 4 年 1 月より 65 歳以上の労働者本人の申出を起点として，一の雇用関係では被保険者要件を満たさない場合であっても，二の事業所の労働時間を合算して雇用保険を適用する制度が試行的に開始される。

　社会保険（厚生年金保険及び健康保険）の適用要件は，事業所毎に判断するため，複数の雇用関係に基づき複数の事業所で勤務する者が，いずれの事業所においても適用要件を満たさない場合，労働時間等を合算して適用要件を満たしたとしても，適用されない。また，同時に複数の事業所で就労している者が，それぞれの事業所で被保険者要件を満たす場合，被保険者は，いずれかの事業所の管轄の年金事務所及び医療保険者を選択し，当該選択された年金事務所及び医療保険者において各事業所の報酬月額を合算して，標準報酬月額を算定し，保険料を決定する。その上で，各事業主は，被保険者に支払う報酬の額により按分した保険料を，選択した年金事務所に納付（健康保険の場合は，選択した医療保険者等に納付）することとなる。

本書の執筆者一覧

澁谷　展由（しぶや　のぶよし）（編著者。第1, 2, 14章, インタビュー聞き手, 座談会司会担当）

弁護士。弁護士法人琴平綜合法律事務所パートナー。公認不正検査士。司法試験予備試験考査委員（商法）。

会社法制，労働法制対応を含むコンプライアンス体制・ガバナンス体制の構築・運営，危機管理対応を中心に企業法務を専門とする。『東証一部上場会社の役員報酬設計』シリーズ（別冊商事法務，2016～2021年）など著書・論文多数。

小西　絢子（こにし　あやこ）（第5, 6章担当）

弁護士。NISSHA株式会社。

契約法務，紛争案件，コンプライアンスその他リスク管理体制整備や諸問題への対応，社内調査，内部通報関連業務，人事労務，PMIなどを取り扱う。

須藤　克己（すとう　かつみ）（第3, 4, 13章担当）

弁護士。須藤法律事務所，株式会社中国銀行茶屋町支店長兼藤戸支店長。

都市銀行に10年弱勤務後，起業し，その後司法試験に合格。大手法律事務所に勤務歴あり。専門は，銀行法務，コンプライアンスに関する助言業務。刑事事件も手掛ける。日弁連法律サービス展開本部委員，金融法学会会員，早稲田大学大学院法務研究科寄附講座招聘講師（2013年），岡山大学法学部非常勤講師（2018年）。

徳山　佳祐（とくやま　けいすけ）（第9, 10章担当）

弁護士。プロアクト法律事務所（元明治安田生命保険相互会社・主席法務役）。公

認不正検査士。

2010年，明治安田生命保険相互会社に入社。法務部・人事部に所属し，企業内弁護士として法務事項及び人事制度を取り扱う。2016年，カーディフ大学LL.M.修了（AML/CFT，EU競争法等を専攻）。2021年，プロアクト法律事務所に入所。近時の主な論考として，「1200号記念座談会『法務×人事』協働によるシナジーの創出と人財の育成」NBL1200号4頁（2021年）等。

檜山　正樹（ひやま　まさき）（第11章担当）

弁護士。日本製紙株式会社総務部法務室長。第一東京弁護士会組織内弁護士委員会副委員長。

著書に『業界別・場面別　役員が知っておきたい法的責任－役員責任追及訴訟に学ぶ現場対応策－』（編著，2014年，経済法令研究会），『経済刑事裁判例に学ぶ不正予防・対応策－法的・会計的視点から－』（編著，2015年，経済法令研究会）など。

藤本　和也（ふじもと　かずなり）（第7，8章担当）

弁護士。Chubb損害保険株式会社　法務部長　兼　募集文書管理部長。日弁連法律サービス展開本部ひまわりキャリアサポートセンター副センター長，日弁連弁護士業務改革委員会企業内弁護士小委員会座長代理，第一東京弁護士会組織内弁護士委員会副委員長。専門は，保険関連法務および企業法務。著書・論考多数。

美馬　耕平（みま　こうへい）（第12章，コラム担当）

弁護士。ネスレ日本株式会社法務部部長，チーフプライバシーオフィサー兼チーフコンプライアンスオフィサー。ネスレネスプレッソ株式会社監査役。

"ビジネスの成功を実現させる"法務部門を目指し，法務DXや法務業務の改革に努める傍ら，副業として弁護士業にも従事。

著書に『法務の技法［OJT編］』（共著，2017年，中央経済社）。

ジョブ型・副業の人事・法務

2022年1月20日　初版第1刷発行

編著者　　澁　谷　展　由

　　　　　小　西　絢　子　　須　藤　克　己
著　　者　徳　山　佳　祐　　檜　山　正　樹
　　　　　藤　本　和　也　　美　馬　耕　平

発 行 者　石　川　雅　規

発 行 所　株式会社 商 事 法 務
　　　　　〒103-0025 東京都中央区日本橋茅場町3-9-10
　　　　　TEL 03-5614-5643・FAX 03-3664-8844〔営業〕
　　　　　TEL 03-5614-5649〔編集〕
　　　　　https://www.shojihomu.co.jp/

落丁・乱丁本はお取り替えいたします。　印刷／そうめいコミュニケーションプリンティング
©2022 Nobuyoshi Shibuya　　　　　　　　　Printed in Japan
Shojihomu Co., Ltd.
ISBN978-4-7857-2923-3
＊定価はカバーに表示してあります。